古典文獻研究輯刊

三三編

潘美月・杜潔祥　主編

第 27 冊

《純常子枝語》校證
（第二冊）

陳 開 林 著

國家圖書館出版品預行編目資料

《純常子枝語》校證（第二冊）／陳開林 著 -- 初版 -- 新北市：
花木蘭文化事業有限公司，2021〔民110〕
目 2+212 面；19×26 公分
（古典文獻研究輯刊 三三編；第27冊）
ISBN 978-986-518-643-2（精裝）
1. 純常子枝語 2. 雜文 3. 研究考訂
011.08   110012106

ISBN-978-986-518-643-2

古典文獻研究輯刊
三三編　第二七冊　　　　　　　ISBN：978-986-518-643-2

《純常子枝語》校證（第二冊）

作　　　者　陳開林
主　　　編　潘美月、杜潔祥
總 編 輯　杜潔祥
副總編輯　楊嘉樂
編　　　輯　許郁翎、張雅淋、潘玟靜　美術編輯　陳逸婷
出　　　版　花木蘭文化事業有限公司
發 行 人　高小娟
聯絡地址　235 新北市中和區中安街七二號十三樓
　　　　　　電話：02-2923-1455 ／傳真：02-2923-1452
網　　　址　http://www.huamulan.tw 信箱 service@huamulans.com
印　　　刷　普羅文化出版廣告事業
初　　　版　2021 年 9 月
全書字數　1046345 字
定　　　價　三三編 36 冊（精裝）台幣 90,000 元

《純常子枝語》校證
（第二冊）

陳開林　著

目次

卷七〔註1〕

　　王船山《讀通鑑論》卷十六云：「以治眾大之法治寡小，則疏而不理。以治寡小之法治眾大，則瀆而不行。故《周禮》之制，行之一邑而效，行之天下而未必效者，多矣。」又云：「一切之法不可齊，天下聖人復起，不能易吾說也。」數語深知古人立法之意。知此則可與言因革矣。〔註2〕

　　《說文‧衣部‧襄》：「漢令，解衣耕謂之襄。從衣𤕯聲。」國朝顧、段、錢、桂諸家皆不明其義。近人說之者至數千言，亦未為定論也。余謂許君僅引漢令，明非襄字本義。經典用「襄」字者，莫古於《堯典》「懷山襄陵」。竊以為襄亦懷也。偽《傳》訓「襄」為「上」，亦非。懷有包義，襄亦有包義，故「釀」字從之。「曩」字從襄者，亦以包去日也。俗「瓢」字從襄，亦謂瓜囊也。「讓」字從襄者，亦以有所包容也。凡中有所包者，必護持其外，故《說文‧金部》「鑲，作型中腸也」。今引申為緣飾義。此節段氏謂「今人用襄為輔佐義」〔註3〕所自出也。若穰、壞、驤諸字，皆可以訓包之義。推之，又襄可引申訓成，亦可訓除，則猶亂之可訓為治，廢之可訓為置。六書多此義，故禳、攘字從襄，用襄字引申義也。〔註4〕

　　《嶧山碑》：「𦥑及五帝。」「陀」字即「阤」字，筆劃小變。楊升庵《金石古文釋》作「施」，陳奕禧《金石遺文錄釋》作「他」。案：升菴說是也。古文它、也字不分，音亦相近。《詩‧葛藟》：「施于中谷。」《傳》：「施，移也。」陸法言《廣韻》云：「移，延也。」施從㫃，無延義。阤字蓋即施字之古文，猶言延及五帝矣。《說文》阤訓小崩。凡山阜小崩，則必延屬於地，與施及之義亦得相貫。〔註5〕

〔註1〕稿本題「純常子枝語卷七」。稿本乙封題「純常子枝語　第七冊」。
〔註2〕眉批：「法略。」
〔註3〕清‧段玉裁《說文解字注》卷八篇上。
〔註4〕眉批：「小學」、「訓詁」、「此篇俟詳考，作《釋襄》一篇入文集。」
〔註5〕眉批：「金石。」

王文憲《詩疑》勇於疑古，非經學也。〔註6〕然其言有云〔註7〕：「自古

〔註6〕《四庫全書總目》卷十七《經部十七‧詩類存目一》：

《詩疑》二卷

宋王柏撰。柏有《書疑》，已著錄。《書疑》雖頗有竄亂，尚未敢刪削《經》
文。此書則攻駁毛、鄭不已，並本《經》而攻駁之；攻駁本《經》不已，又
並本《經》而刪削之。其以《行露》首章為亂入，據《列女傳》為說，猶有
所本也。以《小弁》「無逝我梁」四句為漢儒所妄補，猶曰其詞與《谷風》
相同，似乎移綴也。以《下泉》末章為錯簡，謂與上三章不類，猶著其疑也。
至於《召南》刪《野有死麕》，《邶風》刪《靜女》，《鄘風》刪《桑中》，《衛
風》刪《氓》、《有狐》，《王風》刪《大車》、《丘中有麻》，《鄭風》刪《將仲
子》、《遵大路》、《有女同車》、《山有扶蘇》、《蘀兮》、《狡童》、《褰裳》、《豐》、
《東門之墠》、《風雨》、《子衿》、《野有蔓草》、《溱洧》，《秦風》刪《晨風》，
《齊風》刪《東方之日》，《唐風》刪《綢繆》、《葛生》，《陳風》刪《東門之
池》、《東門之枌》、《東門之楊》、《防有鵲巢》、《月出》、《株林》、《澤陂》，
凡三十二篇。〔案書中所列之目實止三十一篇，疑傳刻者脫其一篇。〕又曰：
「《小雅》中凡雜以怨誹之語，可謂不雅，予今歸之《王風》，且使《小雅》
粲然整潔。」其所移之篇目，雖未具列，其降《雅》為《風》，已明言之矣。
又曰：「《桑中》當曰《采唐》，《權輿》當曰《夏屋》，《大東》當曰《小東》。」
則並篇名改之矣。此自有六籍以來第一怪變之事也。柏亦自知詆斥聖經為公
論所不許，乃託詞於漢儒之竄入。夫漢儒各尊師說，字句或有異同。至篇數
則傳授昭然，其增減一一可考。如《易‧雜卦傳》為河內女子壞老屋所得；
《書》出伏生者二十九篇，孔安國以孔壁古文增十六篇，而《泰誓》三篇亦
為河內女子所續得，《舜典》首二十八字為姚方興所上；《周禮‧考工記》為
河間獻王所補；具有明文。下至《左傳》增「其處者為劉氏」一句、「秦穆
姬登臺履薪」一段，先儒亦具有記載。惟《詩》不言有所增加，安得指《國
風》三十二篇為漢儒竄入也？王弼之《易》、杜預之《左傳》，以《傳》附《經》，
離其章句。鄭玄《禮記目錄》與劉向《別錄》不同，亦咸有舊說。惟《詩》
不言有所更易，安得謂《王風》之詩竟移入《小雅》也。且《春秋》有三家，
可以互考，故《公羊》經文增「孔子生」一條，而《左傳》無。《詩》有四
家，亦可以互考，故三家《般》詩多「於繹思」一句，《毛詩》無之，見《經
典釋文》。《毛詩‧都人士》有首章，而三家無之，見《禮記‧緇衣》注。
即《韓詩‧雨無正》多「雨無其極」二句，宋人亦尚能道之，見《元城語錄》。
一句一字之損益，即彼此參差，昭昭乎不能掩也。此三十二篇之竄入，如在
四家既分以後，則齊增者魯未必增，魯增者韓未必增，韓增者毛未必增，斷
不能如之畫一。如在四家未分以前，則為孔門之舊本確矣。柏何人斯，敢
奮筆而進退孔子哉？至於謂《碩人》第二章形容莊姜之色太褻，《秦風‧黃
鳥》乃淺識之人所作，則更直排刪定之失，不復託詞於漢儒，尤為恣肆。陳
振孫《書錄解題》載陳鵬飛作《詩解》二十卷，不解《商頌》、《魯頌》，以
為《商頌》當闕，《魯頌》當廢。其說已妄，猶未如柏之竟刪也。後人乃以
柏嘗師何基，基師黃榦，榦師朱子，相距不過三傳，遂並此書亦莫敢異議。
是門戶之見，非天下之公義也。

〔註7〕見宋‧王柏《詩疑》卷一。

出仕者，大略有三端。處衰世不擇而仕，近於玩侮不恭，如《簡兮》是也；亦有盡心竭力，不計貧寠，歸於天而不怨，如《北門》是也；知禍亂之將作，相呼而遠遁，如《北風》是也。《簡兮》難學也，非自度果有不磷不緇之操，其可苟哉？《北風》、《北門》，在人審時量人而為之，未可輕相訾訾也。」此能反覆經文而揣量身世，讀經者當知此意也。後世之人，吾於東方朔見《簡兮》之意焉，於張季鷹、陶淵明見《北風》之意焉。若《北門》之詩，則賢士大夫之公患矣，特不丁衰世，猶可以黽勉從事，如韓退之、蘇和仲諸人皆是也。雖然，若徐孺子、申屠蟠之流，知世道之將變，乃脫然高邁，始終不仕，乃真有合乎潛龍之義耳。〔註8〕

杜詩《謁玄元皇帝廟》結句云：「谷神如不死，養拙更何鄉。」按：《通典》卷五十三載天寶二載三月敕，云：「我聖祖湛然常在，為道之宗，既殊有盡之期，須展事生之禮。」此詩蓋深譏之而託為諷辭也。又天寶元年九月，改兩京玄元廟為太上玄元皇帝宮，而此詩題仍稱廟，又不用太上字，皆可云史筆矣。注家均未達其恉。〔註9〕

蔡伯喈《篆勢》云：「紓體放尾，長短複身。」陳蘭甫師云：「二語言垂腳長也。」又云：「秦漢碑及碑額篆書多玉箸法，《篆勢》所言微本濃末，惟見《尹宙銘》〔註10〕額。然此與『紓體放尾』，皆非篆書高格。」〔註11〕

朱子雲〔註12〕：「李善注《文選》中，多有《韓詩章句》，嘗欲寫出。」《語類》卷〔註13〕，又《詩傳遺說》卷一。此朱子欲輯《三家詩》之意。王伯厚集《鄭氏易》，誠考亭之學也。〔註14〕

《元祕史》「和林」二字，蒙文作㗊㘈㘈，㗊㘈即和林之對音，㗊㘈㘈即喀爾喀之對音。今譯語，凡作爾者，音皆讀如勒也。由合剌轉為黑林，又轉為和林，又由合剌㘈轉為喀爾喀。而考地理者幾致迷其所向，此《元史》所以難讀也。〔註15〕

〔註8〕眉批：「經義。詩。」
〔註9〕眉批：「文學。詩。」
〔註10〕清·王懿榮《王文敏公遺集》卷八《漢石存目》：
　　《豫州從事尹宙銘》。〔篆額存二字，八分書，熹平六年四月河南鄢陵學。〕
〔註11〕眉批：「論書。」
〔註12〕見宋·朱鑒《詩傳遺說》卷一。
〔註13〕此處原為一空格。按：實見《朱子語類》卷八十。
〔註14〕眉批：「經義。詩。」
〔註15〕眉批：「方言。」

　　呂衡州《李彥地志圖序》云：「觀其粉散百川，黛凝群山」，此地圖之著色者。又云：「五色相宣，萬邦錯峙」，不知其繪城郭蠻貊，以何色分別也？今西洋繪圖分色最黟，殆明於此。又云：「方寸之差，而上當乎分野」，此疑準天度以繪圖，非《左傳》、《漢書》之舊說矣。言分野者，人人殊異。李淳風《乙巳占》述之甚詳〔註16〕，似不能繪之地圖使之相應。〔註17〕

　　裴晉公不滿昌黎文，宋于庭《過庭錄》已記之〔註18〕。又按《唐摭言》

〔註16〕見唐・李淳風《乙巳占》卷三《分野第十五》。
〔註17〕眉批：「輿地。」
　　　　另，此條下稿本刪《〈水經・濰水〉注》一條，眉批：「言經求志，平素時誤會，刪去。」
〔註18〕清・宋翔鳳《過庭錄》卷十六《裴晉公論昌黎文》：
　　　　《唐文粹》八十四卷載裴度《寄李翺書》曰：「前者唐生至自滑，猥辱致書札，兼獲所貺新作十二篇。度俗流也，不盡窺見。若《愍女碑》、《烈婦傳》，可以激揚烈教義，煥於史氏；《鍾銘》謂以功伐名於器非為銘，《與弟正辭書》謂文非一藝，斯皆可謂救文之失，廣文之用也。甚善甚善！然僕之知弟也，未知其他，直以弟敏於學而至於文，就六經而正焉。故每遇名輩，稱弟不容於口，自謂彌久，益無愧詞。竊料弟亦以直諒見待，不以悅媚兼容，故不唯嗟挹，亦欲商度其萬一耳。若弟擯落今古，脫遺經籍，斯則如獻白豕，何足採取？若猶有祖述，則願陳其梗概，以相參會耳。愚謂三五之代，上垂拱而無為，下不知其帝力，其漸被於天地萬物，不可得而傳也。夏殷之際，聖賢相遇，其文在於盛德大業，又鮮可得而傳也。厥後周公遭變，仲尼不當世，其文遺於冊府，故可得而傳也。是作周孔之文也。荀孟之文，左右周孔之文也。理身、理家、理國、理天下，一日失之，敗亂至矣。騷人之文，發憤之文也，雅多自賢，頗有狂態。相如、子雲之文，譎諫之文也，自為一家，不是正氣。賈誼之文，化成之文也，鋪陳帝王之道，昭昭在目。司馬遷之文，財成之文也，馳騁數千載，若有餘力。董仲舒、劉向之文，通儒之文也，發明經術，究極天人。其餘擅美一時，流譽千載者多矣，不足為弟道焉。然皆不詭其詞而詞自麗，不異其理而理自新。若夫典謨訓誥、《文言》、《繫辭》、《國風》、《雅》、《頌》，經聖人之筆削者，則又至易也，至直也。雖大彌天地，細入無間，而奇言怪語，未之或有。意隨文而可見，事隨意而可行，此所謂文可文，非常文也。其可文而文之，何常之有？俾後之作者有所裁準，而請問於弟，謂之何哉？謂之不可，非僕敢言；謂之可也，則大學之道，在明明德，在止至善矣，能止乎？若遂過之，猶不及也。觀弟近日製作大旨，常以時世之文，多偶對儷句，屬綴風雲，羈束聲韻，為文之病甚矣。故以雄詞遠致，一以矯之，則是以文字為意也。且文者，聖人假之以達其心，達則已理，窮則已非，故高之下之，詳之略之也。愚欲去彼取此，則安步而不可及，平居而不可論，又何必遠關經術，然後騁材力？昔人有見小人之違道者，恥與之同形貌共衣服，遂思倒置眉目，反易冠帶以異也，不知其倒之反之非也。雖失於小，亦異於君子矣。故文之異，在氣格之高下，思致之深淺，不在碟裂章句，隳廢聲韻也。人之異，在風神之清濁，心志之通塞，不在於倒置眉目，反易冠帶

卷五〔註19〕云：「韓文公著《毛穎傳》，張水部以書勸之，曰：『比見執事多尚駁雜無實之說，使人陳之於前以為歡，此有累於令德。』文公答曰：『吾以為戲耳。比之酒色，不有間乎？』」余以為范蔚宗《香方》〔註20〕、卞彬《禽獸決錄》〔註21〕，並有託喻已傷令德。若《毛穎傳》，則但可入之俳諧集耳。而

也。庶幾高明少納庸妄，若以為未，幸不以苦言見革其惑。惟僕心慮荒散，百事罷息，然意之所在，敢隱於故人邪？昌黎韓愈，僕識之舊矣，中心愛之，不覺驚賞，然其人信美材也。近或聞諸儕類，云恃其絕足，往往奔放，不以文立制，而以文為戲。可矣乎？可矣乎？今之不及之者，當大為防焉爾。弟索居多年，勞想深至，窮陰凝冱，動息何如？入奉晨昏之歡，出參帷幄之畫，固多適耳。昨弟來，欲度及時干進。度昔歲取名，不敢自高，今孤黨若此，遊宦謂何？是不復能從故人之所助耳，但實力田園，苟過朝夕而已。然待春氣微和，農事未動，或策蹇謁賢大夫，兼與弟道舊，未爾間猶希尺牘。珍重珍重。力書無餘，從表兄裴度奉簡。」按：裴之論文，可云備矣。其於昌黎之文獨致貶辭，則以摹古太甚，矯時過當。如樊紹述之險怪無理，昌黎稱為文從字順，各適其職，亦有心違俗之言。〔永叔亦有此論。〕蓋自李唐卜年三百，宇縣統一，政令分明，時非短促之祚，人有寬綽之心。一代之制，文全而體備，氣協而聲和。雖有正變之極，皆具跨躒之美，彼其條流，可得而尋也。唐之初葉，王、楊、盧、駱四傑競興，然猶循徐、庾之遺則，振陳、隋之逸響，華美則有餘，典重則不足。張說、蘇頲操筆朝廷，制作宏巨，可以消蕩淫靡，黼黻隆平。唐之文章，斯為極盛。如楊炎、獨孤及、權德輿、常袞之儔，皆足方軌齊足，同馳康莊。至於蕭穎士、李華，亦有奇思，而時多變聲。獨後有陸贄，以清切對偶之文，陳斟酌至當之理，其氣極清而不嫌於薄，其詞甚備而不見其繁，洞中人情，悉合經義，此《翰苑》一集為不刊之書也。至於柳州之文，則蕭、李之徒也。若李翺、孫樵，力追韓氏，規矩猶在，尺度逾窄。蓋以之陳廊廟，不足以鋪鴻藻、信景鑠也；以之告天下，不能使婦孺色動，悍夫垂涕也。徒有偃蹇之形，自示崖異耳，烏足重哉！

〔註19〕五代・王定保《唐摭言》卷五《切磋》。
〔註20〕《宋書》卷六十九《范曄傳》：
撰《和香方》，其序之曰：「麝本多忌，過分必害；沉實易和，盈斤無傷。零藿虛燥，詹唐黏濕。甘松、蘇合、安息、鬱金、㮈多、和羅之屬，並被珍於外國，無取於中土。又棗膏昏鈍，甲煎淺俗，非唯無助於馨烈，乃當彌增於尤疾也。」此序所言，悉以比類朝士。「麝本多忌」比庾炳之，「零藿虛燥」比何尚之，「詹唐黏濕」比沈演之，「棗膏昏鈍」比羊玄保，「甲煎淺俗」比徐湛之，「甘松蘇合」比慧琳道人，「沉實易和」以自比也。
〔註21〕《金樓子》卷四《立言篇九上》：
卞彬為禽獸決錄云「羊滛而狠，豬卑而攣，鵝頑而傲，狗險而出。」皆指斥貴勢。
《南史》卷七十二《文學列傳・卞彬》：
又為《禽獸決錄》。目禽獸云：「羊性淫而很，豬性卑而率，鵝性頑而傲，狗性險而出。」皆指斥貴勢。其羊淫很，謂呂文顯；豬卑率，謂朱隆之；鵝頑傲，謂潘敞；狗險出，謂文度。其險詣如此。

後世古文家紛紛選讀，得無有海濱嗜鮑之風乎？〔註22〕

王伯厚《困學紀聞》卷十七〔註23〕云：「驢九錫封廬山公，雞九錫封濟稽山子，《毛穎傳》本於此。」是伯厚亦以為俳諧體也。《藝文類聚》引袁淑《俳諧集》有封驢廬山公及封雞濟稽山子九錫文〔註24〕。

朱子《答鞏仲至書》文集卷六十四。云：「記文甚健，但當考歐、曾遺法，料簡刮摩，使其清明峻潔之中，自有雍容俯仰之態。」愚謂歐、曾之長，二語盡之。近時桐城派古文亦於此用意，而未能峻潔耳。

《二李唱和詩》〔註25〕，中國久佚。貴陽陳氏從日本收得重開，詩似元、白，宋初多此格。余讀李文正詩，云：「四時奔速都如電，兩鬢凋疎總作霜。看取衰容今若此，有何情緒聽宮商。」又云：「衰病增加我斗諳，頭風目眩一般般。縱逢杯酒都無味，任聽笙歌亦寡歡。」又云：「行行漸近懸

〔註22〕眉批：「文學。文。」
〔註23〕見《困學紀聞》卷十七《評文》。
〔註24〕唐·歐陽詢《藝文類聚》卷九十四《獸部中·驢》：
宋袁淑《俳諧集·廬山公九錫文》曰：「若乃三軍陸邁，糧運艱難，謀臣停算，武夫吟歎。爾乃長鳴上黨，慷慨應官，崎嶇千里，荷囊致餐，用捷大勳，歷世不刊，斯實爾之功也。音隨時興，晨夜不默，仰契玄象，俯協漏刻，應更長鳴，豪分不忒，雖挈壺著稱，未足比德，斯又爾之智也。若乃六合昏晦，三辰幽冥，猶憶天時，用不廢聲，斯又爾之明也。青脊隆身，長頭廣額，修尾後垂，巨耳雙磔，斯又爾之相也。嘉麥既熟，寔須精麨，負磨廻衡，迅若轉電，惠我眾庶，神祇獲薦，斯又爾之能也。爾有濟師旅之勳，而加之以眾能，是用遣中大夫閭丘騾，加爾使銜勒大鳴鴻臚班腳大將軍宮亭侯，以揚州之廬江、江州之廬陵、吳國之桐廬、合浦之珠廬，封爾為廬山公。」
卷九十一《鳥部中·雞》：
宋袁淑《俳諧記·雞九錫文》曰：「維神雀元年，歲在辛酉，八月己酉朔，十三日丁酉，帝顓頊遣征西大將軍下雉公王鳳，西中郎將白門侯扁鵲，諮爾俊雞山子。維君天姿英茂，乘機晨鳴，雖風雨之如晦，抗不已之奇聲。今以君為使持節金西蠻校尉西河太守，以揚州之會稽，封君為會稽公，以前濟雞山子為湯沐邑。君其祗承予命，使西海之水如帶，濟雞之山如礪，國以永存，爰及苗裔。濟山侍郎丁鴻，舍人鳧亭男梁鴻，郎中蘇鶘死罪，伏惟君德著朝野，勳加鵁鶄。故天王鳳皇，特錫位封，令鳳鵲等在柏外，願時拜受，不勝欣豫之情，謹詣棲下以聞。」
另，宋·張端義《貴耳集》卷下：
歐陽詢《藝文類聚》有為禽獸九錫，以雞為稽山子，以驢為廬公者，吳越毛勝撰《水族加恩簿》以海龍為君，各有詞令，祖歐陽之遺意也。
〔註25〕《宋史》卷二百九《藝文志八》：「《二李唱和詩》一卷。〔李昉、李至作。〕」
又，宋·吳處厚《青箱雜記》卷一：「昉詩務淺切，效白樂天體。晚年與參政李公至為唱和友，而李公詩格亦相類。今世傳《二李唱和集》是也。」

車歲，轉恐君恩報答難。」知文正究是雅人，視世之曲子相公，心境自別也。
〔註 26〕

　　沈大成《學福齋集‧包說》〔註 27〕云：「祿命家以男年始寅，女年始申為例，其書無明文。余讀《說文‧勹部‧包》字義，乃知祿命之說，與《易》、《素問》合。其言曰：『包，象人懷姙，巳在中，象子未成形。元氣起於子。子，人所生。男左行三十，女右行二十，俱立於巳，為夫婦。懷姙於巳，巳為子，十月而生。男起巳至寅，女起巳至申。故男年始寅，女年始申。』蓋包者見之胞系，世所謂胞衣，男女所函以生也。太極元氣肇於未分之時，陰陽合德，氣鍾於子，化生萬物。父精母血，水象也。男自子左旋，凡歷三十而止。女自子右轉，凡歷二十而止。皆舍巳陽氣，孳萌於子，盛於巳也。用三用二者，天之數置一得三，地之數置一得二，奇耦錯行，綜之為五十大衍數也。巳神騰蛇，其衝玄〔註 28〕武，北方之獸。《既濟》之卦，其於人也，相火所宅為命門，為子宮，坎離妙合而胎結焉。翕闢之基，生育之本也。男起巳至寅，女起巳至申，一順一逆，歷辰之數咸十。兒在胎，十月而形全，形全而墮地。先天三位，東北三位，西南一索得男，一索得女，以準寅申，又相符也。許氏所說，古倉史之文。今推考經傳，靡不足徵。故雖小道，必有精義。然則祿命之說，其來已久。其以為出自漢時者，亦眉睫之見也。」余謂術數之學，源流最古，此篇能闡發祿命之原，足以補呂才之未備矣。〔註 29〕

　　錢辛楣《養新錄》卷十七云：「六壬起行年法，男子從寅順行，女子從申逆行。」按：《說文》：「元氣起於子。子，人所生也。男左行三十，女右行二十，俱立於巳，為夫婦。魂姙於巳。巳為子，十月而生。男起巳至寅，女起巳至申，故男年始寅，女年始申也。」則行年之說由來古矣。

　　《學福齋集‧痘疹定論序》〔註 30〕云：「《痘疹定論》者，新建朱氏純嘏之所著也。康熙辛酉，聖祖仁皇帝命江西巡撫考送善種痘醫二人，純嘏與焉。選種試苗甚效，隨授御醫，直內庭。旋出使各蒙古。自在輦轂及往來外藩三十餘年。晚著是書，年將八十矣。」又云：「朱氏之學，實本清江聶氏。聶氏

〔註 26〕眉批：「又。詩。」
〔註 27〕見清‧沈大成《學福齋集》文集卷一。
〔註 28〕「玄」，底本作「元」。
〔註 29〕眉批：「術數。」
〔註 30〕見沈大成《學福齋集》文集卷二。

名尚恒，明萬曆間人，曾尹汀之寧化。所著《活幼心法》，板庋閩運使庫，故書不大顯，幸得朱氏尊而信之。」據此，則種痘乃吾鄉相傳之學，而康熙間聖人留心庶事，亦可見矣。〔註31〕

《庭訓格言》曰：「國初人多畏出痘，至朕得種痘方，諸子女及爾等子女皆無恙。今邊外四十九旗及喀爾喀，俱命種痘。凡所種皆得善愈。嘗記初種時，年老人尚以為怪。朕堅意為之，遂全此千萬人之生者，豈偶然耶？」〔註32〕

和林遼太祖碑及唐碑、元碑十餘種，今見石印本，乃俄羅斯國君之弟遣人為之。又居庸關有金人、元人國書數體碑，李侍郎文田。云：「過其地時，侍郎方任順天學政。英吉利人方以數百金築架搨搨。」外人考古重金石如此。〔註33〕

內閣漢中書舍人題名錄，由庶吉士散館到閣者，自康熙三十六年李喧亨始，直隸蔚州人。至同治二年王允謙止。陝西清澗人。三十年來，庶常散館，不改用中書矣。〔註34〕

考取中書，仍是欽命題，尚沿中正榜之舊制也。〔註35〕

順天鄉試，房考官與會試房考官奉旨點派之例一一相同。惟鄉試進單時，少詹事不開列，會試則少詹事亦開列。癸未，錢辛伯即以少詹事為同考官。此為稍異。〔註36〕

非翰林而充文淵閣校理者，詞林典故中，惟內閣侍讀孫永清一人。〔註37〕

癸巳八月，內閣學士王文錦補兵部侍郎。於時漢閣學許景澄方充使外洋，惲彥彬、龍湛霖典試江西、福建。都中漢閣學遂無一人，然亦不必派署。蓋大員中最無所事事者，惟此官矣。惟看本為閣學專差，近每以翰林院侍讀學士、侍講學士兼之，故不復署其職矣。

劉炳蔾《三冬識餘》云〔註38〕：「元初循宋掌故，凡表門者必有廳事步

〔註31〕眉批：「巫術。」
〔註32〕眉批：「又。」
〔註33〕眉批：「金石。」
〔註34〕眉批：「掌故。」
〔註35〕眉批：「又。」
〔註36〕眉批：「又。」
〔註37〕眉批：「又。」
〔註38〕清・朱彝尊《曝書亭集》卷七十三《節婦陳孺人墓表》：
　　降及元初，循宋掌故。凡表門者，必有廳事步櫚，前列屏，樹烏頭，正門闔

櫺，前列屏，樹烏頭，正門閥閱一丈二尺，烏頭二，柱端冒以瓦桶。築雙闕一丈，在烏頭之南三丈七尺，夾樹槐柳十有五步。其後唯高其外門，安綽楔，左右建臺，崇一丈一尺，以白赤圬其四角。蓋亦循古石闕之制。」余案：烏頭木，唐制。《唐六典》云：「六品以上，仍通用烏頭大門。」李誡《營造法式》云〔註39〕：「唐上官儀《投壺經》：『第一箭入謂之初箭，再入謂之烏頭，取門雙表之義。』」〔註40〕

　　張子《正蒙‧參兩篇》，其言天皆以意測，故與推步家言異。然其言地有升降及潮汐繫日月朔望，則遠有所本，確不可易。而黃百家轉以為非，可謂勇於自信。百家說見《宋元學案》卷十七。〔註41〕

　　　　閱一丈二尺，烏頭二，柱端冒以瓦桷。築雙闕一丈，在烏頭之南三丈七尺，
　　　　夾樹槐柳，十有五步。其後唯高其外門，二安綽楔，左右建臺，崇一丈一尺，
　　　　以白赤污其四角而已。
　　　　張舜徽《清人筆記條辨》卷二稱劉希向為清乾隆十九年（1755）進士，晚於
　　　　朱彝尊。當係抄錄朱彝尊之說。且文字稍有不同。
〔註39〕見宋‧李誡《營造法式》卷二《總釋下‧烏頭門》。
　　　　另，前「《唐六典》云」云云，亦係《烏頭門》所引。
　　　　按：宋‧晁載之《續談助》卷五：
　　　　烏頭門。《唐六典》：「六品以上，仍通用烏頭大門。」唐上官儀《投壺經》：
　　　　「第一箭入謂之初箭，再入謂之烏頭，取門霫表之義。」
　　　　明‧田藝蘅《留青日箚》卷十八《宅》：
　　　　唐之屋舍……五品以上，許作烏頭大門，即綽楔門也。
〔註40〕眉批：「掌故。」
〔註41〕眉批：「星象。」
　　　　《宋元學案》卷十七《橫渠學案上‧正蒙‧參兩篇第二》：
　　　　地有升降，日有修短。地雖凝聚不散之物，然二氣升降其間，相從而不已也。
　　　　陽日上，地日降而下者，虛也；陽日降，地日進而上者，盈也。此一歲寒暑
　　　　之候也。至於一晝夜之盈虛升降，則以海水潮汐驗之為信然。閒有小大之差，
　　　　則繫日月朔望，其精相感。
　　　　百家謹案：地有升降，固是「四遊」荒唐之說，即余襄公《圖序》云潮之消
　　　　息繫於月，亦非定論。惟朱有中之《潮贖》，其說最精：「潮之升降大小，應
　　　　乎節氣。節氣輪轉，潮汛隨之。」然以之論淞、浙之潮則合，而他方之潮有
　　　　一日一長者，有一日四長者，有一月兩長者，有一年一長者，有潛滋暗長者，
　　　　有來如排山煙電者，此又何以例之？百家私忖，造物凡創設一種類，必極盡
　　　　其變化。假觀木類，松葉細如針，桄葉大如蓋，種種奇形異狀，不可勝數。
　　　　飛潛動植土石之類皆然，何於水獨不然？海之有潮，猶婦人之行經，以一月
　　　　為期而有信，然亦有逾月者，有不及月者，有四季者，有暗轉者，種種不一，
　　　　可無疑於潮矣。

《論語》:「攻乎異端,斯害也已。」何晏《注》曰:「善道有統,故殊塗而同歸。」「道統」二字本此。〔註42〕

「人之過也,各於其黨。」孔曰:「黨黨類小人,不能為君子之行。非小人之過,當恕而勿責之。觀過使賢愚各當其所,則為仁矣。」〔註43〕案:此《注》以為仁釋知,仁已不可通,又既以黨為黨類,又云各當其所,是釋黨為所。王引之《經義述聞》云〔註44〕:「父黨無容,母黨無容,黨猶所也。」上下文義不貫,疑本兩說,傳者有佚敓也。〔註45〕

《文選》劉孝標《辨命論》:「言而非命,有六蔽焉,爾請陳其梗概。」「爾」字是「余」字之誤。余、尒字形相近故譌。《梁書·文學傳》正作「余」。〔註46〕

唐沈下賢《送洪遜師序》云:「自佛行中國已來,國人為緇衣之學多,幾與儒等。然其師弟子之禮,傳為嚴專,到於今世,則儒道少衰,不能與之等矣。」案:佛法盛而儒術衰,至於如此,此范縝所以倡《神滅》之義,韓子所以作《原道》之篇也。〔註47〕

仁和汪家禧《燼餘集·儒與二氏出入論》云〔註48〕:「近世講義據之學,碎義逃難,繁則生厭,必有以空悟濟者,防不可不豫也。明節義、守家法如東漢,坐言起行如南北宋,名教庶以不墜歟!」余謂「繁則生厭」乃趨於空疏,既則以大義微言自為標榜,其流弊正未易豫防也。豈獨二氏足為儒術之害哉!〔註49〕

《〈水經·淮水〉注》〔註50〕引《連山易》曰:「有崇伯鯀,伏於羽山之野。」桓譚《新論》云:「《連山》八萬言。」《御覽》六百八、《困學紀聞》一。未知此語在其內否。然似非夏易所宜有也。〔註51〕

〔註42〕眉批:「經義。論語。」
〔註43〕見《論語注疏》卷四。
〔註44〕《經義述聞》未見此語。俟考。
〔註45〕眉批:「又。」
〔註46〕眉批:「正譌」、「文學。文」。
〔註47〕眉批:「佛學。」
〔註48〕見清·汪家禧《東里生燼餘集》卷一。
〔註49〕眉批:「又。」
〔註50〕見《水經注》卷三十。
〔註51〕眉批:「經義。易。」

寶應成孺卿蓉鏡。《禹貢班義述》：「『至於敷淺原。』《漢地理志・豫章郡歷陵》：『傅易山，古文以為傅淺原。』述曰：《通典》江州潯陽縣有蒲塘驛，即漢歷陵也。驛前有敷淺原，原西數十里有敷陽山。蔡《傳》引晁以道云：饒州鄱陽界中有歷陵故縣及傅陽山。《禹貢錐指》引黃子鴻辨，謂晁氏云歷陵在鄱陽者是。今按：蒲塘驛距九江甚近。杜氏以此當漢歷陵，謂驛前有敷淺原，與經文至於義例不合。黃氏儀駁之是也。明輿地圖饒州府治鄱陽縣之西有敷淺二字，以地望測之，今北珠湖、土湖、西湖之西，鄱陽湖之東，有平原長數十里，即其地，與晁黃說合。」廷式案：明地圖不知何所本。今地圖鄱陽縣治之西即西坽、汛棠、蔭汛等地也。濱湖瑣曲實不足以標敷淺原之望。又《一統志》：珠湖之西有強山，一名狂山。兩山特起，接都昌界。如成氏之說，以此當傅易山，猶稍愈於漫指平陸以證《夏書》歟？〔註52〕

《一統志》又曰：「傅陽山在德安縣南十二里。」按：朱子以盧山為敷淺原，蔡沈、金履祥、夏允彝皆宗其說。晁氏則謂在鄱陽界。今以都無確據，且從舊說。

《謝疊山集・與參政魏容齋書》言文信公以奸民誣告致死，奸民後亦審實，明正典刑〔註53〕。案：元人修《宋史》，於信公傳〔註54〕但云：「中山有狂人，自稱宋主，有兵千人，欲取文丞相。京城亦有匿名書，言某日燒蓑城葦，率兩翼兵為亂，丞相可無憂者。疑丞相者，天祥也。召入諭之，天祥請死」云云，而不載奸民誣告及刑奸民一事。疊山在當時，語必不誤。此編信公年譜者所宜詳考補入也。〔註55〕

郭象《〈莊子・大宗師篇〉注》曰：「人之生也，形雖七尺，而五常必具，故雖區區之身，乃舉天地以奉之。故天地萬物，凡所有者，不可一日而相無也。一物不具，則生者無由得生；一理不至，則天年無緣得終。然身之所有者，知或不知也；理之所存者，為或不為也。故知之所知者寡而身之所有者眾，為之所為者少而理之所存者博，在上者莫能器之而求其備焉。人之所知不必同而所為不敢異，異則偽成矣。偽成而真不喪者，未之有也。或好知不倦以困其百體，所好不過一枝而舉根俱弊，斯以其所知而害所不知也。若夫

〔註52〕眉批：「輿地。」
〔註53〕宋・謝枋得《疊山集》卷四《與參政魏容齋書》：
雖曰文天祥被奸民誣告而枉死，後來冤狀明白，奸民亦正典刑。
〔註54〕見《宋史》卷四百一十八《文天祥傳》。
〔註55〕眉批：「掌故。」

知之盛也，知人之所為者有分，故任而不彊也，知人之所知者有極，故用而不蕩也。故所知不以無崖自困，則一體之中，知與不知，闇相與會而俱全矣，斯以其所知養所不知也。」按：此段所言，即「絕學無憂」之旨，與《莊子》義自可坿會，然不循正文而自為論議，具有首尾，〔註56〕已肪宋人經義之先聲矣。支道林《逍遙義》亦此類。〔註57〕

《詩》草木蟲魚之名多不易識。如開卷之雎鳩，今即不能質言何鳥矣。陸德明《鹿鳴之什釋文》云：「江東呼鮎為鮧，毛及前儒皆以鮎釋鱧，鱧為鯇，鱨為鯉，唯郭注《爾雅》是六魚之名。今目驗毛解，與世不協，或恐古今名異，逐世移耳。」說《爾雅》、《毛詩》者，當以此意求之。〔註58〕

《文選》任彥升《為褚諮議蓁讓代兄襲封表》，《注》云〔註59〕：「此表與集詳略不同，疑是稿本，詞多冗長。」余謂此昭明有所刊落耳。古人著述，編訂皆自成一家言，不必如後人之拘拘曲謹。〔註60〕

〔註56〕宋·釋宗杲說、宋·釋蘊聞編《大慧普覺禪師語錄》卷二十二：「無著云：『曾見郭象注《莊子》。』識者云：『卻是《莊子》注郭象。』」
〔註57〕眉批：「諸子。」
《世說新語·文學第四》：
《莊子·逍遙篇》，舊是難處，諸名賢所可鑽味，而不能拔理於郭、向之外。支道林在白馬寺中，將馮太常共語，因及逍遙。支卓然標新理於二家之表，立異義於眾賢之外，皆是諸名賢尋味之所不得。後遂用支理。
劉孝標注：
向子期、郭子玄逍遙義曰：「夫大鵬之上九萬，尺鷃之起榆枋，小大雖差，各任其性。苟當其分，逍遙一也。然物之芸芸，同資有待，得其所待，然後逍遙耳。唯聖人與物冥而循大變，為能無待而常通，豈獨自通而已。又從有待者不失其所待；不失，則同於大通矣。」支氏《逍遙論》曰：「夫逍遙者，明至人之心也。莊生建言人道，而寄指鵬、鷃。鵬以營生之路曠，故失適於體外；鷃以在近而笑遠，有矜伐於心內。至人乘天正而高興，遊無窮於放浪；物物而不物於物，則遙然不我得，玄感不為，不疾而速，則逍然靡不適。此所以為逍遙也。若夫有欲當其所足；足於所足，快然有似天真。猶飢者一飽，渴者一盈，豈忘烝嘗於糗糧，絕觴爵於醪醴哉？苟非至足，豈所以逍遙乎？」此向、郭之注所未盡。
宋·沈作喆《寓簡》卷七：
支道林說《逍遙遊》至數千言，謝東山解《漁父》至萬餘言。嗚呼！多乎哉！至言妙道，一而足矣。一猶為累，忘言可矣。奚旨數千萬言為哉？此與漢之腐儒說「若稽古」三萬字何異？且《漁父》一篇文理淺俗，非莊子書，眉山知其妄，甚快人意也。
〔註58〕眉批：「經義。詩。」
〔註59〕見《文選》卷三十八。
〔註60〕眉批：「文學。文。」

國朝二百五十年來，典文衡最多者，黃縣賈筠堂相國。楨。凡四典會試，七典鄉試，又鄉、會試三次分校。惟未嘗任學政耳，聞其垂老猶自以為歉也。徐東甫前輩會澧言：賈文端曾放陝西學政，因恭邸授讀乏人，中途召回。又筠堂門生至多，榜後謁師之後，多有不得再見者，時人相謔，以為一見如故。亦可笑也。〔註61〕

癸巳六月十八日，偕徐仲虎兵備建寅。同遊西安門外大光明殿，明世宗禮仙真之地。近已頹圮，然規模宏敞。有圓殿，拾級而上，殿中五色磚環鋪，柱皆盤龍。中塑玉皇像，相傳以為似明世宗也。余因訪《道藏》板，則散置廊室，凡數十架。板廣二尺許，長尺許，兩面刻字。因問其完闕，道士顧姓，檢咸豐五年點檢道藏存板目錄示余。聞之道士云：文宗曾七至殿中，藏板存佚亦奉命查點後鈔存者也。余因囑其代鈔一分，細檢全藏，猶得十之六七。因赴蒯禮卿前輩約，遂攜《易因》一冊及《靈寶經》板一片示之，尚當糾合同人謀補板印行也。〔註62〕

閱《科場條例》，乾隆九年上諭〔註63〕：「近日文風，未見振起。且內簾專意頭場，而不重後場。頭場之中，又專意四書，而不重經文。今制經文在二場。自今以後，司文衡者務思設立三場之本意，於經策逐一詳加校閱，毋得軒輊其間。若尚積習相沿，倘經九卿磨勘或科道指參，或被朕查出，將主司與房官從重議處。如此則數科之後，趨向自定，實學共勉，真才可得，於國家設科取士之事庶有裨益矣。將此永著為例。」案：此乾隆間鴻才碩學弁冕古今，實由上之主持風氣也。嘉慶十年，上諭：「據給事中汪鏞奏，伊於嘉慶四年此指己未科，意蓋不滿朱文正、阮文達二公也。充同考官，閱三場策卷，後面先有墨筆記注圓尖點，實屬違例。茲當會試之期，恐仍蹈前轍。主試先閱三場試卷，既胸有成見，同考官或藉以迎合，致開倖進所。奏甚是。嗣後著考試官恪遵定例，先閱頭場，後閱二三場。」〔註64〕自此天下士子，咸以通經博古為諱。此則奉行者之過，非上意也。至咸豐元年，御史王茂蔭奏稱近時考官專取頭場，請經策並重〔註65〕，部議乃量為調停。觀此數事，而百餘年來風氣之變遷、學術之盛衰，可十得其六七矣。〔註66〕

〔註61〕眉批：「掌故」、「改入評□」。
〔註62〕眉批：「掌故。」
〔註63〕清·英匯《科場條例》未見此諭。
〔註64〕見《科場條例》卷十七。
〔註65〕《科場條例》卷十七《內簾閱卷》、卷四十六《闈墨》。
〔註66〕眉批：「掌故。」

戴東原先生《孟子字義疏證》精警沉摯，余以為講漢學家不必揚其波，講宋學家則當引為諍友也。其言有曰：「今之治人者，視古賢聖體民之情、遂民之欲，多出於鄙細隱曲，不措諸意，不及〔註67〕為怪。而及其責以理也，不難舉曠世之高節，著於義而罪之。尊者以理責卑，長者以理責幼，貴者以理責賤，雖失謂之順。卑者、幼者、賤者以理爭之，雖得謂之逆。於是下之人不能以天下之同情、天下所同欲達之於上，上以理責其下，而在下之罪，人人不勝指數。人死於法，猶有憐之者。死於理，其誰憐之？」此一段沉著痛快，尤中宋學流弊之失。然余謂宋學所以行之數百年而舉世莫敢非者，正在乎此。蓋挾尊長貴者之勢，以劫持卑幼貧弱，其事易行，而有所藉也。於是五倫之道，亦甚異於三代矣。〔註68〕

《水經注·淮水》：「又東北至下邳淮陰縣西，泗水從西北流來注之。」蕭令裕以為即今清河縣清口地。《水經注》以清水為泗水之別名。自元泰定間，河奪汴渠，以入泗，而泗口之名遂沒云。〔註69〕

元汪大淵《島夷志略》云〔註70〕：「舊港田利，倍於他壤。云一年種穀，三年生金。言其穀變而為金也。後西洋人聞其田美，故造舟來取田內之土骨，以歸彼田為之脈而種穀。舊港之田，金不復生，亦怪事也。」按：種穀生金，自是傳聞之誤。然即此可知西洋講求種植之學，已在五六百年前矣。〔註71〕

吳鑒序《島夷志略》稱中國人為唐人〔註72〕。宋朱彧《萍洲可談》云〔註73〕：「諸國人至廣州，是歲不歸者，謂之住唐。」

《古教匯參》〔註74〕卷一云：「埃及書法略同中國，亦分為六。一繪其形，如月則為◠，孩則為◔，雁則為🐂，路則為卅，房則為ロ，碑則為⊥，即六書之象形。二因偏以見全，如繪一牛首則為牛，繪一工砌牆勢則為築室，此類六書之會意。按：繪牛首為牛字，仍象形，非會意。三因體以見用，如目亦為視，日亦終日，月亦一月，此類六書之指事。按：此乃引申義，非指事也。四取

〔註67〕「及」，清·戴震《孟子字義疏證》卷上作「足」。
〔註68〕眉批：「論學。」
〔註69〕眉批：「輿地。」
〔註70〕見元·汪大淵《島夷志略·舊港》。
〔註71〕眉批：「夷情」、「農務」。
〔註72〕吳鑒《島夷志略序》：「自時厥後，唐人之商販者，外蕃率待以命使臣之理。」
〔註73〕見宋·朱彧《萍洲可談》卷二。
〔註74〕英國·韋廉臣《古教匯參》，有上海廣學會清光緒二十五年刻本。

性情。埃及語謂獅性善警，故繪一獅首，亦為覺悟勇猛。雁性孝，故繪一雁，亦為孝。蜂有王，亦有律，故繪一蜂亦為王。按：此近於假借。猶中國馬字亦訓武訓怒之類。五取旁喻。埃及法司斷案，佩公義像，像戴鴕毛，故繪一鴕毛則為公義。語謂黃楊歲生枝十二，故繪一黃楊，則為期年。此二者，類六書之假借。按：此猶中國閏字從王在門中，年字從禾之類，乃會意，非假借也。六取音韻。某字某音，各綴以切音字母，令讀者皆知」云云。韋廉臣乃英吉利人，所說當必有所本。於中國小學未能盡通，然即此可知象形會意實為文字之本。今埃及古文所存無多，各國亦無能讀者。亦《古教匯參》語。徒以二十六字母，有用二十六、二十五者，今舉其大概耳。貫一切音，併合紀事，則謂西洋各國有聲音而無文字可也。〔註75〕

戴鄂士《音分古義》〔註76〕謂「古樂連比例，為定音之正術。三分損益，乃既得音分之後，為此簡易之法」。又云：「伶倫造律，適當隸首。作算數之時，四率比例，即九章之今有術，其一率即所有率，二率即所求率，三率即今有數，四率即求得數。若所求術與今有數同，數即成中比例。若有求得數之後，復以為所求率，又為今有數，更以前所求率為所有率，再推求得數，蟬聯而下，即成連比例矣。」此因樂律而知古人算術之精，實深得製作之意。又云：「音之遞差也本極微，而耳之辨音也又非極精，故所差無幾，可以借用。」此明所以用三分損益之故。與陳蘭甫師所謂「數雖微差，音則不覺有差，古法誠不必改」，《聲律通考》卷二。皆通儒之論也。〔註77〕

春秋成四年，《穀梁傳》：「伯尊其無後乎？攘善也。」楊士勛《疏》曰：「舊說云：伯尊，晉之賢大夫；輦人，晉之隱士。今一遇吐誠，理難再得，伯尊不能薦之於晉侯，以救朝廷之急，反竊其語而晦其人，蔽賢罪深，故被戮絕嗣。子夏雖匿聖人之論，能播教於西河，令黑水之人欽其風，蒲阪之間愛其道，其罪先輕，故直喪明而已。」此蓋六朝舊說，至以報應輕重說經，深可怪歎。楊氏非之，是也。又案《檀弓》「使西河之民疑女於夫子」，鄭

〔註75〕眉批：「方言。」
〔註76〕民國・李榕《民國杭州府志》卷一百四十七《人物九・疇人》：
戴煦，原名邦棣，字鄂士，熙弟。增貢生。自幼嗜疇人學，晝讀書，夜布算，覃思有得。……煦別著又有《音分古義》、《船機圖說》、《元空秘旨》諸書，藏於家。煦甥王朝榮，字馥園，亦錢塘人。候選訓導。嘗佐煦成《船機圖說》，又問琴律於煦，《音分古義》所由作也。
〔註77〕眉批：「音律。」

《注》曰：「言其不稱師也。」孔沖遠《正義》曰：「既不稱其師，自為談說，辨慧聰睿，絕異於人。」疑舊疏必有以不稱師為攘善者，沖遠之說恐非鄭義。〔註78〕

宋濂《吾邱衍傳》云〔註79〕：「尤精小篆，其志不止秦、唐二李間。著有《說文續解》。」《千頃堂書目》有吾邱衍《說文續解》二卷。錢辛楣《補元史藝文志》，吾衍《說文續解》不著卷數。謝蘊山《小學考》，注曰：「未見，殆已佚矣。」按：《永樂大典》卷一萬三千三百四十五引吾衍《說文續釋》云：「衍按：《諡法》：『大行受大名，小行受小名。』故從皿器之為物，大則所容大，小則所容小。從言從皿從兮聲，今人寫從益，非諡字，猶笑言嗌嗌字。《說文》無『兮』字，又不可疑為諧聲。」按：後三句非衍說，《大典》誤連為一條。又卷四千九百七十二吾衍《說文續釋》云：「犢。衍案：《屯》六二曰：『屯如邅如，乘馬班如。』與古文異也。亶，古音單，陟連反。」又卷六千三十八云：「易。許氏《說文》：『易，開也。從日一勿。一曰飛揚，一曰長也，一曰彊者眾貌。與章切。』徐鍇《通釋》：『鍇曰：日，所以開明。勿，象其光芒敷照也。會意。猶良切。』吾衍《續釋》曰：『從日出地上，一地也。勿，象其光芒敷照也。』」按《說文》，山南水北之陽從易𣅀，水南山北之陰從仌𣅀，此日易月仌之仌易，不可妄加𣅀也。猶良反。」又卷四千八百四十三弦字下引《說文》，吾衍《續釋》：「弓弩之弦，練絲為之，故從糸而不具末。」按：「不具末」三字疑有誤。據此數條皆作《續釋》，蓋續小徐《通釋》而作也。各書作「續解」，似稍誤矣。〔註80〕

唐《呂衡州集》卷二《上官昭容書樓歌》，自注云：「貞元十四年，友人崔仁亮於東都買得《研神記》一卷，有昭容列名書縫處，因感歎作歌。」按：《隋書‧經籍志》雜傳類有蕭繹《研神記》十卷，當即此書。〔註81〕此言一卷者，

〔註78〕眉批：「經義。穀梁。」
〔註79〕按：此非宋濂之說。元‧虞集《道園學古錄》卷十《題吾子行小篆卷後》：
　　　　古者，器物皆有銘。三代製作，亦有損益。丹書所載，器亡文存。所尤可思
　　　　者，筆書之不可復見也。處士吾子行小篆精妙，當代獨步。書此諸銘，尚友
　　　　古人之志，蓋不止秦、唐二李間也。
〔註80〕眉批：「目錄。」
〔註81〕清‧厲鶚《樊榭山房集》卷六《明鄭貴妃書泥金普門品經同丁敬身作四首》
　　　　之一（《厲鶚集》第131頁）：
　　　　梵夾瓷青出漢京，翊坤題處最分明。依稀買得《研神記》，紙上香多蠹不成。
　　　　文廷式《擬古宮詞》五首之一（《文廷式詩詞集》第51頁）：

一冊也。近人編《唐詩故實》，收入硯類，恐非。又案：《史通‧雜說下篇》自注云：「如《梁書‧孝元紀》云：『撰《研神記》。』《陳書‧姚察傳》云：『撰《西征記》。』云云。凡此書，或一卷兩卷而已。」據此，則《隋志》十卷乃一卷之誤。

《論語》：「攻乎異端，斯害也已。」孫奕《示兒編》謂「攻讀如『攻人之惡』之『攻』，已讀如『末之也已』之『已』。已，止也」〔註82〕。錢辛楣以為「勝於古注」。《養新錄》卷三〔註83〕。余案：《論語》如「可謂好學也已」、「末由也已」、「其終也已」，凡用「也已」字在章末者，皆作語辭，無訓為止者。孫氏曲說，不可從。凡諸經皆有句例。如《論語》「一以貫之」與「信以成之」、「莊以涖之」句法相同。《論語》凡用「之」、「以」字在一句者，其字必一實一虛，即「臨之以莊」、「動之以禮」之類皆是。阮文達必以「一貫」為「壹以事之」〔註84〕，是於文義不合，決非經旨。錢、阮皆通儒，而偶有不照，遂致斯誤。余嘗欲為群經撰《句例》一書，惜恩恩未暇也。〔註85〕

德清徐新田《管色考》〔註86〕謂賀懷智天寶時樂工，是時已有管色。見《夢溪筆談》六〔註87〕。雖不言字譜，而既有管色，即有用字糺聲之法矣。其說

畫省高才四十年，暗將明德起居編。獨憐批盡三千牘，一卷研神記不傳。

〔註82〕見宋‧孫奕《履齋示兒編》卷四《攻乎異端》。

〔註83〕見《十駕齋養新錄》卷三《攻乎異端》。

〔註84〕清‧阮元《揅經室集》一集卷二《論語一貫說》：
一與壹同。壹以貫之，猶言壹是皆以行事為教也。

〔註85〕眉批：「經義。論語。」

〔註86〕清‧徐養原《管色考》一卷，有清光緒刻正覺樓叢刻本。

〔註87〕宋‧沈括《夢溪筆談》卷六：
前世遺事，時有於古人文章中見之。元稹詩有「琵琶宮調八十一，三調弦中彈不出。」琵琶共有八十四調，蓋十二律各七均，乃成八十四調。稹詩言「八十一調」，人多不喻所謂。余於金陵丞相家得唐賀懷智《琵琶譜》一冊，其序云：「琵琶八十四調。內黃鐘、太蔟、林鐘宮聲，弦中彈不出，須管色定弦。其餘八十一調，皆以此三調為準，更不用管色定弦。」始喻稹詩言。如今之調琴，須先用管色「合」字定宮弦下生徵，徵弦上生商，上下相生，終於少商。凡下生者隔二弦，上生者隔一弦取之。凡弦聲皆當如此。古人仍須以金石為準，《商頌》「依我磬聲」是也。今人苟簡，不復以絃管定聲，故其高下無準，出於臨時。懷智《琵琶譜》調格，與今樂全不同。唐人樂學精深，尚有雅律遺法。今之燕樂，古聲多亡，而新聲大率皆無法度。樂工自不能言其義，如何得其聲和？

至精。至詆宋人以管色配律，為瀆亂無倫，則仍《燕樂考原》之誤也。又謂工尺等字，當作宮商用，皆五音之別名，隨調移換，而譏宋人字與律相亂。此今日謡變，乃至於此，宋人何能預料乎？且宋人以字配律，其用之固秩然，亦何嘗相亂乎？陳暘《樂書》亦有管色。〔註88〕

　　嚴儀卿《滄浪詩話》云〔註89〕：「有就句對，如少陵詩『小院廻廊春寂寂，浴鳧飛鷺晚悠悠』是也。」前輩於文，亦多此體。如王勃『龍光射牛斗之墟，徐孺下陳蕃之榻』。錢辛楣先生〔註90〕又以庾子山《哀江南賦序》『陸士衡聞而拊掌，是所甘心；張平子見而陋之，固其宜矣』為當句對，皆深得古人句意。余謂子山賦序「孫策以天下為三分，眾纔一旅；項籍用江東之子弟，人惟八千」，亦以「一旅」對「三分」，「八千」對「子弟」也。子美詩「南極一星朝北斗，五雲多處是三臺」〔註91〕，亦就句對。用在結處，句法尤矯變。〔註92〕

　　國朝由編檢出身，沒不謚文者，予於鄂容安、何世璂、范承謨外，又得一人，曰王維珍。按：《皇朝詞林典故・康熙九年庚戌科題名》〔註93〕：「王維珍，漢軍，鑲藍旗人。」散館授編修，官至浙江巡撫，謚敏慤。〔註94〕

　　近時滿州人丁憂者，諭旨每云某人現在穿孝。或不解穿字所起。余按：《世說・雅量篇》稱「庾子嵩積然已醉，幘墜几上，以頭就穿取」，則「穿」字乃晉時語也。〔註95〕

〔註88〕眉批：「音律。」

〔註89〕見宋・嚴羽《滄浪詩話・詩體》。

〔註90〕按：此非錢大昕之說。

清・錢大昕《潛研堂集》文集卷二十二《記先大父逸事》：

有客舉王子安《滕王閣詩序》「蘭亭已矣，梓澤丘墟」二句屬對似乎不倫，先大父曰：「『已矣』，疊韻也。『丘墟』，雙聲也。疊韻雙聲，自相為對。古人排偶之文，精嚴如此。庾子山《哀江南賦》『陸士衡聞而拊掌，是所甘心；張平子見而陋之，固其宜矣。』以『甘心』對『拊掌』，以『宜矣』對『陋之』，亦聯之中虛實自相為對也。」

〔註91〕清・仇兆鰲《杜詩詳注》卷十九《送李八秘書赴杜相公幕》：

青簾白舫益州來，巫峽秋濤天地回。石出倒聽楓葉下，櫓搖背指菊花開。貪趨相府今晨發，恐失佳期後命催。南極一星朝北斗，五雲多處是三臺。

〔註92〕眉批：「文學。詩文。」

〔註93〕清・鄂爾泰《詞林典故》卷八。

〔註94〕眉批：「掌故。」

〔註95〕眉批：「掌故。」

國朝翰林中，盧召弓〔註96〕、顧南雅〔註97〕皆以直言極諫為同輩所歎服。

〔註96〕清・李元度《國朝先正事略》卷三十五《盧抱經先生事略》：
篤師友之誼，而性尤亢直。方壬申殿試時，對策中力言直隸差徭之重，純皇帝為動容，飭總督方觀承申奏自劾，士論偉之。
又，清・曾國荃《（光緒）湖南通志》卷六十七《學校志六・辰州府》：
乾隆三十二年，學政盧文弨奏請視人數多寡酌取，寧缺無濫。
清・素爾訥《學政全書》卷二十六《整飭士習》：
乾隆三十二年奉上諭：湖南學政盧文弨條奏一摺，全屬不諳事體。其意專務弋取虛名，於學校士習大有關係。已據各該部按欵縷晰議駁。即如所奏州縣官責處生員應申報學臣一條，此乾隆元年議奏條例，載在《學政全書》者，已為深切著明。今該學政復多方附會，有心為不肖青衿開寬縱之漸。殊不知士子果能安分自愛，地方有司自應優以禮貌。若其甘為敗檢，法所難寬，則按律示懲，俾知悛改，且以警戒其餘，則其所保全者甚多。該學政乃巧為袒庇，摭拾瀆陳，是將使恃符滋事者恣意妄為，自干法網罣之非，適以害之乎！至所稱民人控士，令教官接受傳訊劣等苗猺生員，免其對讀，及散給貧生租銀，請照兵丁紅白事例給數，既使司鐸者侵官滋弊，且令考校失勸懲之義，恤貧開冒濫之端，皆屬曲意偏狥，市恩邀譽，於整飭士風之道毫無裨益。盧文弨所見如此紕繆，若仍令其典司學政，必致諸生罔知繩檢，風氣日漓，豈朕造就多士之本意耶？盧文弨著即撤回該部，嚴加議處。
〔註97〕《清史稿》卷三百七十七《顧蒓傳》：
顧蒓，字南雅，江蘇吳縣人。嘉慶七年進士，選庶吉士，授編修。十七年，大考一等，擢侍讀。督雲南學政，道經河南，見吏多貪墨，奸民充斥，密疏陳謂不早根治，恐釀巨患。仁宗問樞臣，樞臣微其事，不以為意，明年遂有滑縣之亂。在雲南，課士嚴而有恩，以正心術端行誼為首，次治經史、辨文體。按試所至，聞賢士必禮遇之，士風丕振。任滿，充日講官。二十五年，遷侍講學士。值宣宗初政，疏請停捐例。再疏陳崇君德、正人心、飭官方三事。上召對，嘉納其言。故事，大臣子弟不得充軍機章京，時值考選，許一體與試。蒓謂貴介不宜與聞樞要，請收回成命。事尋止。
左都御史松筠出為熱河都統，蒓上疏，謂松筠正人，宜留置左右，失上意，降編修，九歲不調。先是嘉慶中，蒓在史館，撰和珅傳，及進御，經他人竄改，和珅曾數因事被高宗詰責，並未載入傳。仁宗怒其失實，嚴詔詰問。大臣以蒓原稿進，仁宗深是之，而奪竄改者官。宣宗一日閱實錄至此事，嘉蒓直筆，因言前保留松筠，必非阿私，特擢蒓右中允。未一歲，復侍講學士原職。
時回疆張格爾亂甫定，蒓疏：「請於喀什噶爾沿邊增重兵，以控制安集延，杜回人窺伺；又其地密邇英吉沙爾、葉爾羌、和闐，皆有水草可耕牧，宜募民屯田，為戰守備。更請慎選大臣，無分滿、漢，務得讀書知大體有方略者任之，而以廉靜明信能拊循民、回者為之佐，庶可永永無事。」
道光十一年，遷通政司副使。湖南北、江南、江西、浙江大水，蒓疏言：「饑民與鹽梟糾合易生事，鹽梟不盡去，終為巨患。緩治之則養禍深，急治之則召禍速，欲禁其妄行，必先謀其生路。現兩淮鹽場漂沒，三江、兩湖勢必仰給蘆、粵之鹽，宜聽民往販，隨時納課，收課後，不問所之，俟鹽產盛，丁

而其所言之事，則今時未有知之者矣。宗室伯希祭酒盛昱。云：「法時帆於嘉慶初年曾上封事，其言較洪稚存尤切直。」此說必有所本。鄂松亭鄂恒。道光間尤以衎直著稱。錫厚菴《退菴集》有《哭松亭》詩〔註98〕，略見其概。聞尚有疏語涉宮闈，宜為宣廟所深嫉也。〔註99〕

力紓，即令課歸丁，不限疆域。」事下所司，格未行。

尊性嚴正，尚氣節，晚益負時望，從遊者眾，類能砥勵自立，滇士尤歸之，其秀異者至京師多就問業焉。十三年，卒。

〔註98〕清‧錫縝《退復軒詩》卷二《哭鄂松亭舅氏師〔恒〕三十韻》，作於丁巳（咸豐七年，1857年），曰：

舅氏道光丙戌進士，改庶吉士。生平著述甚富。先世以武功起家，有《伊爾根覺羅氏家傳》一卷、《求是山房試貼》一卷，皆鋟版行世。癸巳，以翰林兩上封事。會兩遇大考，左遷詹事府。再遷工部。咸豐丙辰，以員外郎捐知府。改歲之陝西，臨行手書一紙，藏書帙間。縝送之，命亟歸取所書，視之則以他日訂詩古文集見屬也。至陝逮卒，表弟阿克丹匐匍去，縝以舅氏臨行手書示之。比其返也，則將舅氏平生著述盡失之，索之弗得也。悲夫！

舉世雄才少，名場末路難。東山看魯小，渭水入秦寒。家乘傳魚服，高勳舊鶡冠。代興繩祖武，燕翼假文翰。廬舍承明直，詩書卓犖觀。曠懷在名世，余事主騷壇。維背三辰合，來朝萬國歡。蠻夷正通市，渤澥未飜瀾。颶母鳳終惡，蛟人淚暗彈。上書言魯魯，請命旅嘽嘽。誰謂揚波易，人懷厝火安。高談忤權貴，卑秩改郎官。晚納千鍾粟，長駐五馬繁。崒峰悲蠟屐，函谷請泥丸。遲筭窮途哭，似□中谷歎。遊魂過豐鎬，歸寢隔邯鄲。舊誼親甥舅，深情授館餐。□□危論倡，黨禁盛時寬。問事長頭博，逢人白眼看。何妨耽麴蘗，相與賦芄蘭。未聽丁丁杯，頻聞坎坎檀。錢刀夔九府，軍令寄三單。步伐弓交韔，歸來箭徹韝。空橫千尺鎖，尚舞兩階干。氣早金銀淺，民猶水火殘。罪言今日中，清淚幾時乾。小字慚麟角，浮生笑鼠肝。酬知惟有慟，思報轉無端。式谷嗟王述，沉屙憶景丹。淒涼身後事，手澤不曾完。

〔註99〕眉批：「掌故。」

卷八〔註1〕

　　陳邱明《碣石調幽蘭》〔註2〕，其彈琴每用右手無名指。若宋以來，琴譜則無有用此指者矣。其所謂抑即後世所謂猱，上蹴取聲即所謂帶起也。其命七絃為宮商角徵羽文武，亦與後世以數記者不同。〔註3〕

　　朱子《琴律說》云：文集卷六十六。「七徽之左為聲律之初，氣後身長，聲和節緩，故琴之取聲多在於此。」又云：「七絃既有散弦所取五聲之位，又有按徽所取五聲之位，二者錯綜，相為經緯，其自上而下者皆自上弦遞降一等，其自左而右者則終始循環，或先或後，每至上弦之宮而一齊焉。」此言琴律至為簡明，俗工不察久矣。〔註4〕

　　琴徽之徽，《白石道人歌曲》作「暉」〔註5〕。〔註6〕

　　江慎修《律呂新論》〔註7〕謂琴徽泛聲應先天八卦橫圖，一徽內無聲之處

〔註1〕按：稿本題「純常子枝語」。稿本乙封題「純常子枝語　第八冊」。
〔註2〕清・黎庶昌《拙尊園叢稿》卷六《餘編之外》：
　　　《影舊鈔卷子本碣石調幽蘭》一卷
　　　陳禎明中會稽邱公明所著《琴譜》之第五卷也。余非知音，不敢是正，以待世之能鑒希聲者。
〔註3〕眉批：「音律。」
〔註4〕眉批：「又。」
〔註5〕宋・姜夔《白石道人歌曲》卷一《琴曲》。
　　　調弦法。〔慢角調。慢四一暉，取二弦十一暉應；慢六一暉，取四絃十暉應。〕
〔註6〕眉批：「又。」
〔註7〕清・江永《律呂新論》二卷，有清道光二十四年（1844）金山錢氏刻守山閣叢書本。

乾也。然則先天之乾為無卦畫、無方位處乎？附會無理，令人失笑。其論四清聲不可去，論陳暘《樂書》之疏率，則可謂深有發明者也。

　　朱子《中和舊說序》文集七十五。曰：「人自嬰兒以至老死，雖語默動靜之不同，然大體莫非已發，特其未發者為未嘗發耳。」按：如此，則人自嬰兒至老死，竟無一刻得中之時，誠非天命謂性之理，宜自變其說也。又《與湖南諸公論中和第一書》文集卷六十四。云：「《中庸》未發已發之義，前此認得此心流行之體。又因程子凡言心者皆指已發而言，遂目心為已發，性為未發。」又云：「程子所謂凡言心者皆指已發而言，此乃指赤子之心而言。」按：分心性固非。即言心而歧赤子之心與此心而二之，亦恐非。乾坤，易簡之理也。《中庸首章說》文集卷六十七。曰：「天命之性，渾然而已。以其體而言之則曰中，以其用而言之則曰和。」竊謂此說得之。陳蘭甫師云：《東塾讀書記》卷九。「『發而皆中節』，則非常人所能。『喜怒哀樂之未發』，則常人有之，絕無玄〔註 8〕妙也。」愚意玄〔註 9〕妙雖無，然此未發對下文發言，其發既中節而謂之和矣，則其未發而謂之中者，抑豈常人所能哉？且下文又重釋中字，固當有致力處也。此節在「必誠其意」之後，蓋「喜怒哀樂之未發」云云，必謂誠意之君子矣。〔註 10〕

　　《莊子·逍遙遊篇》：「往見四子藐姑射之山。」《釋文》：「四子。司馬、李云：王倪、齧缺、被衣、許由。汾水，徐扶云反，郭方聞反。案：汾水出太原，今莊生寓言也。司馬、崔本作盆水。」唐道士成玄〔註 11〕英作《疏》云：「馬彪將四子為齧缺，便未達於遠理；劉璋推汾水於射山，更迷惑於近事。」劉璋之說，《釋文》所無，不知其何所本也。此非漢之劉璋。以理度之，當是唐人耳。玄〔註 12〕英《疏》模擬郭《注》，不甚稱引舊說，然其名物訓詁有出《釋文》外者，正當是六朝之舊義耳。〔註 13〕

　　《皇朝通志》云〔註 14〕：「元朱宗文撰《蒙古字韻》，自謂能通音譯，實多不能脗合。如陶宗儀《輟耕錄》載元國字以可侯字為首，而是書又依《韻

〔註 8〕「玄」，底本作「元」。
〔註 9〕「玄」，底本作「元」。
〔註10〕眉批：「性理。」
〔註11〕「玄」，底本作「元」。
〔註12〕「玄」，底本作「元」。
〔註13〕眉批：「諸子。」
〔註14〕見《清通志》卷十三六《書略·西域各部字體》。

會》以見經，堅匂〔註15〕為首，其字母已不相合。」按：以《同文韻統》華梵合璧之例推之，見為嘎之齊齒音可侯，二合字。當為喀之合口音，即溪字字母也，特次序稍易耳。〔註16〕

吳曾《能改齋漫錄》卷五〔註17〕云：「袁州自國初時解額，以十三人為率。仁宗時，查拱之郎中知郡日，因秋試進士，以『黃華如散金』為詩題，蓋取《文選》詩『青條若總翠，黃華如散金』〔註18〕是也。舉子多以秋景賦之。惟六人不失詩意，由是只解六人，後遂為額。無名子嘲之，曰：『誤認黃華作菊華。』」按：此吾郡宋時聞人所以轉不及唐之多，實由解額減少故也。然以偶不得題解遂致頓減過半之額，則亦有司奉行不善之過耳。〔註19〕

又卷一〔註20〕云：「取士至仁宗始有糊名考校之律，雖號至公，然尚未絕其弊。其後袁州人李夷賓上言，請別加謄錄，因著為令，而後識認字畫之弊始絕。」然則試事易書之制始於李夷賓也，今府志亦不載此事。〔註21〕

范景仁《東齋記事》卷三云〔註22〕：「初，舉人居鄉，必以文卷投贄先進。自糊名後，其禮浸衰。賈許公為御史中丞，又奏罷公卷，而士子之禮都亡矣。」按：此知糊名足以杜奔競。景仁以為士子之禮亡，其說非也。

曾慥《高齋漫錄》云：「熙寧殿試改用策，謂比詩賦有用。不知士人計較得失，豈敢極言時政，自取黜落？是初入仕已教之諂也。」按：宋時對策尚有

〔註15〕《清通志》此處有「字」字。
〔註16〕眉批：「方言。」
〔註17〕宋・吳曾《能改齋漫錄》卷五《辨誤・誤認黃華作菊華》。
〔註18〕《文選》卷二十九張季鷹《雜詩》：
暮春和氣應，白日照園林。青條若總翠，黃華如散金。嘉卉亮有觀，顧此難久耽。延頸無良塗，頓足託幽深。榮與壯俱去，賤與老相尋。歡樂不照顏，慘愴發謳吟。謳吟何嗟及，古人可慰心。
〔註19〕眉批：「掌故。」
〔註20〕見卷一《事始・糊名考校》。
〔註21〕眉批：「又。」
按：趙翼《陔餘叢考》卷二十九《殿試彌封另謄》：
《獨醒雜志》：「紹興庚辰殿試，上親閱卷，問對讀官云：『鶴鳴卻寫作鶴鳴，嗚呼卻寫作鳴呼，何也？』對讀官李浩曰：『臣讀至此亦疑之，然以其正本如此，不敢改易。』乃取正本視之，果然。」是宋時殿試亦彌封另謄進呈也。《澠水燕談錄》亦謂廷試彌封謄錄始於景德、祥符之間。《宋史・常安民傳》：「安民試第一，主司啟封，見其年少，欲下之。常秩不可曰：『糊名較藝，豈容輕易？』」此蓋禮部試，非廷試也。
〔註22〕又見宋・江少虞《新雕皇朝類苑》卷九《丁文簡》，注出「《湘山野錄》」。檢宋・釋文瑩《湘山野錄》，未見此語。

極言時政者，曾慨已有是言，更無論明以後矣。

枷栭香〔註23〕，明姚虞《嶺海輿圖》〔註24〕作「奇南木」。〔註25〕

《嶺海輿圖‧南夷‧序》云：「自決隄坊，罔恤狐兔。凡我虛實，皆了然已久。往歲寶安之變，正德間佛朗機夷人始稱入貢，突入東莞，大肆劫掠。盈耳未遠。杞人有憂，正在巨測，君子不可謂之迂也。」嗟乎！禍覯於二百年之後，而能慮之於二百年以前，若姚澤山者，亦可謂瞻言百里矣。〔註26〕

《漢書‧西域傳》：「安息國有大馬爵。」師古《注》：「《廣志》曰：『大爵，頸及膺身，蹄似橐駝』」云云。徐星伯《補注》引王懷祖先生說〔註27〕，曰：「『爵』上亦有『大』字，而今本脫之。《御覽》、《漢紀》、《通典》引並作『大馬大爵』。」余謂鴕鳥至今有之，以其似馬類，故謂之馬爵似不必加「大」字符。劉郁《西使記》亦云：「鴕鳥即安息所產大馬爵也。」〔註28〕

《皇朝文獻通考》卷二百九十七〔註29〕云：「呂宋東南又有萬老高，人物土產俱與呂宋相類。」〔註30〕按：此即馬六甲。此以廣東音譯之，故轉為萬老高矣。〔註31〕

宋於廷《尚書略說》「四嶽」一條〔註32〕云：「伯夷封許，故曰許由。《史記》『堯讓天下於許由』本《莊子》，正傅會『諮四嶽，巽朕位』之語。百家之

〔註23〕清‧查繼佐《罪惟錄》列傳卷三十六《賓童龍國》：「地產枷楠香。」

〔註24〕明‧姚虞《嶺海輿圖》：「惟奇南木乃沉之生結者。」

〔註25〕眉批：「草木。」

〔註26〕眉批：「邊防」、「夷患」。

〔註27〕清‧王念孫《讀書雜志》漢書第十五《大馬爵》：
「安息國有大馬爵。」念孫案：「爵」上亦有「大」字，而今本脫之，則為不詞矣。《太平御覽‧四夷部》十四引此，正作「有大馬大爵」。《漢紀‧孝武紀》、《通典‧邊防八》竝同。

〔註28〕眉批：「鳥獸。」
明‧田藝蘅《留青日箚》卷三十一《大馬爵》：
《漢書》：「安息國有大馬爵。」《廣志》曰：「大爵，頸及膺身，蹄似橐駝，色蒼，舉頭高八九尺，張翅丈餘，食大麥。」我朝有鳥大如驢，集於南京五鳳樓上，想即此鳥飛來者。安息以大鳥卵獻漢，又烏弋山離國有大鳥卵如甕。余因笑曰：今之麻爵，乃此鳥之耳孫也。又王莽時有大鳥如馬，五色龍文，與眾鳥數千集於沛國蘄縣。

〔註29〕「卷二百九十七」，稿本為小字注文。

〔註30〕《清通典》卷九十八《邊防‧呂宋》：「其東南又有萬老高島，人物土產與呂宋相類。」

〔註31〕眉批：「夷事。」

〔註32〕見清‧宋翔鳳《尚書略說》一《四嶽》。又見宋翔鳳《過庭錄》卷四《四嶽》。

言，自有所出。」按：此條甚精。然宋人《愛日齋叢鈔》不知撰人名氏。〔註33〕
卷五引樓昜叔云：「從來人說《莊子》盡是寓言，卻不曾深考。如堯讓許由，
依舊是有此人。蓋申、呂、許、甫皆四嶽之後，許由亦其一也。以當時『諮四
嶽』觀之，則堯有讓四嶽之事，但周言不無過當。鄱陽湯君錫亦云：湯名師中，
嘉定進士，伯紀端明之父，與昜叔時相後先。『堯始讓四嶽，四嶽舉舜，乃讓舜。』《左
傳》曰：『夫許，太嶽之後。』杜《注》云：『堯四嶽。』則太嶽非許由乎？後
人遂有洗耳之說。」以上二條是許由事，為依倣讓四嶽為之。宋人已見及此，
特未知許由之即伯夷耳。〔註34〕

　　《古今姓氏書辯證》卷三十八云：「《風俗通》：『漢有博勞吉，善相馬。』」
《通志‧氏族略》引作「博子勞」。按：《廣韻》云：「古有博勞。」疑兩書各
誤衍一字。博勞即伯樂之轉音。蓋凡善相馬者，皆謂之伯樂。猶善審音者皆
謂之師曠，善視者皆謂之離朱矣。黃帝時有師曠，晉平公時復有師曠。黃帝時離朱見
《莊子》〔註35〕。《孟子》：「離婁之明」〔註36〕，以為離朱。〔註37〕

　　鄧名世《古今姓氏書辯證》，《明史》著錄〔註38〕，蓋當時館臣誤以為明

〔註33〕《四庫全書總目》卷一百十八子部二十八：
　　　　《愛日齋叢抄》五卷
　　　　案：《愛日齋叢抄》散見《永樂大典》者，共一百四十三條，俱不題撰人姓氏。
　　　　考諸家書目，亦多未著錄。惟陶宗儀《說郛》第十七卷內載有此書二十二條，
　　　　題為宋葉某所撰，而不著其名。以《永樂大典》本參校，相合者十二條，其
　　　　《說郛》有而《永樂大典》脫去者十條，取以參補，實得一百五十三條。雖
　　　　原書卷目已佚，而裒輯排訂，尚可考見大略觀。其「論先儒從祀」一條，有
　　　　咸淳年號，知為宋末人所作也。
　　　　清‧葉廷琯《吹網錄》卷五：
　　　　《四庫全書》子部雜家類二《愛日齋叢抄提要》：「案：《愛日齋叢抄》散見《永
　　　　樂大典》者共一百四十三條，俱不題撰人姓氏。考諸家書目，亦多未著錄。
　　　　惟陶宗儀《說郛》第十七卷內載有此書二十二條，題為宋葉某所撰，而不著
　　　　其名。觀其『論先儒從祀』一條，有咸淳年號，知為宋末人所作也。」〔珽琯
　　　　按：明黃虞稷《千頃堂書目》載此書，題曰葉寊撰。廷琯按：葉寊更有《筆
　　　　衡》一書。吳曉鉦釗森曰：「《千頃堂書目》題撰人多附會，不足盡信。」或
　　　　因寊撰《筆衡》，遂借葉姓而嫁其名耳。〕
〔註34〕眉批：「經義。書。」
〔註35〕見《莊子‧外篇‧駢拇第八》。
〔註36〕見《孟子‧離婁上》。
〔註37〕眉批：「正譌」、「氏族」。
〔註38〕見《明史》卷九十七《藝文志二》。
　　　　按：鄧椿年《〈古今姓氏書辯證〉跋》：
　　　　先君太史公生平留意姓氏之學，雖飲食夢寐弗置也。尤喜稱道名公卿大夫家

人物之盛，勳業之懿，以詔子弟。故《古今姓氏書辯證》凡三本焉，其五卷者，成書於宣、政之同。時諱學史，方貧賤中，無書檢閱，闕文甚多。其十四卷者，後稍銓次增補之，蓋成書於建炎之初。是時晦跡窮山，攜幼避地無虛辰，昨給禮上於法宮者是也。然居懷未滿之意。其後蒙恩，備數太史之屬者八年，始盡得銓曹命官腳色冊，烏府班簿，鸝括次序之，稍稍備矣。紹興辛酉冬，放歸山樊，家書稍備，會韓衢州美成同寓臨川，借其家藏《熙寧姓纂》、《宋百官公卿家譜》，稽考參訂之。及將易簀，謂椿年曰：「《姓氏》未成全書，死不瞑目。」椿年泣，奉以周旋，罔敢失墜。既卒，哭奉門人吳曾狀如浮梁，乞銘於侍讀尚書程公。公見椿年慟哭，首問遺書手澤所在，椿年具以實對。公歎曰：「子能嗣先君之志，吾亡友有子，可賀，其門戶其庶幾乎！」別未數月，又以書來趣曰：「子讀《禮》之暇，不宜墜先志，《姓氏》宜亟成書，遷延歲月，則編槁倒亂，難記憶矣。宜速俾老夫一觀。」椿年既得是語，乃盡裒手澤遺編斷槁，又取宋名公文集、行狀、墓誌，訂證次序之，釐為四十卷，即此本也。椿年孤陋寡聞，貧病不偶，幸不墜先者，尚書公賜也。謹再拜書諸卷末，以告當代好古博雅君子焉。乾道四年三月朔，牛馬走椿年謹書。

按：此跋交代成書過程甚為詳備。

宋·陳振孫《直齋書錄解題》卷八：

《古今姓氏書辯證》四十卷

校書郎史館校勘臨川鄧名世元亞撰，其子椿年緒成之。

《四庫全書總目》卷一百三十五《子部四十五·類書類一》：

《古今姓氏書辯證》

宋鄧名世撰，而其子椿裒次之。名世字元亞，臨川人。祖孝甫，見《宋史·隱逸傳》，即原序所稱文昌先生者是也。椿有《書繼》，已著錄。李心傳《繫年要錄》稱紹興三年十月，詔撫州進士鄧名世赴行在，以御史劉大中薦也。四年三月乙亥，上此書。時吏部尚書胡松年以其貫穿群書，用心刻苦，遂引對，命為迪功郎。王應麟《玉海》所載亦同，惟言名世初以草澤得召，上書後始詔賜出身，充史館校勘。《朱子語類》又謂其以趙汝愚薦，以白衣起為著作郎，後忤秦檜勒停。均與心傳所記不同，則未詳孰是耳。《文獻通考》、《宋·藝文志》俱作四十卷，惟《宋會要》作十四卷，《中興書目》作十二卷，殆傳寫之訛。其書長於辯論，大抵以《左傳》、《國語》為主。自《風俗通》以下各採其是者從之，而於《元和姓纂》抉摘獨詳，又以《熙寧姓纂》、《宋百官公卿家譜》二書互為參校，亦往往足補史傳之闕。蓋始於政宣而成於紹興之中年，父子相繼，以就是編，故較他姓氏書特為精覈。《朱子語類》謂名世學甚博，姓氏一部，考證甚詳，蓋不虛也。後椿作《書繼》，亦號賅洽，殆承其討論之餘緒乎！宋時紹興有刊本，今已散佚。《永樂大典》散附《千家姓》下，已非舊第。惟考王應麟所引原序，稱始於國姓，餘分四聲，則其體例與《元和姓纂》相同。今亦以韻隸姓，重為編輯，仍釐為四十卷，目錄二卷。其複姓則以首字為主，附見於各韻之後。間有徵引訛謬者，並附著案語，各為糾正焉。

清·周中孚《鄭堂讀書記》卷六十一《子部十一之中》：

《古今姓氏書辯證》四十卷目錄二卷

宋鄧名世撰。其子椿年裒次之。〔名世字符亞，臨川人。紹興四年表上此書，賜進士出身，官校書郎史館校勘。椿年仕履無考。〕《四庫全書》著錄。《宋會要》、《中興書目續書目》、〔俱見《玉海》引。〕《書錄解題》、〔譜牒類〕《通考》、〔譜牒類〕《宋志》〔譜牒類〕俱載之。《宋會要》作十四卷，《中興目》作十二卷，卷數各異。據〔椿年〕序稱書凡三本，其五卷者成於宣政之間，其十四卷者成於建炎之初。椿年又取宋名公文集行狀墓誌，訂證次序，釐為四十卷。是以不同也。《明史・藝文志》〔譜牒類〕亦載及其書，或因焦氏《經籍志》〔譜系類〕所載而誤收之。然焦氏本列在宋人中也。其書紹興時有刊本，久佚不存，惟散見於《永樂大典》中。今館臣即據以錄出，仍釐為四十卷，以復原書之舊，並冠以宣和甲辰高裴序及乾道戊子椿年序。《玉海》五十稱「專取《左氏》、《國語》為主，參以五經子史之文，自《風俗通》以來，〔如《姓苑》、《百家譜》、《姓纂》〕凡有所長，盡用其說。穿鑿譌謬，必辨駁之。始於國姓，餘分四聲，終於漢姓、蕃姓、補遺，凡四十卷。復以《熙寧姓纂》、《皇朝百官公卿家譜》參訂。書始於政、宣，而成於紹興之中年。名世子椿年裒集次序之，其書始備」。案：今本自首卷迄末卷一以韻隸姓，此則重為編輯，故不必如原書次第「始於國姓而終於漢姓、蕃姓、補遺焉」。考元亞表上時，吏部尚書胡松年「看詳學有淵源，辭亦簡古，考訂明切，多所案據」，誠不誣云。嘉慶壬戌洪桐生〔梧〕得秘閣傳寫本，屬孫淵如師校刊並為之序，繫以《玉海》二則。

清・陸心源《儀顧堂題跋》卷八《古今姓氏書辯證跋》：

鄧名世《古今姓氏書辯證》失傳已久，乾隆中館臣從《永樂大典》錄出。名世舉主官階，《繫年要錄》謂劉大中薦以進士召對，《玉海》則謂以布衣召對，《朱子語類》又謂由趙汝愚薦授著作郎。《提要》以三說不同，未詳孰是。愚案：名世字符亞，江西臨川人，文昌先生考甫之孫也。於書無所不觀，於事無所不學。自幼挾策，一覽無遺。先是議臣禁《春秋》學，名世獨嗜之，試有司，屢以援《春秋》黜。同舍又告以毋藏元祐黨人文集，笑曰：「是足以廢吾身乎？」遂杜門養母，不求仕進。研究經史，尤長《春秋》。嘗以經傳國語參合援據，為《春秋國譜年譜地譜人譜》，凡六卷。辨先儒言《春秋》之失，為《辯論譜說》十篇，並行。御史劉大中宣諭江南見之，薦於朝。紹興三年十月丁亥召，赴行在。四年三月乙亥，進《春秋四譜》及此書。吏部尚書胡松年看詳，以為簡古明切，多所證據。三月以布衣召對，賜同進士出身，授右迪功郎。後進治人務實二策，高宗嘉納。九月，除史館校勘。五年二月，除秘書正字。七月丁憂。七年十一月，除校書郎。十年五月，除著作佐郎。先是修《哲宗實錄》，亡元祐八年若干卷。名世參考御集及日曆、時政記、玉牒等書，補成之。又編《建炎以來日曆》，至紹興九年止，為書三百七十卷。十一年九月，以譏切時政忤秦檜，為言者論罷。十一月，以擅寫日曆勒停。久之終於家。二十六年五月，進士鄧椿年言故父左奉議郎以忤時相廢弛，不該日曆賞典，乞褒賞，乃特贈左承議郎。其所著書，尚有《春秋類史》、《春秋公子譜》、《列國諸臣圖》、《宋朝宰相年表》、《皇極大衍數》、《大晟樂書》、文集，合三百卷，見高裴《姓氏書辯證序》、李心傳《繫年要錄》、陳騤《中興館閣錄》、《朱子語類》、《西江人物志》、凌稚隆《萬姓統譜》。名世事蹟略具於斯，其人其書皆卓然可傳。《宋史・文苑》不為立傳，可以見歐陽元等之疏矣。《繫年要錄》六十

人。〔註39〕

《荀子‧富國篇》言「明分使群」,《孫子兵法》亦言「分數」〔註40〕明,此儒家兵家富強之大義也。《荀子》曰〔註41〕:「事強暴之國難,使強暴之國事我易。」吾亦云然。〔註42〕

荀子所言,君主之國之定法也。墨子大旨近民主矣。〔註43〕

《王制篇》云:「聲則凡非雅聲者舉廢,色則凡非舊文者舉息,械用則凡非舊器者舉毀。夫是之謂復古。」《禮記‧王制》「凡執禁以齊眾」一段,略採其意。又「四海之內若一家」一節,即《禮記‧王制》「達其志,通其欲」一節之義。「污池淵沼川澤謹其時禁」一節,即《禮記‧王制》「獺祭魚,然後虞人入澤梁」一節之義。惟「序官」一章,則《荀子》多言周制,而《禮記‧王制篇》兼取殷制,蓋漢文博士習《公羊》家之舊義矣。〔註44〕

《儒效篇》曰:「以從俗為善,以貨財為寶,以養生為己至道,是民德也。」楊《注》云:「『養生為己至道』,謂莊生之徒。」此言是也。蓋老子之言道,欲以治天下;莊子之言道,則獨善其身之意多,故荀子謂之「民德」也。此老、莊之辨也。

《日知錄》卷二十〔註45〕:「晉惠帝時,盧江杜嵩作《壬子春秋》。壬子,元康二年,賈后弒楊太后於金墉城之歲。」按:「嵩」一作「崧」。崧事見《晉書‧儒林‧杜夷傳》,云:「惠帝時,俗多浮偽,著《任子春秋》以刺之。」又《惠帝紀》云:「南陽魯褒作《錢神論》,盧江杜嵩作《任子春秋》,皆刺時之

九稱撫州進士鄧名世,卷七十四又稱草澤鄧名世,《中興館閣錄》亦稱以草澤上殿,則前之稱進士衍文也,非不同也。其由草澤召對出於劉大中之薦,《要錄》、《玉海》皆同。其遷著作佐郎,或出於趙汝愚之推轂。其歷官,初授右迪功郎,終於著作佐郎,《要錄》、《玉海》與《朱子語類》似異而實同也。至《畫繼》乃雙流人鄧椿字公壽所纂,名世之子名椿年,非名椿,不但里貫如風馬牛,即名亦不同也。《畫繼提要》與《姓氏書辯證提要》兩岐,當從《畫繼提要》為是。

〔註39〕眉批:「又。」
〔註40〕《孫子》卷中《兵勢第五》:
　　　　孫子曰:「凡治眾如治寡,分數是也。」
〔註41〕見《荀子》卷六《富國篇第十》。
〔註42〕眉批:「諸子。旬。」按:「旬」當作「荀」。
〔註43〕眉批:「又。」
〔註44〕眉批:「又。」
〔註45〕「卷二十」,稿本為小字注文。

作。」《隋書・經籍志》總集類有杜嵩《任子春秋》一卷，疑此書讖以任入官者，故史以為刺浮偽耳。亭林誤為「壬子」而強為之說，失之。〔註46〕

《大唐傳載》：「至德元年三月，方以侍御史文叔清為宣諭使，許人納錢授官及明經出身。」此捐納職官舉貢之故事也。〔註47〕

宋釋德洪《石門文字禪》卷二十二《布景堂記》云：「宣和三年秋，萍鄉文益之還自大梁，過湘上會余，夜語及里中奇豪，而高侯尤其魁壘」云云。此吾鄉文姓之見於北宋者，此記亦可收入縣志也。〔註48〕

宋王瓘《北道刊誤志・祥符縣祆神廟》，注云：「案《西夷朝貢錄》：康國有神祠名祆，畢國有大祆祠。《說文》：『胡神也。』唐官有祆正〔註49〕。一曰胡謂神為祆，關中謂天為祆。瀛州樂壽縣亦有祆神廟。唐長慶三年置，本號天神。據此知祆字乃漢時譯人所造。舊經引《漢書》金人祭天事。據霍去病獲休屠王祭天金人〔註50〕，如淳曰：『祭天以金人為主。』」按：《說文》無「祆」字，徐鉉據《玉篇》附入耳，此誤引。〔註51〕

《北史・宣武靈皇后胡氏傳》：「廢諸淫祀而胡天神不在其列。」《四庫全書總目》卷一百二十五子部雜家類《西學凡提要》，引杜預注《左傳》「次睢之社」曰：「睢受汴，東經陳留、梁、譙、彭城入泗，此水次有祆神，皆社祠之」，此祆廟之見於經典者。〔註52〕

《漢書・郊祀志下》云：「陽有徑路神祠，祭休屠王也。」師古曰：「休

〔註46〕眉批：「正譌」、「目錄」。
　　　　清・孫志祖《讀書脞錄》卷三《壬子春秋》：
　　　　《晉書・惠帝紀》：「廬江杜嵩〔《儒林・杜夷傳》作「崧」。〕作《任子春秋》。」或疑「任子」為杜子之誤，非也。「任」當作「壬」，《日知錄》云：「壬子，元康二年，賈后弒楊太后於金墉城之歲。」
〔註47〕眉批：「掌故。」
〔註48〕眉批：「氏族。」
〔註49〕《通典》卷第四十《職官二十二》：
　　　　視從七品：薩寶府祆正。〔祆，呼煙反。祆者，西域國天神，佛經所謂摩醯首羅也。武德四年，置祆祠及官，常有群胡奉事，取火祝詛。貞觀二年，置波斯寺。至天寶四年七月，敕：「波斯經教出自大秦，傳習而來，久行中國。爰初建寺，因以為名，將欲示人，必脩其本。其兩京波斯寺宜改為大秦寺。天下諸州郡有者，亦宜准此。」開元二十年七月敕：「末摩尼法，本是邪見，妄稱佛教，誑惑黎元，宜嚴加禁斷。以其西胡等既是鄉法，當身自行，不須科罪者。」〕
〔註50〕《漢書》卷五十五《霍去病傳》：「收休屠祭天金人。」
〔註51〕眉批：「祠祭」、「宗教」。
〔註52〕眉批：「又。」

屠，匈奴王號也。徑路神，本匈奴之祠也。」按：徑路神不知何謂，蓋亦祆神之類。〔註53〕

元廼賢《河朔訪古記》「劉神川先生墓」一條云：「又著《歸潛志》，紀金末喪亂之事，與太原元裕之《壬辰雜編》、關西楊奐然《天興近鑒》、東明王百一《汝南遺事》微有異同。」按：楊奐然名奐，有《天興近鑒》三卷。王百一即王鶚，撰《汝南遺事》四卷，起天興二年六月，迄三年正月。盧紹弓《補遼金元三史藝文志》未收王鶚書，錢辛楣《補元史藝文志》雜史類並錄之。〔註54〕

《能改齋漫錄》卷七〔註55〕曰：「前世學者未有不讀箋注。自本朝罷聲律，而後學者不復知有箋注矣。」按：宋人經說諸書，大抵皆近當時論策文字，可知其廢箋注之故，正為與當時科舉之學相反故耳。《新唐書》力詆啖助，要是景文之特識〔註56〕。〔註57〕

《呂氏春秋·知分篇》：「崔杼不說，直兵造胷，句兵鉤頸，謂晏子曰：『子變子言，則齊國吾與子共之。子不變子言，則今是已。』」高《注》云：「已，竟也。言今竟子。」按：「今是已」者，「今」指「直兵」、「句兵」而言，謂此即是也。其致之死意，在言外矣。《注》解「已」為「竟」，全失語妙。下文晏子曰：「嬰且可以回而求福乎？子惟之矣。」其意謂吾必不回，子惟所欲為也。「子惟之矣」，語未盡而意已足。古人文章之妙也。《注》解「惟」為「宜」，畢秋帆校本引《梁仲子》云「當訓為思」，並非。〔註58〕

〔註53〕眉批：「又。」
〔註54〕眉批：「目錄。」
〔註55〕見《能改齋漫錄》卷七《事實·跋扈畔換》。
〔註56〕《新唐書》卷二百《儒學列傳下·啖助》：
贊曰：《春秋》、《詩》、《易》、《書》，由孔子時師弟子相傳，歷暴秦，不斷如繫。至漢興，劉挾書令，則儒者肆然講授，經典浸興。左氏與孔子同時，以《魯史》附《春秋》作《傳》，而公羊高、穀梁赤皆出子夏門人。三家言經，各有回舛，然猶悉本之聖人，其得與失蓋十五，義或繆誤，先儒畏聖人，不敢輒改也。啖助在唐，名治《春秋》，撅訕三家，不本所承，自用名學，憑私臆決，尊之曰「孔子意也」，趙、陸從而唱之，遂顯於時。嗚呼！孔子沒乃數千年，助所推著果其意乎？其未可必也。以未可必而必之，則固；持一己之固而倡茲世，則誣。誣與固，君子所不取。助果謂可乎？徒令後生穿鑿詭辨，詆前人，捨成說，而自為紛紛，助所階已。
〔註57〕眉批：「經義。總。」
〔註58〕眉批：「諸子。」

經典中載言，亦有不載全文者。如《論語》：「子見南子，子路不悅。夫子矢之曰：『予所不者，天厭之，天厭之。』」凡言「所不者」，皆盟誓之詞。《左傳》所載，如「所不與舅氏」、「所不與崔慶」之類皆是。「所不」之下當有言句，或言同於子路，或言守道不變，王進士崧《說緯》〔註59〕言欲正名，亦可備一說。但仍讀「不」為「否」，非是。皆不可知。要之，記者於當時有所隱諱，則不記也。大約子見南子，當在出公輒時。王進士之說是。子路生平勇於退而難於進，故聞乘桴浮海則喜，於子見南子及將往公山則不悅也。〔註60〕

又案：記者曰「矢之」，「之」字即指子路。如「顏淵死，子哭之」，「之」字即指顏淵是也。則「天厭」二語，即盟子路之辭，記者不詳晰書之，從可知也。〔註61〕

校古書必求其通，亦是一病。如《呂氏春秋·簡選篇》曰：「王子慶忌、陳年猶欲劍之利也。」高《注》云：「陳年，齊人。」此漢人猶知之而今日不復可知者也。畢秋帆校本引《梁仲子》云：「陳年即《吳越春秋》之善射者。陳音，善射者，楚人也。古年、音聲相近。」無論《呂覽》但言欲劍利而必以善射當之，高言齊人而必以楚人當之，已非事實，且古年、音之聲亦何嘗相近乎？凡國朝人言聲近者，往往而誤。高郵王氏猶不免。余未暇一一指摘也。〔註62〕

以《皇朝通志·謚略》核對近時內閣所刊之謚法，其人名、官職歧出者甚多，不能悉錄其謚之互異者。直隸總督朱昌祚，《謚法考》云「謚勤愨」，注云「一作勤敏，一作勤恪，均誤」，而《通志·謚略》乃作「勤僖」。雲貴總督郭瑮，《考》作「恪勤」，《通志·略》作「勤恪」。此等同異尚多。惟《謚法考》有宗室王公貝勒以下及承恩公侯謚各類。而《通志·略》有額駙謚一門，《考》乃遺之。今按：《略》所載額駙謚，乾隆以前凡七人，惟福隆安、班第，《考》列大臣中。其耿昭忠、謚勤僖。耿聚忠、愨敏。諾穆圖、愨僖。以上康熙朝。策凌、謚襄。色布騰巴爾珠爾謚毅。以上乾隆朝。五人竟不見於《考》，是其疏漏之甚者。〔註63〕

〔註59〕清·王崧《說緯》二卷，載新文豐版《叢書集成續編》第12冊。
〔註60〕眉批：「經義·論語。」
〔註61〕眉批：「又。」
〔註62〕眉批：「諸子。」
〔註63〕眉批：「正譌」、「掌故」。

欽天監監正南懷仁，《通志・謚略》作「欽天監治理」。〔註64〕

《謚法考》署前鋒統領武穆篤謚襄壯，注云：「一作吳木篤。」《通志・謚略》云：「前鋒參領雲騎尉贈前鋒統領吳木篤謚襄壯。臣等謹案：吳木篤以隨征福建創發病，故照陣亡例予卹，故得贈謚。」今《考》以贈官為署任，誤也。

《通志・略・朝鮮國王謚》於李棚後接書李昀，《謚法考》李昀上尚有李焞一代，謚僖順。

本朝公主無謚。康熙二年十月，端獻長公主、端順長公主皆奉特旨予謚，見《通志・略》。

鄂容安謚剛烈，當時以其由翰林起家，擬文剛、文烈進呈，高宗圈去兩文字，故謚剛烈。謹案：此用范承謨之故事也。觀公，順治壬辰進士，改庶吉士，授宏文院編修。及殉耿逆之難，賜謚忠貞。聖世褒忠之典，固有不拘常例者矣。

《宋史・食貨志五》：「太平興國四年，詔鬻偽茶一斤杖一百，二十斤以上棄市。雍熙二年，造溫桑偽茶，比犯真茶計直十分論二分之等〔註65〕。」今茶業不精，多方攙雜，坐是出洋之貨日減，商耗民貧，是宜復申偽茶之禁者也。〔註66〕

《宋史・藝文志》雜藝術類有李煜妻周氏《繫蒙小葉子格》一卷、《偏金葉子格》一卷、《小葉子例》一卷。是小周后尚有遺著流傳宋時，此賦南唐宮詞所當選材者也。〔註67〕

《宋志》總集類有《臨賀郡志》二卷，此後人脩地志別輯文徵之始。〔註68〕

宋人稱左諫議大夫為東坡，見《玉壺野史》卷十。不知蘇長公自號何以不避此義？又明道為宋年號，而大程子門人乃稱其師為明道先生，亦所不解也。此條記，辛楣先生曾論之〔註69〕。〔註70〕

〔註64〕眉批：「又。」
〔註65〕「等」，《宋史》作「罪」。
〔註66〕眉批：「商務」、「掌故」。
〔註67〕眉批：「目錄。」
〔註68〕眉批：「又。」
〔註69〕錢大昕《十駕齋養新錄》卷七《明道先生》：
程伯淳之歿也，文潞公題其墓曰大宋明道先生程君之墓。按：明道，仁宗年號也，不當為人臣之私稱。而潞公以題墓，伊川受而不辭，皆所未喻，後人亦無議及此者。
〔註70〕眉批：「掌故。」

《易‧繫辭下傳》：「過此以往，未之或知也。」朱子《本義》云：「下學之事，盡力於精義利用，而交養互發之機，自不能已。自是以上，則亦無所用其力矣。」案：經義恐人人慾窮神知化，故言「未之或知」。注解為「無所用力」，似非經義。〔註71〕

邵康節說《易》，多雜數學，殆漢人六日七分及爻辰之類，不可謂之明《易》也。朱子《原象贊》云：「遭秦弗燼，及宋而明。邵傳羲畫，程演周經。」其推許亦太過矣。〔註72〕

林壽圖《啟東錄》〔註73〕：「晉文帝二十七年，百濟表求《易林》及占式。梁武帝大同中，嘗請給《毛詩》博士與《涅槃》等經義。」余案《陳書‧儒林傳》〔註74〕：「陸翊少習崔靈恩三禮義宗，梁世百濟國表求講禮博士，詔令翊行，還除給事中。」是百濟於大同中不獨求《毛詩》博士也。林氏失載。〔註75〕

《梁書‧王僧孺傳》〔註76〕：「年五歲，讀《孝經》，問授者此書所載述，曰：『論忠孝二事。』」此以《孝經》為兼論忠孝，有合於《論語》篇首載有子之言〔註77〕，實《孝經》之大義也。後世偽撰《忠經》〔註78〕者，烏足以知

〔註71〕眉批：「經義。易。」
〔註72〕眉批：「又。」
　　　　另，此條稿本前有「朱子《本義》與程子《易傳》皆不朽之書，此定論也。然可謂程、朱之易，不可謂周、孔之易也。」有刪除標識。
〔註73〕見林壽圖《啟東錄》卷一《百濟》。
〔註74〕見《陳書》卷三十三。又見《南史》卷七十一《儒林列傳》。
〔註75〕眉批：「掌故。」
〔註76〕見《梁書》卷三十三。
〔註77〕《論語‧學而第一》：「有子曰：『其為人也孝悌，而好犯上者，鮮矣；不好犯上，而好作亂者，未之有也。君子務本，本立而道生。孝悌也者，其為仁之本與！』」
〔註78〕元‧王禮《麟原文集》前集卷十《跋馬融忠經後》：
　　　　右《忠經》十八章，東觀馬融所制以配《孝經》者也。夫孝之與忠，人之大閑，而百行之元也。違斯二者，何以靈萬物而立兩間哉？昔者孔聖以曾參盡孝，因言其道，遂為經，而忠則未之及。然有曰「事父孝，故忠可移於君」，是則君親之分殊，故忠孝之名異，而義則一也。融始擬聖而作此，亦有益於名教。使人人得其說而遵之，施於有政，豈不大有可觀？余既得朱文公及吳文正公所刊定《孝經》鋟梓，今又得此文，雖未敢便列之經，然亦託工人以壽其傳。誠欲學者玩繹二書之旨，庶幾處而為孝子，出而為忠臣，則於國家化民成俗之意，豈不深有所助發云。
　　　　明‧楊士奇《東里集》東里續集卷十七《忠經》：

《忠經》一冊，漢南郡太守馬融撰。其篇義篇數皆依倣《孝經》，鄭玄為之注。
蜀中有刻板，余得之德讓云。

明·張邦奇《張邦奇集》紆玉樓集卷一《忠經序》：

天之立君，以為民也。降生英賢，以事君也。勞以承君，德以孚民，以成身
也。其身克成，以事親也。夫道在天曰仁，在人曰忠。生物之心，充周無間，
故謂之仁。奉天之心，整竭無餘，故謂之忠。是故天命吾道，親吾身。身，
道之具也。君授我職，民恃我德。德，職之本也。德不極則職不舉，職不舉
則民病，民病則方君，方君則辱親。辱親者，違天者也。違天者亡，順天者
昌。故《忠經》所由作也。作《忠經》者，其知道也乎！君子之在官也，竭
其衷不誘於外，止其所不踰其分，視民猶視君也，視君猶視親也，視親猶視
天也，故民安而頌聲作，頌聲作而慶譽至。宗廟饗之，子孫保之，忠之致也。
《忠經》作於漢儒馬氏，其言奧，其義則，近鮮有傳之者，岷王梓而傳之，
將以勸夫為臣者也。為之序者，閩王志也。

明·鄭岳《莆陽文獻列傳》卷十陳仁《忠經序》：

是書篇章條貫，發辭援古，大抵擬《孝經》而作，何以不別為經傳？曰：《孝
經》之有經傳，後所更定書也。茲所擬，乃秦火之餘，漢儒之所掇拾，所謂
存十一於千百者也。然則善學孔子歟？曰：孔子述而不作，其書皆出于門人
之所記。如天地生成器物，不假雕琢，自然可以傳之悠久。是書則微露斧鑿
矣。然則其亦有所因乎？曰：子思、孟子皆嘗有作。子思作《中庸》，程子所
謂筆之于書，以授孟子者也。孟子作七篇，朱子所謂筆如鎔鑄而成，非綴緝
可就者也。但商敦周彝，雖假人力，而為萬世之寶。是書則作為利濟之具，
竊效公輸以求其近似者爾。然則其亦有資于世乎？曰：古人著書多矣，如老
聃、莊周、列禦寇、荀況、楊雄、王通輩，皆名大家，而涉浮駕誕，害理亂
真，或多有之。如《國語》、《戰國策》、《說苑》諸書，又皆馳騁縱橫，偏滯
詭異，雜以刑名術數之說，正如作為器玩，足以供人耳目，而非資身之具，
古所謂虛車者是矣。是書則人家日用常器，雖制不逮古，而亦不可廢焉。其曰
馬融所著，鄭玄所注。二人皆漢經生。史言融著《春秋三傳異同》，注《孝經》、
《論語》、《詩》、《易》、《三禮》，而無所謂《忠經》。玄受學于融，所著《周
易》、《尚書》、《毛詩》、《儀禮》、《禮記》、《論語》、《孝經》、《尚書》大傳，
亦無注《忠經》云云。豈二人不能自信，隱而不衒，故在曊時無所見。今所
傳乃後人表而出之者邪？史又言融達生任性，不拘儒者之節，奢樂恣肆，黨
附成議。意者言雖善而弗信，故弗傳。爰及後人，未暇責備，不因人廢言，
而其書始傳焉。是皆不可得而知也。但云二人皆注《孝經》而遵信之，固如
是也。其擬之于是作，或者其然歟？玩其詞意太略，漢文字與魏晉以下蓋不
相似。夫漢儒專門訓釋，前輩謂世不可無欲，學者中心有主而知所擇。竊以
為所著之書亦然。則學者由是而學，而又參之他書，以究其同異得失，以定
取捨之端，則資之以脩身，而以事其君，以及夫立政用人，亦多聞擇善之一
助也。

清·徐時棟《煙嶼樓讀書志》卷十四子上《忠經》：

世偽造武侯《心書》而中引偽《古文尚書》，他無論矣。季長《忠經》，其引
書詞亦偽居其五。

《四庫全書總目》卷九十五《子部五·儒家類存目一》：

此？〔註 79〕

　　《春秋繁露·五行對》〔註 80〕釋《孝經》「天之經，地之義」，其言閎深奧博，實聖門相傳之大義，所謂「下事上如地事天」。又曰：「忠臣之義，孝子之行，取之土。土者，五行最貴者也。」此告王僧孺者，所以言《孝經》兼論忠孝也。〔註 81〕

　　《宋季三朝政要》淳祐九年記云：「臺綱不振，時嬖寵干政，彈文及其私黨則內降聖旨，宣諭刪去，謂之『節貼』〔註 82〕。臺諫不敢與爭。」案：後世查辦大臣於彈文亦每有節去者，蓋用此例。〔註 83〕《四庫全書》小學類提要謂顏師古《匡謬正俗》「拘於習俗，不知音有古今。其注《漢書》，動以合聲為言，遂與沈重之音《毛詩》同開後來葉音之說」〔註 84〕。案《經典釋文》，《關雎》「樂之」，《釋文》云：「音樂〔註 85〕，或云協韻宜，五教反。」「王姬之車」，《釋文》云：「之車協韻，尺奢反。《後漢書·孝靈帝紀·贊》以「衛」韻「孼」、「缺」〔註 86〕。李賢《注》云：「衛協韻音於別反。」凡此等者甚多。甚言協韻，即葉音也，蓋顏籀之前已有是說矣。〔註 87〕

　　　　《忠經》一卷
　　　　舊本題漢馬融撰，鄭玄注。其文擬《孝經》為十八章，經與注如出一手。考融所述作，具載《後漢書·本傳》。玄所訓釋，載於《鄭志目錄》尤詳。《孝經注》依託於玄，劉知幾尚設十二驗以辨之，其文具載《唐會要》，烏有所謂《忠經注》哉？《隋志》、《唐志》皆不著錄，《崇文總目》始列其名，其為宋代偽書，殆無疑義。《玉海》引宋《兩朝志》載有海鵬《忠經》。然則此書本有撰人，原非贗造；後人詐題馬、鄭，掩其本名，轉使真本變偽耳。

〔註 79〕眉批：「經義。孝經。」
〔註 80〕見《春秋繁露義證》卷十《五行對第三十八》。
〔註 81〕眉批：「又。」
〔註 82〕《宋史》卷四百七十四《姦臣列傳四·賈似道》：
　　　　時理宗在位久，內侍董宋臣、盧允升為之聚斂以媚之。引薦奔競之士，交通賄賂，置諸通顯。又用外戚子弟為監司、郡守。作芙蓉閣、香蘭亭宮中，進倡優傀儡，以奉帝為遊燕。竊弄權柄。臺臣有言之者，帝宣諭去之，謂之「節貼」。
〔註 83〕眉批：「掌故。」
〔註 84〕見《四庫全書總目》卷四十《經部四十·小學類一》。
〔註 85〕「音樂」，《經典釋文》卷五作「音洛，又音岳」。
〔註 86〕《後漢書》卷八《孝靈帝紀》：「贊曰：靈帝負乘，委體宦孽。徵亡備兆，小雅盡缺。麋鹿霜露，遂棲宮衛。」
〔註 87〕眉批：「音均。」
　　　　又，余嘉錫《四庫提要辯證》卷二：
　　　　嘉錫案：近人文廷式《純常子枝語》卷八云：「案《經典釋文》，關雎》『樂之』，

《易‧坤》:「六五:黃裳,元吉。」程《傳》云〔註88〕:「陰者,臣道也,婦道也。臣居尊位,羿、莽是也,猶可言也。婦居尊位,女媧氏、武氏是也,非常之變,不可言也。」宋人或以為譏宣仁,或又為之辯。其實大賢立言,微顯志晦,不必一一以恒情推測也。余案:《後漢書‧皇后紀‧順烈梁皇后》〔註89〕:「選入掖庭,太史筮,得《坤》之《比》。」李賢《注》曰:「《易‧坤》卦六五爻變而之《比》九五,《象》曰:『顯比之吉,位正中也。』」其後梁後為皇太后,立桓帝,誅李固,溺宦官,任諸梁兄弟。後漢之亡,實基於此。程子作《傳》,蓋採此事而深垂世戒,未知各家推明傳義者曾論及此否。〔註90〕

同治間《續纂江寧府志‧人物‧寓賢傳》〔註91〕中稱:「包慎伯善扁書,開近人北魏一派,道光中名滿江淮,然不如張翰風女褶英遠甚。褶英為吳廷珍農部內,曾見其徑五寸楷書,樸茂蒼老,卓然元魏名筆也。」此志為汪梅村總纂,此卷則上元朱桂模所分纂。則梅村之言如是也。包慎伯論書,推鄧石如篆書為過於李陽冰。而陳蘭甫師云:「鄧篆橫不敢橫,直不敢直,其筆力雄健尚不如錢衎石先生子婦李氏。」新陽人,偶忘其名。因出李所篆聯,以示門人。又張所書聯,余亦曾見之,誠奧折可喜。鄧、包皆海內書學大師,而兩先生又篤學儒者,所言如是。余於書學入之不深,未敢遽為論斷也。〔註92〕

唐徐靈府《天台山記》記王羲之入山學葉先生過筆法,事出附會。然其言曰:「莫誇端正,但取堅端。筋力若成,自然端正」,恰有可取。疑唐以前書家相傳之舊說也。〔註93〕

《釋文》云:『音樂,或云協韻音,五教反。』『王姬之車』,《釋文》云:『之車協韻,尺奢反。』《後漢書‧孝靈帝紀‧贊》以『衛』韻『孽』、『缺』,李賢注:『衛協韻音於別反。』凡此等者甚多,其協韻,即葉音也。蓋顏籀之前,已有此說矣。」文氏之引《經典釋文》以明協韻之所起,是也。至於李賢注史,在顏籀之後,而以為在前,則因果倒植矣。〔師古為太子承乾注《漢書》,以貞觀十一年表上,見《舊書》本傳。章懷《范書注》,則獻於儀鳳元年,見《舊書‧高宗紀》,上距顏成書時,相去四十年。〕

〔註88〕見宋‧程頤《伊川程先生周易上經傳》卷一《坤》。
〔註89〕見《後漢書》卷十下《皇后紀下》。
〔註90〕眉批:「經義。易。」
〔註91〕見清‧蔣啟勳、清‧趙祐宸修,清‧汪士鐸等纂《光緒續纂江寧府志》卷十四之九下。
〔註92〕眉批:「論書。」
〔註93〕眉批:「又。」

　　杜臺卿《玉燭寶典》〔註94〕注中兩引《埤雅》，黎氏刻本皆去其土旁，但作「卑」，余謂此不必改也。此書《書錄解題》尚有之，則流傳日本，自意中事。又敘述淵雅，援引眩博，非後人所能偽撰。其注中稱「今案及今世」云云者，正當是南宋時人附入。與林億等校《素問》，所稱「新校正」者同。非隋

〔註94〕清・姚振宗《隋書經籍志考證》卷三十子部七：
《玉燭寶典》十一卷，著作郎杜臺卿撰
《隋書》本傳：「臺卿，字少山，博陵陽曲人也。父弼，齊衛尉卿。臺卿少好學，博覽書記，解屬文。仕齊，奉朝請，歷中書黃門侍郎。周武平齊，歸鄉里，以《禮記》、《春秋》講授子弟。開皇初，被徵入朝。臺卿嘗採《月令》，觸類廣之，為書名《玉燭寶典》，十二卷。至是奏之，賜絹二百匹。臺卿患聾，不堪吏職，請修國史，上許之，拜著作郎。十四年致仕，數載終於家。」
臺卿《自序》略曰：昔因典掌餘暇，考校藝文。《禮記・月令》，最為備悉。遂分諸月，各以冠篇。首先引正注，逮及眾說，續書月別之下，增廣其流。史傳百家，時多兼採。詞賦綺靡，動過其意，除非顯著，一無所取。載土風者體民生而積習，論俗誤者冀勉之以知方。始自孟陬，終於大呂，以中央戊己附季夏之末，合十二卷，總為一部。至如雷雲霜雨，減降參差；鳥獸魚蟲，鳴躍前後；春生夏長，草榮樹實；孟仲之際，晏早不同者；或敘其發初，或錄其尤盛，或據在周雒，或旁施邊裔。縱令小舛，差可弘通。若乃鄭俗秦聲、楚言越服，須觀同異，的辨華戎，並存舊命，無所改創。其單名互出，即文不審則注稱今案以明之。若事涉疑，殆理容河漢，則別起正說以釋之。世俗所行節者，雖無故實，伯升之諺，載於經史，多觸類援引，名為附說。又有序說終篇，括其首尾。案《爾雅》「四氣和為玉燭」，《周書》武王說周公推道德以為寶典，將令此作義兼眾美，以《玉燭寶典》為名焉。
唐《日本國見在書目》：《玉燭寶典》十二卷，隋著作郎杜卿撰。
《唐書・經籍志》：《玉燭寶典》十二卷，杜臺卿撰。
《唐書・藝文志》農家：杜臺卿《玉燭寶典》十二卷。〔《宋志》農家著錄同。〕
陳氏《書錄》史部時令類：《玉燭寶典》十二卷，隋著作郎博陵杜臺卿少山撰。以《月令》為主，觸類而廣之，博採諸書，旁及時俗。月為一卷，頗號詳洽。開皇中所上。
日本國人澀江全善森立之《經籍訪古志》曰：《玉燭寶典》十二卷，貞和四年抄本。隋著作郎杜臺卿撰。缺第九一卷。每冊末有貞和四年某月日校合畢。而《山叟記》五卷末有嘉保三年六月七日書寫並校畢舊跋。案：此書元明諸家書目不載之，則彼土蓋已亡佚耳。此本為佐伯毛利氏獻本之一，聞加賀侯家藏卷子本未，見黎氏刊《寶典》卷後附記。曰嘉保三年，宋哲宗紹聖三年；貞和四年，元順帝至正八年也。
光緒十年出使日本大臣遵義黎庶昌刻《古佚叢書》，敘目曰：覆舊鈔卷子本《玉燭寶典》十一卷。原十二卷，今缺第九卷。其書用《小戴記・月令》為主，博引經典集證之，較《周書・月令解》、《呂覽・四時紀》、《淮南・時則訓》加詳，此為專書故也。開皇中奏上，號為詳洽。陳直齋《書錄解題》猶載之，其亡當在宋已後耳。

人著書之例也，宜其引及陸農師書耳。〔註95〕

宋唐子西論文云：「魏文帝即位，求孔融之文，以為不減班、揚。晉武帝踐祚，詔定諸葛亮故事，而比之周誥。融既魏武之讎恨，而亮亦晉宣之仇敵，二人之言宜非當時所欲聞，而並見收錄，惟恐其墜失，蕩然無忌，猶有先王大公至正之道焉。吾所以特有取於魏晉也。」見宋王正德《餘師錄》卷三〔註96〕。此蓋有感於宋時禁三蘇文集之類而發。然其言則萬世之公論也。〔註97〕

今士大夫仕宦之家，往往不及立廟。又遠仕他方，故祭祀之禮多於廳事行之。案：《太平御覽》一百八十五引盧諶《祭法》云：「凡祭法，有廟者置之於座，未遑立廟祭於廳事可也。」知此制晉時已然矣。又《御覽》七百三引《祭法》云：「香鑪四時祠，坐側皆置也。」此制亦至今行之。特別設一案當神座前，不置坐側耳。〔註98〕

宋於廷《過庭錄》卷一以「《乾》之六爻，明禪讓之法。《坤》之六爻，明征誅之法」〔註99〕。近人以為非常可喜之義。其實程子《易傳》已有此義，特未及於廷言之暢耳。於廷曰：「初之潛龍，舜之居深山也。九二坤五來降，釐降嬀汭，當此爻矣。歷試諸難，其當九三乎？四之或躍，其攝天子乎？」案：程《傳》曰：初九「聖人側微，舜起側微見《尚書序》。若龍之潛」；九二「舜之田漁時也。利見大德之君，以行其道」；九三「舜之玄德升聞時也。君德已著，天下將歸之，其危懼可知」；九四「舜之歷試時也」。以宋說證程《傳》，不過略先一爻耳，無大異也。其言乾元用九之義亦同。《坤》之六爻，程子雖不以文王與紂當之，然六五《傳》云：「或疑在革，湯、武之事猶盡言之，獨於此不言」，則其大旨亦與於廷之意合。今人言經學，不欲稱述宋人，然程、朱命世大儒，其言理亦何所不包也。晉庾仲初《虞舜像贊》云〔註100〕：「飛龍在天，陽德文明」，亦宋說之所本。〔註101〕

〔註95〕眉批：「正譌」、「目錄」。
〔註96〕見宋・王正德《餘師錄》卷三《唐子西》。
　　　　按：原見宋・唐庚《眉山唐先生文集》卷十三《三國雜事篇下・晉侍中荀勗中書令和嶠使著作郎陳壽定故蜀丞相諸亮故事為二十四篇號諸葛氏集上之》。
〔註97〕眉批：「掌故。」
〔註98〕眉批：「祠祭」、「掌故」。
〔註99〕見《過庭錄》卷一《乾坤二卦》。
〔註100〕見《藝文類聚》卷十一《帝王部一・帝舜有虞氏》。
〔註101〕眉批：「經義。易。」

臧鏞堂《韓詩訂譌》云：「《直齋書錄解題》云〔註102〕：『《廣川詩故》四十卷，董逌撰。其說兼取三家，不專毛、鄭。謂魯詩但見取於諸書，其言莫究。齊詩尚存，可據』」云云。案：陳振孫所駁甚是。呂東萊《讀詩記》所載董氏即斯人也，其言皆依託偽撰。余案《朱子文集·答呂伯恭書》云：卷三十三。「董氏詩，建陽有板本，旦夕託人尋訪納去。其間考證極博，但不見所出，使人未敢安耳。」此朱子讀書精審勝呂東萊處。鏞堂未引，亦疏。〔註103〕

《法苑珠林》卷五十四〔註104〕引《莊子》曰：「人而不學謂之視肉，學而不行謂之曰撮囊。」今本無此語，當出《莊子》逸篇。《困學紀聞》亦未載。〔註105〕

釋贊寧《高僧傳》卷七《釋義寂傳》云：「乃天台山研尋止觀。智者教跡，遠則安史兵殘，近則會昌焚毀。寂思鳩集。適金華古藏中得《淨名疏》而已。後款告韶禪師，囑人泛舟於日本國購獲僅足。」今刻全藏，亦多資日本來書，可謂後先同揆。正不獨皇侃《論語疏》及《文館詞林》諸書為儒流之珍衮已也。〔註106〕

李義山詩「三十三天常〔註107〕雨華」，注家未明三十三天之義。〔註108〕案：隋智者大師《維摩經疏》云：「昔迦葉佛滅後，有一女人發心修塔，復有三十二人發心助修。修塔功德為忉利天王，其助修者而作輔臣，君臣合之，名三十三天。」〔註109〕

〔註102〕見宋·陳振孫《直齋書錄解題》卷二《廣川詩故》。
〔註103〕眉批：「經義。詩」、「目錄」。
〔註104〕唐·釋道世《法苑珠林》卷六十七《引證部》。
〔註105〕眉批：「諸子。」
〔註106〕眉批：「佛學」、「目錄」。
〔註107〕按：原出《安平公詩》，「常」當作「長」。（《李商隱詩集》第363頁，《玉谿生詩集箋注》第31頁）
〔註108〕朱鶴齡注（第364頁）：
道源注：「三十三天，欲天也。天主曰忉利，居須彌山頂。四方各八，獨帝釋忉利居中。《楞嚴經》：『世尊座天雨百寶蓮花，青黃赤白，間雜紛糅。』」
馮浩注（第33～34頁）：
《菩薩本起經》：「太子思維累劫之事，上至三十三天，下至十六泥犁。」《起世經》：「須彌山上有三十三天宮殿，帝釋所居。」《法念經》：「若持不殺不盜，得生三十三天。」《妙法蓮華經》：「佛前有七寶塔，高至四天王宮，三十三天雨天曼陀羅華，供養寶塔。」
〔註109〕眉批：「文學。詩」、「佛學」。
宋·釋志磐《佛祖統紀》卷三十一《世界名體志第十五之一》：

　　姚秦竺法念譯《菩薩瓔珞本業經》云：「釋迦牟尼佛告敬首菩薩言，佛子所謂流伽度，秦言發心住流；諦伽度，秦言治地住」以下十數條，文多不錄。云云。「秦言」者，皆譯人解說而託於佛言。此殆如後世時文代入口氣之類。疑天竺文體本有如是者，此佛經之所以增多也。〔註110〕

　　《徐騎省集・御製春雪詩序》，注錄御批云：「宿來健否？酒醒詩畢，可有餘力？何妨一為之序，以紀歲月。呵呵。」〔註111〕重光〔註112〕自是詞人，出筆便有風致，然非柏梁、銅雀之高華已。〔註113〕

　　《文選》謝惠連《七月七日夜詠牛女》詩〔註114〕，《注》引曹植《〈九詠〉注》二條，是陳思王集有舊注也。〔註115〕

　　《抱朴子・廣譬篇》云：「綌布可以禦寒，不必貂狐。」是晉時已有綌布。又房子出綌，見曹操夫人與楊彪夫人書及《魏都賦》。〔註116〕

　　　昔迦葉佛滅後，有一女人發心修塔，報為天主，有三十二人助修，報為輔臣。
　　　君臣合之，為三十三。〔《淨名疏》。〕
〔註110〕眉批：「佛學。」
〔註111〕宋・徐鉉《徐公文集》卷十八《御製春雪詩序》。
〔註112〕《新五代史》卷六十二《南唐世家第二》：「煜字重光。」宋・馬令《南唐書》
　　　　卷五《後主書第五》：「後主名煜，字重光。」
〔註113〕眉批：「文學。學。」
〔註114〕見《文選》卷三十。
〔註115〕眉批：「文學。詩。」
〔註116〕眉批：「掌故。」

卷九〔註1〕

　　王充《論衡・難歲篇》：「儒者論天下九州，東西南北盡地廣長，〔註2〕五千里，竟三河土中。鄒衍論之，以為九州之內五千里，竟合為一州，在東東位〔註3〕，名曰赤縣州。自有九州者九焉，九九八十一，凡八十一州。」又云：「如鄒衍之論，則天下九州在東南位，不直子午。」余按：鄒衍知中國之偏東，必以天算測之。阮文達以天屈西北為無為，專指中國言，亦此義也。鄒衍能談至道而絀公孫龍，見《史記・平原君傳》。〔註4〕豈憑虛臆說者哉？〔註5〕

〔註1〕按：稿本題「純常子枝語第九冊」。稿本乙封題「純常子枝語　第九冊」。
〔註2〕《論衡》此處有「九州之內」。
〔註3〕黃暉《論衡校釋》卷二十四：
　　「東南位」舊作「東東位」。孫曰：「『在東東位』，當作『在東南位』。下文云：『使如鄒衍之論，則天下九州，在東南位，不直子午，安得有太歲？』《談天篇》云：『禹貢九州，方今天下九州也，在東南隅，名曰赤縣神州。』又云：『鄒衍曰：方今天下，在地東南，名赤縣神州。』並其證。」暉按：孫說是也。宋本正作「東南位」，朱校元本同。今據正。
〔註4〕《史記》卷七十六《平原君虞卿列傳》：
　　平原君厚待公孫龍。公孫龍善為堅白之辯，及鄒衍過趙言至道，乃絀公孫龍。
　　《集解》：劉向別錄曰：「齊使鄒衍過趙，平原君見公孫龍及其徒綦毋子之屬，論『白馬非馬』之辯，以問鄒子。鄒子曰：『不可。彼天下之辯有五勝三至，而辭正為下。辯者，別殊類使不相害，序異端使不相亂，杼意通指，明其所謂，使人與知焉，不務相迷也。故勝者不失其所守，不勝者得其所求。若是，故辯可為也。及至煩文以相假，飾辭以相悖，巧譬以相移，引人聲使不得及其意。如此，害大道。夫繳紛爭言而競後息，不能無害君子。』坐皆稱善。」
〔註5〕眉批：「諸子。」

記日之例，唐以前於初句皆不加初字，錢辛楣先生說也〔註6〕。然稱初一、初二者，亦復甚古。漢《古詩為焦仲卿妻作》云：「初七及下九。」又《涅槃經》為晉、宋間譯本，屢稱初一、十五。韋蘇州《九日》詩云：「初九未成旬。」是漢、晉以來，並有此稱。特著之記事之文，則自宋人始耳。北宋《張奕墓誌》〔註7〕云：「卜十月初三日甲申葬於景雲鄉。」紹興丁丑，秦果序刊《續世說》，題「三月初一日」〔註8〕。《法苑珠林》每月十齋日，有初一日、初八日。〔註9〕

閱《古文尚書疏證》附錄各條，閻百詩性情蓋近佻薄。阮文達刊《皇清經解》，不收此書，別裁之卓識也。〔註10〕

嚴脩能《蕙榜雜記》云〔註11〕：「閻氏糾駁前人，遇有閒隙，輒肆詆諆。如『曲肱而枕』之『枕』字，《釋文》音之鴆反。黃陶菴先生文讀作如字，誠誤。然非大繆也。閻著《四書釋地》，於三續中兩存其說，糾繆可也，奚必兩見乎？且云：『讀黃淯耀文，輒笑其不識字。』呼先哲之名而加以惡聲，難乎與言謹厚矣。」其《悔菴學文·書〈潛邱劄記〉後》一篇論亦相近〔註12〕。

〔註6〕清·錢大昕《十駕齋養新錄》卷十五《東鎮廟元碑》：
予考古人紀日，於一日至十日未有加初字者。
〔註7〕清·金武祥《粟香隨筆》粟香五筆卷三：
《宋故朝奉郎太常博士三司推勘公事騎都尉賜緋魚袋張君墓誌銘並序》
馬仲甫撰文　張芻篆蓋　呂希道書丹
嘉祐中，三司使蔡公方大振職事，飭僚屬，乃表著作佐郎張君於朝，以為推勘公事，而君以稱職聞。居三年，治平丙午五月十六日，疾卒。其孤中行以其喪歸常州無錫縣，卜十月初三日甲申將葬於景雲鄉恩覃里之先塋，且請銘於予。予守台州時，君實為從事，予固知君者也，乃序而銘之。
〔註8〕見宋·孔平仲《續世說》卷首。
〔註9〕眉批：「曆學」、「《大明三藏法數》卷四十二所引俟檢」。
〔註10〕眉批：「經義。書。」
〔註11〕係節略清·嚴元照（字脩能）《蕙榜雜記》而成。
〔註12〕嚴元照《悔菴學文》卷八《書〈潛邱劄記〉後》：
山陽閻氏《潛邱劄記》六卷，前四卷雜採典籍及所作雜文，弟五卷皆簡札，弟六卷則所作詩賦也。近時崇尚實學，此書稍行。前此二十年，村塾挾兔園冊子者，未之知也。其考證經史，頗多觶益。然於己所知者，雖甚微，必鋪張而揚搉之，且有矜色。於人所不知者，雖甚微，必指擿而痛詆之。務求勝乎口齒間，而不覺失儒者謹厚之風矣。論者以《日知錄》比之，予謂亭林所見者大，議論有條貫，閻氏非其倫也。書中於同時人排擊尤力者，長洲汪苕文。苕文雅負時譽，而所得於經者淺。顧好議禮，多臆說，排之非過。然才不逮苕文遠甚，故雖足以折苕文，而終不能反俗人之好尚也。予讀此書，間有彈駁，而於所論地理、水利，予則未能津逮。往年，錢塘張仲雅嘗為予言，其表兄梁山舟侍講入都，阻風泊舟，與嘉定錢辛楣少詹

〔註13〕

　　文達刊《皇清經解》略有刊改及編卷之法，皆用《四庫全書》之例。然文達旋調滇督，開板之事多為嚴傑主持，故去取恒有未當，校勘亦多譌繆。〔註14〕

舟相併，推蓬快談者七日。侍講攜此書行篋中，少詹借讀，隨筆為評注十數科還之。予後叩之，侍講則曰所評注皆地理水利二者，其本已畀曦北。叩曦北，則對以在仲雅所。予終不得見也，殊可惜。末附左汾近稿一卷，乃閼詠之詩，不足存。

《四庫全書總目》卷一百十九《子部二十九》：

《潛邱劄記》六卷

（上略）若璩學問淹通，而負氣求勝，與人辯論，往往雜以毒詬惡謔，與汪琬遂成讎釁，頗乖著書之體。然記誦之博，考核之精，國初實罕其倫匹。雖以顧炎武之學有本原，《日知錄》一書亦頗經其駁正，則其他可勿論也。茲編雖輯錄而成，非其全豹，而言言有據，皆足為考證之資，固不以殘闕廢之矣。

清·方東樹《考槃集文錄》卷五《潛邱劄記書後》：

吾嘗論達巷黨人儕孔子之大，特驚以為博學。向使孔子而為一書，孜證三代典物文字，其必過於蔡邕、劉熙、應邵，不待言矣。而聖人於夏殷之禮，亟曰能言，而卒不抗己，以為之文獻。平日教人，惟日用下學、躬行切己之是務。雖博弟子以文，要不出乎《詩》、《書》、六藝，豈以民彝物則，萬世經常，不易循之，則心身安，事理得而治化興，昧之則心肆我哉？學術歧而政俗敗。古之立學校，將以傳先王之業，流化於天下，必使學者明於古今通達道理。凡其所為學問而孜辨之者，亦學乎此而已，亦辨乎此而已。後世學異而言多，言多而妄多。學者不顧其本，惟務逞私揚己，驚愚賣名，相與掇拾細碎，為無益非，要失實誤世之言。其說經孜史，論議所及，固是非之真，而以害於人心義理者不少矣。則皆所謂無德者眩，有德者厭，名為孜信，而實欲行其私說，支離畔援，非愚則誣者也。是故觀其書，不見根源本領，使人讀之，心志馳騖，愁惑蕩焉，而無所止，可以資口耳而無益於身用。雖由是更廣為千百卷，猶莫能盡。宇內無此書不見少，學者不讀此無損於學，雖竊大名，亦徒榮華於一朝，而末由施用而不朽。為學若此，亦足傷也。或曰：若吾子言，是孜證不足以為學，則孔孟所儕博學詳說者謂何？且不幾率天下而陋乎？曰：固也。吾以學者忘孔孟也。若猶念孔孟也，將必志乎其所本者以為先，而後可也。若舍置其本而專務乎此，而曾不要之以約禮反說，此吾所以病之也。近世言孜證之宗，首推深寧王氏、亭林顧氏、太原閻氏。吾觀王、顧二家之書，體用不同而皆足資於學者，而莫能廢。非獨其言覈實而無誣妄之失，亦其箸書旨趣猶有本領根源故也。閻氏則不逮矣。然亦頗博物，條暢多所發明。讀其言，如循近澗，觀清泉，白石游鱗，一一目可數，指可掬，其用功塗轍，居然可尋見，異於池竭而自中不出者也。特其體例不免儉陋，氣象矜忿迫隘，悻悻然類小丈夫之所發，故不逮王、顧兩家淵懿渟蓄，託意深厚，類例有倫。此固存乎其人之識與養焉已。雖其書出後人彙輯，非其所手訂，而詞氣大體之得失，固不可掩也。

〔註13〕眉批：「又。」

〔註14〕眉批：「目錄。」

閱沈梅村《寒夜叢談》〔註15〕，知嘉慶間風俗奢於乾隆。〔註16〕至道光中葉，而天下華侈極矣。道府之署，日演優伶；負販之妻，並盈珠翠。粵寇之亂，蕩滌幾盡。今則物力彫耗，強鄰迫伺，而民無悛心，徒飾外以虛內，不知示儉示禮將何所施也。論者以為西人治國以奢為主，奢則物力豐盈，貨貝流通。是亦一說。然豈所語於今日之中國哉？〔註17〕

國朝抑制宦寺之法，漢、唐、宋、明所不及也。士大夫亦頗知法度，不甚與之往來。乃近日則有監司侍從出於其途者矣，悲憤何極！博士有正先或未必重，秦人之患也〔註18〕。〔註19〕

西華門內，咸安宮後，沿御溝之西，多宦寺所居。其間娼賭皆備，查禁城之大臣知之而莫敢誰何也。志伯愚侍郎值文職六班時，親見此事，為余言之。〔註20〕

《元典故編年考》記《奎章閣官制》〔註21〕云：「勅制象齒小牌五十，上書『奎章閣三字』，一面篆字，一面蒙古字與畏吾兒字，分散各官懸佩，出入宮門無禁。」按：元時碑文亦多用三體書，其蒙古新字以今時蒙古文讀之，亦不甚可通。〔註22〕

〔註15〕清・吳慶坻《蕉廊脞錄》卷五：
　　《寒夜叢談》三卷，仁和沈梅村赤然撰。襄錄入《杭州藝文志》，未見刊本。比得新陽趙氏光緒乙酉刊本。第一卷《談理》，取前哲之美言寓言有關於持身接物者，蓋剌取諸史諸子精言而發明之，體類連珠，而不作駢儷語。二卷《談禮》，《自敘》謂「邇來吾鄉喪葬婚嫁諸禮多不合於禮，因舉古禮而以今俗類舉之，以示砭俗之義」。三卷《談瑣》，多述官直隸時所聞見，頗關掌故。末附論作文作詩及學書凡數則，蓋為其子弟道也。先輩隨筆纂錄，皆不虛設如此。
〔註16〕清・沈赤然《寒夜叢談》卷三《談瑣》：
　　本朝吾鄉婦人衣袖，乾隆十餘年間，率廣八寸，後增至一尺，漸又增至尺一二寸。卅年以來，皆尺五六寸矣，幾與僧道衣等。又其初，衣皆對襟，無緣飾。邇時又有揚袗、大袗之制，而無論衫襖裙袴，必以青繒徧緣數層，非此則謂之村。始僅城市如此，既而鄉鎮婦女亦無不以此為美觀。一衣一裙之費，又加半矣。靡麗成風，不知伊於胡底。
〔註17〕眉批：「風俗」、「治略」。
〔註18〕《漢書》卷七十五《京房傳》：
　　昔秦時趙高用事，有正先者，非剌高而死，高威自此成，故秦之亂，正先趣之。
　　清・顧炎武《亭林詩文集》亭林詩集卷四《夏日》：「博士有正先，實趣秦時亂。」
〔註19〕眉批：「掌故」、「治略」。
〔註20〕眉批：「又。」
〔註21〕見清・孫承澤《元朝典故編年考》卷七《奎章閣官制》。
〔註22〕眉批：「掌故。」

　　《〈水經・河水〉注》云〔註23〕：「紫微有鉤陳之宿，主鬭訟兵陳，故遁甲攻取之法，以所攻神與鉤陳並氣，下制所臨之辰，則決禽敵。」〔註24〕

　　《弘明集》卷十一齊蕭子良《與孔中丞書》：「孟子有云：『君王無好智，君王無好勇。勇智之過，生乎患禍。所遵正當，仁義為本。』」按：此雖約《孟子》書，而《孟子》實未言好智之過，疑出《孟子外書》。又卷十梁武帝《敕答臣下神滅論》云：「孟軻有云：『人之所知，不如人之所不知。』」今孟子書亦無此語。〔註25〕《晉書・閻纘傳》：「纘上書理太子之冤，曰：『孟軻有云：孤臣孽子，其操心也危慮，患也深，故多善功。』」按：「故多善功」句與今本《孟子》文異。〔註26〕

　　《蒙古游牧記・鄂爾多斯部》〔註27〕，注云：「道光二十五年，榆林府知府徐松橅懷遠縣知縣何丙勳查統萬城故阯。丙勳於是攜南針紙筆，隨步定向，從圖水西渡，出邊牆，又西渡磨姑河，又西渡黑水河，又西渡無定河，地勢迤而高，曼陀二里許，至舊相傳之白土城，細加相度，在懷遠城正西九十七里，黑水河在無定河東距縣城五十里，與所謂城在黑水之南者不合。惟去白土城北五十里有淖泥河，東入無定河之下流，疑淖泥河為古黑水。其地有土城，周圍三重，俱用土築」云云。星伯精於地理，然不信《禹貢》雍梁、黑水為一，而必欲於雍州境求古黑水，亦失之太泥矣。〔註28〕

　　《蒙古游牧記・車臣汗部》〔註29〕，注云：「《元史・太宗紀》：『諸王百官大會於怯綠連河曲雕阿闌之地。』《祕史》云〔註30〕：『於客魯連河闊迭兀阿喇勒地行大聚會。』案：今官行譯改《元史》，誤以「曲」字屬下讀，故改「曲雕阿闌」曰「齊達勒敖拉」。今案：《親征錄》之『怯綠連河』，即《祕史》

〔註23〕見《水經注》卷五。

〔註24〕眉批：「星象。」

〔註25〕清・王士禎《池北偶談》卷十九《孟子逸語》：
　　　　《孟子》逸句有云：「人之所知，不如人之所不知，信矣。」見梁武帝《答臣下神滅論》，又見釋道安《教指通局》。又：「君王無好智，君王無好勇。勇智之過，生乎患禍。所遵正當，仁義為本。」見蕭子良《與孔中丞書》。謝廷贊《維園鉛摘》載之，其語殊不類。

〔註26〕眉批：「經義。孟子。」

〔註27〕見清・張穆《蒙古游牧記》卷六《內蒙古伊克昭盟游牧所在・鄂爾多斯部》。

〔註28〕眉批：「輿地。」

〔註29〕見《蒙古游牧記》卷九《外蒙古喀爾喀喀魯倫巴爾和屯盟游牧所在・喀爾喀東路車臣汗部》。

〔註30〕見元・佚名《元朝秘史》卷二。

之『客魯連河』。而《祕史》『闊迭兀』三字，必非《親征錄》之『曲雕』二字。其應以『河曲』斷句甚明。」余謂「曲雕」二字正「闊迭兀」急讀之音。《元史》亦作「庫鐵烏」。蓋「庫」、「曲」、「闊」本一音之轉，而「迭兀」、「鐵烏」急呼則為「雕」音耳。張氏於「曲」字斷句，誤甚。特「齊達勒」之改譯，與「闊迭兀」之音亦未能吻合也。〔註31〕

　　又《土謝圖汗部》，注必以元魏為俄羅斯人。〔註32〕不知俄羅斯之西伯利

〔註31〕眉批：「輿地。」

清・李文田《元秘史注》卷十四：

《元史・太宗本紀》曰：「太宗英文皇帝諱窩闊台，太祖第三子。元年己丑夏，帝至忽魯班雪不只之地，皇弟拖雷來見。秋八月己未，諸王百官大會於怯綠連河曲雕阿蘭之地，以太祖遺詔即皇帝位於庫鐵烏阿剌里。」今按：阿剌勒者，蒙古語山也。《西域水道記》曰：「凡山，蒙古語曰鄂拉鄂拉，即阿剌之對音。」此山名闊迭兀，即後文十五卷末所稱「客魯連河闊迭額阿剌勒地面」者也。《本紀》「曲雕阿蘭」即是庫鐵烏阿剌之對音。緣所採非一書，所譯非一人，故複沓錯互，不悟其為一地。蓋翻譯之學未精也。此闊迭兀雖知其在客魯連河上，然以前文所述客魯連河地名求之，卻無此名，計當在河之初源，今蒙古車臣汗中右後旗大肯特山東南矣。

〔註32〕《蒙古游牧記》卷七《外蒙古喀爾喀汗阿林盟游牧所在・喀爾喀後路土謝圖汗部》：

喀爾喀接壤俄羅斯國。俄羅斯自元以來漸著載籍，又經四五百年之開鑿，至康熙末年尚稱沮洳泥濘，山高林密，賴嚮導指引而行，則元魏以前之茫昧榛杅可知。自非有神人異獸，何由轉徙而南乎？然則元魏之先，乃俄羅斯產，所謂山谷高深，九難八阻，必由俄羅斯出自喀爾喀之道，殆即今楚庫喀倫以北圖麗琛諸人所徑行矣。序紀遠溯黃帝，適形其誕。若此南邊之續，則其祖宗以來相傳，國史不同，架空誣捏矣。紀傳之言，有歷數千百載而始契證確鑿者，謂非讀書考古之奇快乎？又案《世祖紀》：「真君四年三月壬戌，烏洛侯國遣使朝貢。」《四夷傳》：「勿吉在高句麗北，失韋在勿吉北千里，地豆干在失韋西千餘里，烏洛侯在地豆干之北，去代都四千五百餘里。西北二十日行，有於巳尼大水，所謂北海也。世祖真君四年來朝，稱其國西北有國家先帝舊墟石室，南北九十步，東西四十步，高七十步，室有神靈，民多祈請。世祖遣中書侍郎李敞告祭焉，刊祝文於室之壁而還。」《靈徵志》：「魏先之居幽都也，鑿石為祖宗之廟於烏洛侯國西北。自後南遷，其地隔遠。真君中，烏洛侯國遣使朝獻。云石廟如故，民常祈請，有神驗焉。其歲遣中書侍郎李敞詣石室，告祭天地，以皇祖先妣配饗等。既祭，斬樺木立之，以置牲體而還後。所立樺木生長成林，其民益神奉之。石室南距代京可四千餘里」云云。案：以里到方位考之，烏洛侯為今俄羅斯地，無可疑者。然則元魏之為俄羅斯產，本書自有明文。尤可據者，《靈徵志》言斬樺木以置牲體，後所立樺木生長成林，而《異域錄》所紀俄羅斯物產，亦惟松樺為多。艾儒略《職方外紀》漠北有烏洛侯，《皇朝通考・四裔考》因之，且言「侯」乃「俟」之形譌，斯則「俟」之聲轉。以烏洛侯為俄羅斯，非鑿空也。俞君理初但檢《魏書》本紀而不覈傳志，因疑俄羅斯時尚未起，「侯」

部自明始有之，不能推之數百年以前也。俞理初謂烏洛侯，「『侯』字必非『俟』譌」〔註33〕，自是有識勝張氏遠矣。

《全唐文》八百九十九。邱光庭《論渾蓋軒宣諸家得失》云：「問宣夜之說，其理如何。曰：亦非也。《易》曰『天行健』，既稱行健，則有形矣。《道經》云『天無以清，將恐裂』。又史書每稱天開天裂。天若無形，將何開裂？宣夜言天無形質，繆矣。」按：宣夜家說久佚，不知光庭何自得之。然所謂「天無形質」，其理實高於渾、蓋。光庭所駁，則秦宓天有頭耳之類〔註34〕也。〔註35〕

《思辨錄》不信沈括《夢溪筆談》月光借日之說〔註36〕，是陸桴亭學

〔註33〕 必非「俟」譌。《舊唐書》、《唐會要》烏羅渾國，並云蓋後魏烏洛侯。今亦謂之烏羅護。是「俟」、「護」、「渾」同一對音字，不應就中國字形壇改為「俟」，復轉其音為「俟」，以就西夷嚮壁之論。竊謂「侯」字即非「俟」譌，其地北去代都四千五百餘里，亦必為俄羅斯地無疑。況如漢之屯氏至隨，而屯譌為毛，因於其地立毛州。安知此渾、「護」之音不因「俟」字既譌「侯」而移謬若此乎？《寰宇記》云：「烏羅渾國亦謂之烏護」，乃言譌也。總緣譯無定字，展轉替誤，考者但以里到山川覈之，證其沿革可矣。俞君之言，非通讜也。

清·俞正燮《癸巳存稿》卷六《俄羅斯長編稿跋》：談俄羅斯者，若《西域見聞錄》之流，不詳不實，無足深怪。俄羅斯之始起，說者不同，今以其國自言者為定。順治十四年，其國表文自署俄羅斯一千一百六十五年，推之當南北朝癸酉歲，為齊永明十一年，魏太和十七年，始有俄羅斯名。其先蓋名羅剎。《西域見聞錄》亦言一姓相傳，不知其幾千年，則回部傳聞亦合。明時，西夷艾儒略《職方外紀圖》「中國漢北有烏落侯」，《四裔考·俄羅斯傳》因之，且言「侯」乃「俟」之形誤，「斯」則「俟」之聲轉。檢《魏書》太平真君四年，烏洛侯入貢，在太和癸酉前五十一年，時俄羅斯尚未起。順治十二年，世祖賜之勑。康熙十五年，察罕汗奏書，均言其國從無使命達中華，則不得有魏時入貢，亦不得如張玉書《文貞集》言順治十二、十三年貢使至也。且魏時烏洛侯必非「俟」誤，《舊唐書》、《唐會要·烏羅渾國》並云蓋後魏烏洛侯，今亦謂之烏羅護。是侯、渾、護同一對音字，不應就中國字形壇為俟，復轉其音為斯，以就西夷嚮壁之論。

〔註34〕 《三國志》卷三十八《蜀書八·秦宓傳》：
溫復問曰：「天有頭乎？」宓曰：「有之。」溫曰：「在何方也？」宓曰：「在西方。《詩》曰『乃眷西顧。』以此推之，頭在西方。」溫曰：「天有耳乎？」宓曰：「天處高而聽卑，《詩》云：『鶴鳴于九皋，聲聞于天。』若其無耳，何以聽之？」溫曰：「天有足乎？」宓曰：「有。《詩》云『天步艱難，之子不猶。』若其無足，何以步之？」

〔註35〕 眉批：「天文」、「星象」。

〔註36〕 《後漢書》卷一百《天文志》，《注》引張衡《靈憲》：「夫日譬猶火，月譬猶水，火則外光，水則含景。故月光生於日之所照，魄生於日之所蔽。」
元·馬端臨《文獻通考》卷二百八十《象緯考三》：
沈氏《筆談》曰：或問予以日月之形如丸邪？如扇也？若如丸，則其相遇豈不相礙？予對曰：月之形如丸。何以知之？以月盈虧可驗也。月本無光，猶

— 261 —

識不及朱子處〔註37〕。惟《周髀》四遊之說〔註38〕，「朱子屢述之而不悟其

銀丸，日耀之乃光耳。光之初生，日在其傍，故光側而所見纏如鉤。日漸遠
則斜照，而光稍滿。如一彈丸，以粉塗其半，側視之則粉處如鉤，對視之則
正圓。此有以知其如丸也。日月，氣也，有形而無質，故相直而無礙。
清·陸世儀《思辨錄輯要》卷十四：
月光借日，此沈括之言，朱子極取之，予以為未必然。月雖陰質，然亦精氣
所為，非塊然一物。天下之物，惟銅鐵瓦石能受光，不能通光。若水晶、琉
璃，一麗太陽，亦表裏洞徹矣。月雖陰類，然以擬於物，必非銅鐵瓦石，豈
反不如水晶、琉璃？愚謂月之光，月自有之，其盈其虧，皆月所自為，不借
日光。
又，卷二十四：
予向謂月光應日，非借日，人頗以為疑。今讀袁了凡論，以為日食有南北互
異之分。若謂月光借日，而因人之所見以為盈虧，則安得晦朔弦望處處皆同，
而無分秒之異？此言亦足為月光應日之證。

〔註37〕《朱子語類》卷二《理氣下》：
月只是受日光。月質常圓，不曾缺，如圓球，只有一面受日光。望日日在酉，
月在卯，正相對，受光為盛。天積氣，上面勁，只中間空，為日月來往。地
在天中，不甚大，四邊空。有時月在天中央，日在地中央，則光從四旁上受
於月。其中昏暗，便是地影。望以後，日與月行便差背向一畔，相去漸漸遠，
其受光面不正，至朔行又相遇。日與月正緊相合，日便蝕，無光。月或從上
過，或從下過，亦不受光。
又：
但天之行疾如日，天一日一周，更攙過一度，日一日一周，恰無贏縮，以月
受日光為可見。月之望，正是日在地中，月在天中，所以日光到月，四伴更
無虧欠；唯中心有少壓翳處，是地有影蔽者爾。及日月各在東西，則日光到
月者止及其半，故為上弦；又減其半，則為下弦。逐夜增減，皆以此推。
又：
月體常圓無闕，但常受日光為明。初三四是日在下照，月在西邊明，人在這
邊望，只見在弦光。十五六則日在地下，其光由地四邊而射出，月被其光而
明。月中是地影。月，古今人皆言有闕，惟沈存中云無闕。
又：
問：「月本無光，受日而有光。季通云：『日在地中，月行天上。所以光者，以
日氣從地四旁周圍空處迸出，故月受其光。』」先生曰：「若不如此，月何緣受
得日光？方合朔時，日在上，月在下，則月面向天者有光，向地者無光，故人
不見。及至望時，月面向人者有光，向天者無光，故見其圓滿。若至弦時，所
謂『近一遠三』，只合有許多光。」又云：「月常有一半光。月似水，日照之，
則水面光倒射壁上，乃月照也。」問：「星受日光否？」曰：「星恐自有光。」
又：
問：「月受日光，只是得一邊光？」曰：「日月相會時，日在月上，不是無光，
光都載在上面一邊，故地上無光。到得日月漸漸相遠時，漸擦挫，月光漸漸
見於下。到得望時，月光渾在下面一邊。望後又漸漸光向上去。」
〔註38〕漢·趙爽注，南北朝·甄鸞述《周髀算經》卷下：

非」，李文貞《榕村語錄》正之〔註39〕。〔註40〕

《易林》，《比》之《萃》曰：「團團白日，為月所食。」《春秋》隱三年《公羊傳》何邵公《注》曰：「不言月食者，其形不可得而見也。故疑言日有食之。」是漢人已知日食由於月掩。王菉友《肵說》云〔註41〕：「近人有言，古人不能推日月食。」據此二說，「月之食日，固不可見，而何自言之，是必由推算矣。」余案：印度以日月食為羅睺計都，又多言修羅手障日月，而中國載籍能明言月借日光，又深知日為月蝕，則天文之學東勝於西，舊矣。謂疇人子弟分散傳之西方者，非盡誣之論也。〔註42〕

唐宰輔謚文獻者，劉仁軌、劉幽求、姚元崇。按：碑作「文貞」。裴耀卿、張九齡，見徐復《鄭珣瑜謚議》。國朝二百五十年來，宰臣例謚文，猶未有以獻為兼字者。《唐會要》卷八十：文獻贈司徒申國公高士廉贈并州大都督，樂城縣公劉仁軌贈太子少保，梁國公姚崇贈太尉，博陵王崔元暐禮部尚書，徐國公劉幽求贈司空，趙城

常以夏至夜半時，北極南遊所極。冬至夜半，時北遊所極。冬至日加西之時，西遊所極。日加卯之時，東遊所極。

〔註39〕《朱子語類》卷八十六《禮三》：
《周禮注》云：土圭一寸折一千里。天地四遊升降不過三萬里。土圭之影尺有五寸，折一萬五千里；以其在地之中，故南北東西相去各三萬里。問：「何謂四遊？」曰：「謂地之四遊升降不過三萬里，非謂天地中間相去止三萬里也。春遊過東三萬里，夏遊過南三萬里，秋遊過西三萬里，冬遊過北三萬里。今曆家算數如此，以土圭測之，皆合。」僩曰：「譬以大盆盛水，而以虛器浮其中，四邊定四方。若器浮餅東三寸，以一寸折萬里，則去西三寸。亦如地之浮於水上，差過東方三萬里，則遠去西方三萬里矣。南北亦然。然則冬夏晝夜之長短，非日晷出沒之所為，乃地之遊轉四方而然爾。」曰：「然。」用之曰：「人如何測得如此？恐無此理。」曰：「雖不可知，然曆家推算，其數皆合，恐有此理。」
清·李光地《榕村語錄》卷二十六：
四遊之說，朱子屢述之，而不悟其非。何也？謂地於春夏秋冬相那移三萬里，如人在舟中舟，移而人不知。果爾，則看北極高度，當四時不同，何以北極出地之度萬古不改耶？
〔註40〕眉批：「又。」
〔註41〕王筠《菉友肵說》：
近人有言，古人不能推日月食。今之疇人，則以此驗其術之疏密。案：《易林》，《比》之《萃》曰：「團團白日，為月所食。」《公羊傳》隱三年何邵公《注》曰：「不言月食者，其形不可得而見也。故疑言日有食之。」案：月之食日，固不可見。而何自言之，是必有推算矣，安得厚誣古人？但月為地食，吾尚未得之載籍耳。
〔註42〕眉批：「天文」、「星象」、「入月光借日條後」。

縣公裴耀卿贈荊州大都督，始興縣公張九齡贈司徒，贊皇縣子李棲筠贈尚書右僕射。鄭珣瑜徐復《議》未引高、崔，未詳其故。即平頭之憲，自世宗尊謚後，亦不容撰擬矣。〔註43〕

《唐會要》卷七十六：「大中十二年，中書舍人李藩知舉，放博學宏詞科陳琬等三人。及進詩賦論等，召謂藩曰：『所賦詩中重用字，何如？』藩曰：『錢起《湘靈鼓瑟》詩有重用字，乃是庶幾。』上曰：『此詩似不及起。』遂落下。」今制：試帖詩不許重字，用唐時故事也。〔註44〕

英煦齋協揆《恩福堂筆記》云〔註45〕：「乾隆癸丑會試，中式一百二名。覆試磨勘，罰科者二十九名。」按《太學題名記》，是科未經殿試，姓名詳載，自曹德華至王東林，適二十九人，殆即因覆試磨勘罰科者。蓋當時留殿試者甚稀。今則每科必至四五十人，殆不可解。又是科未，殿試之韓文綺，乙卯列二甲第六名，是罰科後補殿試，仍入前十，本與近制異。〔註46〕

《明史・袁崇煥傳》〔註47〕：「崇煥以歸鄉勸毛文龍，文龍曰：『向有此意，但惟我知東事。東事畢，朝鮮衰弱可襲而有也。』」余謂明人懲備東方，必以得朝鮮為第一義。文龍之才，蓋不在臺灣二鄭之下。〔註48〕

《袁督師事蹟》〔註49〕載其《過訶林寺口占》云：「四十年來過半身，望中祇樹隔紅塵。如今著足空王地，多了從前學殺人。」不得已而用兵，上以衛國，下以救民，乃仁術也。督師以為「學殺人」，其立心稍誤矣。〔註50〕

〔註43〕眉批：「掌故。」
〔註44〕眉批：「掌故。」
〔註45〕見清・英和《恩福堂筆記》卷下。
〔註46〕眉批：「掌故。」
〔註47〕見《明史》卷二百五十九。
〔註48〕眉批：「武功」、「論史」、「掌故」。
〔註49〕清・史澄《光緒廣州府志》卷九十一《藝文略二》：
《袁督師事蹟》一卷　國朝無名氏撰據《嶺南遺書》
謹案：是編紀東莞袁崇煥事蹟，首列《明史》本傳，次《白冤疏》，次《幾聲紀》，次《潀聲紀》，次《剖肝錄》，次遺文，次《率性堂詩集》，而以嘉慶間請從祀鄉賢呈稿奏稿終焉。
按：此書收入《叢書集成初編》。
〔註50〕眉批：「又。」

朱竹垞撰《錢龍錫傳》〔註51〕：《曝書亭集》卷六十四。「龍錫訊崇煥方略，曰：『不外東江、關寧兩路進兵耳。東江者，島帥毛文龍也。』曰：『捨關寧實地而問海道，何也？』崇煥曰：『譬奕然。局有四子，東江其一也，可則用之，不可則有以處之。』」然則崇煥殺文龍後，意在經營雙島，使大清兵不深入，崇煥必由海道以襲遼矣。〔註52〕

李約農〔註53〕侍郎云：「袁督師之所以勝大清者，特善用火礟也。是時粵東已與西洋互市，督師蓋必購槍礟於荷蘭等國矣。」余按：明末陸之瀚《陸子餘言》〔註54〕卷五云：「敵之奔突，其勢在馬，而又巧於發矢。我之所恃以擊敵者，莫神於火銃。」其著書之時，適當崇煥督師之時，則侍郎之言為有徵也。

宋敏求《長安志》卷十：「安定坊東北隅五通觀，隋開皇八年為道士焦子順所立。子順能驅役鬼神，傳諸符籙，預告隋文膺命之應。及即位，拜為開府永安公，立觀以五通為名，旌其神術。」按：明以來江南有五通之廟，疑沿此名而誤別祀妖神，與隋文之崇術士亦適類矣。五通字，釋典多有之，與道家義異。又《輿地紀勝》，宋時鄱陽有五通廟〔註55〕。〔註56〕

佛經「偈」字，多不得其解。後魏般若流支譯《正法念處經》，卷十五自注云：「偈者，正音云伽他。單舉伽字，訛言為偈，魏言頌。」是譯義當為頌字。〔註57〕

〔註51〕原題為《文淵閣大學士錢公傳》。

〔註52〕眉批：「又。」

〔註53〕《清史稿》列傳二百二十八：「李文田，字芍農，廣東順德人。」

〔註54〕明‧陸之瀚《陸子餘言》九卷，清抄本1冊，國家圖書館藏。

〔註55〕宋‧王象之《輿地紀勝》卷二十三《江南東路‧饒州‧古蹟》：
靈順廟。〔在德興縣東二百八十步。廟記載唐永徽二年，張蒙逐白鹿，至銀峯，失所在。有少年指示之，獲銀筍。里人因即其傍祠焉。世號五通廟。記云：天下之祀此神者，實始於鄱陽之區也。〕
又，卷二十《江南東路‧徽州‧仙釋神》：
五通廟。〔在婺源縣。大觀三年賜廟額，宣和五年封通貺通祐通澤通惠通濟侯。乾道、淳熙累封，各八字。其告命云：江東之地，父老相傳，謂兄弟之五人，振光靈於千載。〕

〔註56〕眉批：「祠祭。」

〔註57〕眉批：「佛學。」

　　明楊升庵《經說》卷七〔註58〕云〔註59〕：「《公羊傳》：『葵邱之會，叛者九國』，謂叛者多耳，非實有九國也。宋儒趙鵬飛云：『葵邱之會惟六國，會咸、牡、邱皆七國，會淮八國，寧有九國乎？』《公羊》本意謂一震矜而九國叛，猶《漢記》云『叛者九起』云爾。趙氏如數求之，真癡人說夢也。古人言數之多止於九。《逸周書》云：『左儒九諫於王。』《孫武子》：『善攻者動於九天之上，善守者伏於九地之下。』此豈實數邪？《楚辭‧九歌》乃十一篇，《九辯》亦十篇。宋人不曉古人虛用九字之義，強合《九辯》二章為一章，以協九數，亦大可笑。」按：近人汪容甫《述學》中有《釋三九》二篇〔註60〕，深通古書義例。據此，則升菴已見及之。〔註61〕

　　宋李心傳《朝野雜記》卷十三〔註62〕云〔註63〕：「舊例：朝廷試舉人，至暮者許賜燭。然殿深易黑，日昃殿上，賜燭出矣。慶元五年，上初策士，江西正奏名進士黃寔、嚴州特奏名進士皇甫鑒納卷最後，廉州特奏名進士劉嘉猷賜燭至一更四點。御藥院言：『賜燭，故事，正奏名降一甲，如在五甲，降充本甲末；特奏名降一等，如在五甲，與攝助教。』詔如故事。」按：本朝殿廷考試，例不給燭。然同治以來及光緒初年，法制漸寬，久居京師，人情洽熟者，殿試寫卷未完，往往攜至內閣，凡攜出者先寫末頁數行，乞收捲者一押便得。寫至次晨始畢。至丙戌後較嚴。癸巳考試，試差有燃燭，完卷者四人。御史陳奏，上意頗不悅，諭嚴禁。此實足以肅廷試之制，勝於宋制之僅降一等者多矣。〔註64〕

　　王夫之《識小錄》〔註65〕：「明時，翰林稱前輩為老先生。」今制：前輩稱後輩為老先生，其誤不知始於何時。〔註66〕

〔註58〕「卷七」，稿本為小字注文。

〔註59〕見明‧楊慎《升菴經說》卷七《九國》。又見《丹鉛總錄》卷二十六《瑣語類》。

〔註60〕見清‧汪中《述學》內篇一。

〔註61〕眉批：「經義。公羊。」

〔註62〕「卷十三」，稿本為小字注文。

〔註63〕見宋‧李心傳《建炎以來朝野雜記》甲集卷十三《廷試賜燭》。

〔註64〕眉批：「掌故。」

〔註65〕清‧曾國荃《光緒湖南通志》卷二百四十七《藝文志三》：
　　　　《識小錄》一卷，衡陽王夫之撰。〔《船山遺書》之一。〕

〔註66〕眉批：「又記是《噩夢》，俟檢。」
　　　　按：《識小錄》（《船山全書》第12冊，第616頁）曰：
　　　　老先生之稱，士大夫之極致也。詞林以稱前輩，於詞為允。九卿臺省以稱內

閣，亦為得體。士大夫致仕家居，年尊望重，則地方官及後進託乎生儒，皆以是稱之，斯可受之無慚。迨其後，少年新登仕籍者乃至中鄉試未離經生者，皆蒙此號。又其甚者，武夫奄豎皆稱之。天啟以前無有也。」

另，清·錢泳《履園叢話》卷三《考索·老先生》：

老先生之稱，始見於《史記·賈誼傳》。明時稱翰林曰老先生，雖年少總稱老先生。國初稱相國曰老先生，兩司稱撫臺亦曰老先生。近時並不以稱老先生為尊，而以為賤，何也？

清·陳康祺《郎潛紀聞二筆》卷八《京師官場之稱謂》：

前明王弇州《觚不觚錄》云：「京師自內閣以至大少九卿，皆稱老先生，門生稱座主亦如之，蓋稱謂之最尊者也。外省則僉憲以上，悉以此稱巡撫；若稱按部使者，則止曰先生、大人而已。」阮亭《居易錄》云：「京官沿明舊稱，如內閣部堂彼此曰老先生，翰詹亦然，給事曰掌科，御史曰道長，吏部曰印君、曰長官，自國初以來皆然。余再入京師，則諸部郎官以下，無不稱老先生者矣。」《柳南隨筆》引此二條，而又申之曰：「阮亭所云康熙己巳年事，比弇州時風氣已異，今則一登兩榜，未有不老先生之者，蓋三四十年風氣又為之一變。」康祺入都，在同治初，所謂掌科、道長、長官者，絕無如此稱謂，惟印君則六部掌印者皆然，不獨吏部。而老先生三字，則貴賤上下，滿朝無一人稱者〔按：詞林掌故，翰林前輩稱後輩曰老先生，近亦不行。〕閭囊時新進士稱先達曰前輩，此稱甚古，而今則惟內閣、翰林院、吏部、禮部、都察院及軍機章京，以此相呼；蓋由貲郎日多，仕途淆雜，惟此數衙門尚須正途出身，故相沿未改也。余謂內閣衙門，今亦有以捐納得官者，〔或輸餉賞舉人，報捐中書，或以恩貢、歲貢遵例捐納。〕，六部主事，每科以進士、拔貢蒙上點用者，亦不絕。凡科甲中人，正宜循前輩、後輩之稱，而不必兼及嚕等。功名志業，稍自矜奇，事雖細微，而所關亦巨也。

清·阮葵生《茶餘客話》卷二：

乾隆壬戌以前，翰林稱前輩曰老先生。乙丑以後，間有稱前輩者。近則內閣、都察院、吏、禮二部無不稱前輩。設仍舊稱，無不怪而叱之。昔王凝稱司空表聖為先輩，東坡稱李方叔為先輩，所謂先輩，實乃後輩也。

清·俞樾《茶香室叢鈔》茶香室續鈔卷十一《翰林七科後稱晚生》：

明王世貞《觚不觚錄》云：「翰林舊規：凡入館而其人已拜學士者，即不拜學士而先登甲第七科者，投刺皆稱晚生。」按：翰林於七科前之前輩稱晚生。此制至今循之。惟入翰林時，於官至庶子之前輩，即稱晚生，則視明制更謙抑矣。

又按《觚不觚錄》：毛文簡公紀視楊文忠廷和、梁文康儲，僅後三科，答刺稱侍生。則侍生之稱，亦與今制同。

國朝阮葵生《茶餘客話》云：「乾隆壬戌以前，翰林稱前輩曰老先生。乙丑以後，間有稱前輩者。近者內閣、都察院、吏、禮二部無不稱前輩。設仍舊稱，無不怪而叱之。」按：此知舊制。翰林雖以科分敘前後輩，而覿面無前輩之稱也。

國朝阮葵生《茶餘客話》云：「舊時翰詹編檢以上，於中堂吏部尚書處投刺，稱晚生；於五部尚書、左都總督，稱侍生；侍郎巡撫以下則否。以余所見，

張平子《思玄賦》：「夕惕若厲以省愆兮。」「厲」字疑誤衍〔註67〕。
〔註68〕

南海孔廣陶《北堂書鈔校本》實林揚伯庶常代撰〔註69〕。揚伯名國賡，
番禺人。以甲午庶吉士散館，改吏部主事。余幼時讀書會之友也。丁酉夏卒。
其平生熟精《儀禮》，未知撰述有成否。其弟名國贊，字明仲，己丑進士，授
某部主事。次年卒。通史學，撰《三國地理志注》。其已刊者，有《讀三國裴
注述》一卷，未盡所長。二人少極貧，其能成學者〔註70〕，陳東塾師實周濟
教誨之。惜俱不永年，嶺學近頗寥落矣。〔註71〕

《說文》無「笏」字。《士喪禮》「竹笏」，鄭《注》曰：「今文『笏』作
『忽』。」又按：《說文》云：「𤔫〔註72〕，籀作𤔫。一曰佩也。象形。」《穆
天子傳》「拔帶搢𤔫」，郭璞曰：「𤔫長三尺，杼上椎頭，一名珽，亦謂之大圭。
從曰勿聲。」又鄭注《尚書》云：「𤔫者，臣見君所秉，書思對命者也。」陸
清獻謂朝覲不執笏為失臣禮。余按：馮道使虜，虜以道有重名，賜牙笏。道以
詩謝云：「牛頭偏得恃，象笏更容持。」是余使見遼主，多有不得持笏者。《晉
書・輿服志》云〔註73〕：「手版即古笏。尚書令、僕射尚書手版頭有白筆，以
紫皮裹之，名曰笏。」

庚午辛未以前猶守此規。嗣是則於侍郎、巡撫稱侍矣，旋於總督稱晚矣，近
又有於三品京卿稱侍者矣。」
〔註67〕明・焦竑《易筌》卷一：
九三：君子終日乾乾，夕惕若厲，无咎。〔「若厲」斷句。〕
「夕惕若厲」自為一句。《淮南子》云：「『終日乾乾』，以陽動也。『夕惕若厲』，
以陰息也。」班固云：「尸祿負乘，夕惕若厲。」張衡《思玄賦》：「夕惕若厲
以省愆兮。」是兩漢以前，皆作此讀矣。
按：文氏稱「『厲』字疑誤衍」，則認為《乾》九三當自「若」字斷句。
〔註68〕眉批：「文學。賦。」
〔註69〕清光緒十四年萬卷堂刻本《北堂書鈔》卷末有孔廣陶之子孔昭鑒光緒戊子
（光緒十四年，1888）《跋》，稱「時番禺林揚伯先生假館有年，欣然許助。」
〔註70〕清・葉昌熾《緣督廬日記抄》卷四：
（丁亥十二月）二十三日，訪沈子封。……又言此間林君國賡、國贊皆好學
彊記。
〔註71〕眉批：「人物」、「目錄」。
〔註72〕「𤔫」，《說文解字》作「𤔫」。
〔註73〕見《晉書》卷二十五。

　　光緒二十年六月二十六日，上諭徐用儀補授軍機大臣。軍機大臣言補授，前此所未有也。又是月命戶部尚書翁同龢、禮部尚書李鴻藻會議倭韓事。覆奏時，兩尚書列銜親王大學士前，亦前此所未有也。聞摺奏，仍係軍機處主稿；繕摺後，兩尚書皆未見云。〔註74〕

　　以電奏歸總理各國事務衙門代奏，而總署之權過於明之通政使矣。通政使之權，止於壓閣一二日，而總署則竟可不奏也。以兵事歸總理衙門電寄，而總署之權過於明之本兵矣。明之本兵不過制各軍之進退，而總署之權則兼其礮之放否、船之行否，而亦制之，且能與聞其餉事也。而且總署之用財，非戶部所能知。兼海軍言，總署之保案，非吏部所能核。紊職分而敗國家，究亦未得一真通交涉之才，為可歎也。余甲午有一疏，請明職分，即指總署而言。〔註75〕

　　烏臺詩案，王詵又送弓一張、箭十隻、包指十箇與軾。包指即今班指，蓋聲之轉。〔註76〕

　　《廣弘明集》卷二十梁湘東繹《簡文帝法寶聯璧序》：「東眵雜賦。」日本校本云：「『眵』同作『馳』。」案：當作「眩」。〔註77〕

　　又云：「大秦之籍，非符八體；康居之篆，有異六爻。」蓋當時二國之書有流傳中土者。「康居之篆」，疑其文字詰屈，有類篆書。〔註78〕

　　《漢書·五行志中之下》：「道人始去。」服虔曰：「有道之人去。」按：「道人」二字始此。〔註79〕

　　唐林慎思《伸蒙子·書誤篇》〔註80〕：「立署於河側，用榷商賈之利。立署至不仁」云。慎思，咸通間人。立署河側以榷商利，已似近日釐卡之政。〔註81〕

　　《宋書》顏延之《庭誥》云：「夫和之不備，或應以不和，猶信不足焉，必有不信。」此讀《老子》「信不足，焉有不信已」，以「焉」字屬下讀，足證

〔註74〕眉批：「掌故。」
〔註75〕眉批：「又。」
〔註76〕眉批：「器物。」
〔註77〕眉批：「正譌」、「文學。賦」。
〔註78〕眉批：「又。」
〔註79〕眉批：「道流。」
〔註80〕唐・林慎思《伸蒙子》卷下《時喻二篇·書誤》。
〔註81〕眉批：「財賦」、「治略」。

成王懷祖《讀書雜志》之說〔註82〕。〔註83〕

〔註82〕清・王念孫《讀書雜志》讀書雜志餘編上《老子・信不足焉有不信焉》：
王弼本第十七章「信不足焉，有不信焉」，河上公本無下「焉」字。念孫案：
無下「焉」字者是也。「信不足」為句，「焉有不信」為句。焉，於是也。言
信不足，於是有不信也。《呂氏春秋・季春篇》注曰：「焉，猶於此也。」《聘
禮記》曰：「及享，發氣焉盈容。」言發氣於是盈容也。《月令》曰：「天子
焉始乘舟。」〔今本「焉」字在上句「乃告舟備具於天子」之下，此後人不
曉文義而妄改之，今據《呂氏春秋・季春篇》、《淮南・時則篇》訂正。〕言
天子於是始乘舟也。《晉語》曰：「焉始為令。」言於是始為令也。《三年問》
曰：「故先王焉為之立中制節。」言先王於是為之立中制節也。〔《荀子・禮
論篇》「焉」作「安」，楊倞曰：「安，語助，或作安，或作案。《荀子》多用
此字。」「焉」、「安」、「案」三字同義，詳見《釋詞》。〕《大荒南經》曰：
「雲雨之山有木，名曰欒，群帝焉取藥。」言群帝於是取藥也。《管子・揆
度篇》曰：「民財足，則君賦斂焉不窮。」言賦斂於是不窮也。《墨子・非攻
篇》曰：「天乃命湯於鑣宮，用受夏之大命，湯焉敢奉率其眾以鄉有夏之境。」
言湯於是敢伐夏也。《楚辭・九章》曰：「焉洋洋而為客。」又曰：「焉舒情
而抽信兮。」言於是洋洋而為客，於是舒情而抽信也。又僖十五年《左傳》
「晉於是乎作爰田」、「晉於是乎作州兵」，《晉語》作「焉作轅田」、「焉作州
兵」。《西周策》「君何患焉」，《史記・周本紀》作「君何患於是。」是「焉」
與「於是」同義。莊八年《公羊傳》「吾將以甲午之日，然後祠兵於是」，《管
子・小問篇》「且臣觀小國諸侯之不服者，唯莒於是」，是「於是」與「焉」
同義。河上公《注》云：「君信不足於下，下則應之以不信而欺其君也。」
「則」字正解「焉」字之義。《祭法》曰：「壇墠有禱焉祭之，無禱乃止。」
言壇墠有禱則祭之也。《大戴禮・曾子制言篇》曰：「有知，焉謂之友；無知，
焉謂之主。」言有知則謂之友，無知則謂之主也。《荀子・禮論篇》：「三者
偏亡，焉無安人。」《史記・禮書》「焉」作「則」。《老子》第十三章：「故
貴以身為天下，則可寄天下。」《淮南・道應篇》引此，「則」作「焉」。是
「焉」與「則」亦同義。後人不曉「焉」字之義，而讀「信不足焉」為一句，
故又加「焉」字於下句之末，以與上句相對，而不知其謬也。又王弼本二十
三章「信不足焉，有不信焉」，河上公本亦有下「焉」字。案河上公《注》
云：「君信不足於下，下則應君以不信也。」與十七章《注》正同，則正文
亦以「焉有不信」為句明矣。乃後人既以「信不足焉」為句，而加「焉」字
於下句之末，又移此《注》於「信不足焉」之下，而改《注》內「應君以不
信」為「應君以不足」，甚矣其謬也。又案王弼注十七章云：「信不足則有不
信，此自然之道也。」「則有不信」即「焉有不信」，是王弼亦以「焉有不信」
為句。今本王《注》作「信不足焉，則有不信」，「焉」字亦後人所加。二十
三章《注》云：「忠信不足於下，焉有不信也。」〔《永樂大典》本如此。〕
今本「也」字作「焉」，亦後人所改。此皆由不曉「焉」字之義而讀「信不
足焉」為一句，故訓詁失而句讀亦舛，既於下句末加「焉」字，遂不得不改
注文以就之矣。
〔註83〕眉批：「法義。」

《三洞群仙錄》引《感應錄》記北齊由吾道榮事。由吾蓋複姓。〔註84〕

李衎《竹譜詳錄》卷五〔註85〕：「仲竹。《爾雅》云：『仲無笐。』注云：『亦竹類。』僧神珙云：『笐似琴，有弦。實未詳其說。』」是神珙於定字母之外，別有小學類書〔註86〕。〔註87〕

《文選》王元長《曲水詩序》〔註88〕，《注》引《孫子兵法》曰：「其鎮如岳，其淳如淵」；又曰：「人效死而上能用之，雖優游暇譽，令猶行也」。今本《孫子》皆無此文。李崇賢云：「譽、豫，古字通。」〔註89〕

《漢官儀》孫淵如輯本載〔註90〕：「孝桓末，侍中皇權參乘。問地震，云：『不為災。』還宮，左遷議郎。」近世權奸乃有以附會災祥罪言官者，其識乃出漢桓帝下也。君主之世，災祥乃不得已而言之。後世物理之學日精，自不當復加附會。然不可以此遂譏古人。所謂一時權教，理當如此也。〔註91〕

《困學紀聞》卷六云〔註92〕：「災異，古史官之職。我朝舊制，太史局隸祕書。凡天文失度，三館皆知之。每有星變，館吏以片紙錄報，故得因事獻言。自景定枋臣欲抹殺災異，三館遂不復知。」按：抹煞災異，古今所同。惟本朝之制，凡天變眚祥皆由欽天監封奏進書，故史官無由得知。光緒間修會典，館臣移文欽天監，詢嘉慶以來事，監臣不覆。又奏請旨飭問，惇王急責監臣，不數日乃回文，不及百字，略云：自嘉慶十九年至光緒十五年，天上並無

〔註84〕眉批：「氏族。」
按：清‧陳夢雷等編纂《欽定古今圖書集成‧明倫彙編‧氏族典第十卷‧氏族總部匯考十》：「由吾氏：秦由余之後，《北史》有由吾道榮，唐由吾公裕。」
〔註85〕見元‧李衎《竹譜詳錄》卷五《竹品譜‧異形品下》。
〔註86〕宋‧晁公武《昭德先生郡齋讀書志》卷第一下：
《玉篇》三十卷
右梁顧野王撰。唐孫彊又嘗增字。僧神珙《反紐圖》附於後。
《古逸叢書》覆宋本《韻鏡》卷首有嘉泰三年二月朔東浦張麟之序，稱：
《韻鏡》之作，其妙矣夫。余年二十始得此學字音往昔相傳類曰洪韻，釋子之所撰也。有沙門神珙，〔恭、拱二音。〕號知音韻，嘗著《切韻圖》，載《玉篇》卷末。竊意是書作於此僧，世俗訛呼珙為洪爾。然又無所據。
〔註87〕眉批：「小學」、「訓詁」、「草木」、「此可與廿二冊第七頁元李衎《竹譜》一條及廿四冊十八頁梁齊一條相接」。
〔註88〕見《文選》卷四十六。
〔註89〕眉批：「諸子。」
〔註90〕清‧孫星衍《漢官六種‧漢官儀》卷上。
〔註91〕眉批：「掌故。」
〔註92〕見王應麟《困學紀聞》卷六《左氏》。

事故。其可笑如此。館中乃強依時憲術，推考日月薄蝕、五星凌犯，備一門而已。近十年來，未知增損若何，此特記一時之事實耳。〔註93〕

方士淦《蔗餘偶筆》〔註94〕云：「同年齊梅麓彥槐。精天文推步，造渾天儀。嘗言談星命者，鬚生人時將經緯度於晈日下，對準方驗。若僅據某日某時推算，毫釐有差，休咎或爽。」按：此即《天步真源》之學。近時溫明叔侍郎葆琛。傳其術，景東甫澧。京卿言明叔為寶文靖〔註95〕之師，嘗為文靖推平生休咎，無一字不驗。其中有目疾數日，亦先推出。術數之學，信有奇驗者。然此事要關夙慧。侍郎之門人有梅姓、甘姓者，傳之皆不甚驗。〔註96〕

余所遇通數學者，有蔣姓，湖北人。每有人問休咎，但言父母存亡、兄弟多寡，即可推其誕生年月日時。余在京師，與友人袁慰亭、沈子培、張巽之、楊廉夫諸君歷試之，皆驗。然其言休咎，則絕不應。此小小術數，猶射覆之類耳。然要不可謂竟無其事。

《詩·大雅·正月篇》：「燎之方揚，寧或滅之。赫赫宗周，褒姒威之。」「滅」，「威」字變文，而義不異。古人行文之體如是。阮文達《揅經室集》論之。〔註97〕其雙聲疊韻形容之辭，似此者尤多。《楚辭·卜居》之「突梯滑稽」，注家但解「滑稽」，未有能解「突梯」者。余案：突、滑、梯、稽，皆疊韻字。「突梯」即「滑稽」也，變文以足句耳。以此推之，宋玉《風賦》「被麗披離」，「被麗」即「披離」也；《九辯》「愴怳懭悢」，「愴怳」即「懭悢」也；司馬相如《子虛賦》「罷池陂陁」，「罷池」即「陂陁」也；《上林賦》「渾弗宓汩」，《史記》作「渾浡滵汩」，渾與宓、弗與汩，皆疊韻也；「偪側泌瀄」，「偪側」即「泌瀄」也；「谽呀豁閜」，《文選》作「閉」字。「谽呀」即「豁閉」也；「崴磈嵔廆」，「崴磈」即「嵔廆」也；「柴池茈虒」，「柴池」即「茈虒」也；《大人

<hr />

〔註93〕眉批：「又。」
〔註94〕清·丁仁《八千卷樓書目》卷十二子部雜家類：
　　　　《蔗餘偶筆》一卷。〔國朝方士淦撰。《啖蔗軒集》附刊本。〕
　　　　方士淦之生平著述，見其子方濬頤《二知軒文存》卷三十四《師子岡阡表》。
〔註95〕《清史稿》卷三百八十六《寶鋆傳》：
　　　　寶鋆，字佩蘅，索綽絡氏，滿洲鑲白旗人，世居吉林。……十七年，卒。遺疏入，詔褒其「忠清亮直，練達老成」，贈太保，祀賢良祠，擢子景澧四品京堂，賜孫蔭桓舉人，遣貝勒載瀅奠醊，飾終之典，視在位無所減，諡文靖。
〔註96〕眉批：「術數。」
〔註97〕清·阮元《揅經室集》一集卷七《輶解弟三》：
　　　　間關設罶也，非聲。詩人從不以雙聲疊韻象聲，故叚脘院緜蠻皆非聲。

賦》「糾蓼叫奡」,「糾蓼」即「叫奡」也;楊雄《甘泉賦》「柴虒參差」,「柴虒」即「參差」也;《蜀都賦》「崇戎總濃」,「崇戎」即「總濃」也;枚乘《七發》「沌沌渾渾,狀如奔馬;混混庉庉,聲如雷鼓」,「沌沌渾渾」即「庉庉混混」也。以及木華《海賦》之「濆泙濩渭」,左思《吳都賦》之「颮瀏颿颺」,悉用此例。若《荀子·議兵篇》之「隴種東籠」,則又見於子書者也。〔註98〕

魏武樂府曰:「黃鵠摩天極高飛,後宮尚得烹煮之。」《御覽》九百一十六。漢高以為「鴻鵠高飛,矰繳安施」〔註99〕,而魏武則慮為後宮烹煮,感物既同,措懷則異,於此亦足知兩代開國之規模也。〔註100〕

《文選》鍾會《檄蜀文》〔註101〕,《注》:「《司馬法》曰:『古者以仁為本,以義治之之謂正。』曹操曰:『古者五帝三王以來也,仁者生而不名,義者成而不有。』」據此,則曹操不獨注《孫子》,兼注《司馬法》。〔註102〕

《文選》孫子荊《為石仲容與孫皓書》,《注》:「李陵詩曰:『幸託不肖軀,且當猛虎步。』」〔註103〕按:此二語出孔北海《雜詩》。此注及曹子建《七啟》注,並引作李陵,當別有所本。〔註104〕

《舊唐書》〔註105〕:貞觀二十年,「吐蕃遣大臣祿東贊奉表曰:『奴纔聞

〔註98〕眉批:「文學。賦」、「小學。音均」。
〔註99〕《史記》卷五十五《留侯世家》:
四人為壽已畢,趨去。上目送之,召戚夫人指示四人者曰:「我欲易之,彼四人輔之,羽翼已成,難動矣。呂后真而主矣。」戚夫人泣,上曰:「為我楚舞,吾為若楚歌。」歌曰:「鴻鵠高飛,一舉千里。羽翮已就,橫絕四海。橫絕四海,當可奈何!雖有矰繳,尚安所施!」歌數闋,戚夫人噓唏流涕,上起去,罷酒。竟不易太子者,留侯本招此四人之力也。」
〔註100〕眉批:「文學。詩。」
〔註101〕見《文選》卷四十四。
〔註102〕眉批:「著述。」
〔註103〕《注》凡四見:卷三十四曹子建《七啟》、卷四十三孫子荊《為石仲容與孫皓書》、卷四十四陳孔璋《為袁紹檄豫州》、卷五十三陸士衡《辯亡論》。
〔註104〕眉批:「文學。詩。」
〔註105〕《舊唐書》卷一百九十六上《吐蕃列傳上》:
太宗伐遼東還,遣祿東贊來賀。奉表曰:「聖天子平定四方,日月所照之國,並為臣妾,而高麗恃遠,闕於臣禮。天子自領百萬,度遼致討,驟城陷陣,指日凱旋。夷狄才聞陛下發駕,少進之間,已聞歸國。雁飛迅越,不及陛下速疾。奴忝預子婿,喜百常夷。夫鵝,猶雁也,故作金鵝奉獻。」
宋·王欽若《冊府元龜》卷九百七十《外臣部·朝貢第三》:
二十年,……毛月吐蕃遣其大臣祿東贊奉表曰:「聖天子平定四方,日月所炤之國,並為臣妾。而高麗恃遠,闕於臣禮。天子自領百萬,渡遼致討,

陛下發駕少選之閒，已聞歸國。』」不稱臣而稱奴，蓋蕃禮也。〔註106〕

近時上書尊者，篇首皆用竊字，或不得其解。按《莊子‧庚桑楚篇》：「竊竊乎又何足以濟世哉！」陸德明《釋文》云：「『竊竊』，司馬彪云細語也。一云計校之貌。」今世所用，蓋取私細計校之意，兼此二意。〔註107〕

《金陵詩徵》有矢之楨，江寧人，康熙癸酉武舉。光緒丁酉搢紳有三等侍衛憨龍章，河南人。〔註108〕

唐釋靖邁《古今譯經圖紀》卷四：「居士萬元懿，元是鮮卑，姓万俟氏。」按：万俟氏自稱姓萬，是万即萬字。後人讀万俟為墨其之音者，誤也。〔註109〕

李仲約侍郎作《撼龍經注》，雅瞻極矣，然未詳楊筠松之名及其時代。案：《理氣心印》載宋吳景鸞表〔註110〕，云：「唐邱延翰在玄宗朝曾撰進《理氣心印經》三卷、《天機書》三卷。僖宗末，贛水曾求己與同關人楊益在兵間得其

隳城陷陣，指日凱旋。夷秋繞聞天子發駕，少選之閒，已聞歸國。鶚飛迅越，不及陛下速疾。奴忝預子壻，喜百嘗夷。夫鵝，猶鶚也，故作金鵝奉獻。」
按：文氏稱「貞觀二十年」，當係援《冊府元龜》之說。

〔註106〕眉批：「夷制。」

〔註107〕眉批：「小學。訓詁。」

〔註108〕眉批：「氏族。」

〔註109〕眉批：「又。」

〔註110〕清‧瞿鏞《鐵琴銅劍樓藏書目錄》卷十五子部三：
《理氣心印》三卷　舊鈔本
不題撰人姓氏。前有唐亞父邱延翰、宋國師吳景鸞進書表。案：景鸞表語延翰在玄宗朝曾撰進《理气心印经》三卷、《天机书》三卷。僖宗末，贛水曾求己與同關人楊益在兵間得其書，後由曾文迪傳陳希夷，而景鸞父克誠從希夷學陰陽卜筮，故景鸞得之。是書以太極圖為首，先天、後天、太陰、納甲諸圖次之。書中臣延翰云云，當是唐時原本。而臣景鸞言，則景鸞承詔補注也。後有金精山人廖伯瑀記。此為汲古閣鈔本。
又，胡玉縉《四庫未收書目提要續編》卷三（《續四庫提要三種》第176～177頁）：
《理氣心印》三卷
不著撰人名氏。前有唐亞父、丘延翰、宋國師、吳景鸞進書表。吳表稱，延翰在玄宗朝，曾撰進《理氣心印經》三卷、《天機書》三卷。僖宗末，贛水曾求己與同關人楊益，在兵間得其書。後由曾文迪傳陳希夷，而景鸞父克誠從希夷學陰陽卜筮，故景鸞得之云云。考黃慎《堪輿類纂》，載景鸞《進陰陽天機書序》，大意與表語同，殆誕妄不足信。今所傳延翰《天機素書》為後人依詫，《四庫》附《存目》。是書以「太極圖」為首，「先天」、「後天」、「太陰」、「納甲」諸圖次之，中有「臣延翰」云云，「臣景鸞」云云，後有廖瑀記。核檢其文，似皆明代地師所為。此亦瞿氏所藏舊鈔本，附錄之以存其目耳。

書，後由曾文辿傳陳希夷，而景鸞父克誠從希夷學陰陽卜筮，故景鸞得之。」則筠松實名益，為唐末人無疑。侍郎嘗疑《龍經》「屠龍不如且抵豨」語，「屠龍、抵豨兩典同用，或本之東坡〔註111〕，則書當在東坡之後。」余謂東坡亦本之劉夢得《何卜賦》〔註112〕，筠松此語實無可疑，且安知東坡不即用《龍經》耶？〔註113〕

　　管御史世銘《韞山堂詩集》卷十六《追紀舊事》詩，自注云：「丁未春，按：丁未，乾隆五十二年。大宗伯某掎摭王漁洋、朱竹垞、查他山三家詩及吳園次長短句內語疵，奏請毀禁。下機廷集議，時余甫內直，惟請將《曝書亭集·壽李清》七言古詩一首，事在禁前，照例抽毀。其漁洋《秋柳》七律、他山《宮中草》絕句及園次詞，語意均無違礙，當路頗齮其議。奏上，報可。」按：此事在《四庫全書總目》告成之後，好事者猶妄肆吹求如此。陳蘭甫師云：「自韞山此議後，本朝文字之禍始輕。」韞山詩自言「辨雪仍登天祿閣，三家詩草一家詞」，其實所保全者，不止此四家矣。〔註114〕

〔註111〕　宋·晁補之《濟北晁先生雞肋集》卷二十二《東坡公以種松法授都梁杜子師並為作詩子師求余同賦》三首其一：
　　　　　不學栽檀業種松，未慙履豨笑屠龍。許君盡得東坡術，已與先生一事同。
　　　　　按：蘇軾集中未見有同用此二典之詩。
〔註112〕　《重校正唐文粹》卷九劉禹錫《何卜賦》：
　　　　　屠龍之伎，非曰不偉。時無所用，莫若履豨。
〔註113〕　眉批：「術數」、「著述」。
〔註114〕　眉批：「掌故。」
　　　　　另，清·史夢蘭《止園筆談》卷二：
　　　　　秦人屈復注王漁洋《秋柳》詩，泥「白下」、「洛陽」、「帝子」、「公孫」等字，妄擬為憑弔勝朝，最為穿鑿。乾隆丁未春，大宗伯某掎摭王漁洋、朱竹垞、查他山三家詩及吳菌次長短句內語疵，奏請毀禁。事下機庭集議，時管世銘方內直，惟請將《曝書亭集·壽李清》七言古詩一首，事在禁前，照例抽毀。其漁洋《秋柳》七律、他山《宮中草》絕句及菌次詞，語意均無違礙，當路齮其議。奏上，報可。其《韞山堂集》中《追紀舊事》二絕句云：「詩無達詁最宜詳，詠物懷人取斷章。穿鑿一篇《秋柳》注，幾令耳食禍漁洋」；「語關新故禁銷宜，平地吹毛賴護持。辨雪仍登天祿閣，三家詩草一家詞」；蓋謂此也。
　　　　　清·李慈銘《越縵堂詩話》卷中：
　　　　　《管韞山集》中《追紀舊事》詩注云：「丁未春，大宗伯某掎摭王漁洋、朱竹垞、查他山三家詩及吳園次長短句語疵，奏請毀禁。事下機庭，時余甫內直，惟請將《曝書亭集·壽李清》七言古詩一首，事在禁前，照例抽燬。其漁洋《秋柳》七律及他山《宮中草》絕句、園次詞語意均無違礙，當路頗齮其議。奏上，報可。」考竹垞此詩，止發揮映碧在南渡時請卹諡建文諸臣一節，於國朝絕無妨礙。所謂「事在禁前」者，以有旨禁李清著述也。乾隆四

《抽燬書目》、《銷燬書目》、《違禁書目》數本，雜出不同，歸安姚氏覘

十七年五月，《四庫全書》館所刻《銷燬抽燬書目》，尚不及映碧諸書。故是年七月間，所進《簡明目錄》史部別史類猶收其《南北史合注》一百五卷，載記類猶收其《南唐書合訂》二十五卷。至《提要》告成，則削去兩書矣。丁未為乾隆五十二年，禁令早頒，故並其名氏見於他家集者亦抽燬之耳。〔二十五冊七十二頁，光緒二年七月初六日。〕

清‧陳康祺《郎潛紀聞》卷九：
乾隆丁未春，禮部尚書某掎摭王漁洋、朱竹垞、查他山三家詩及吳薗次長短句內語疵，奏請毀禁。事下樞廷集議，請將《曝書亭集‧壽李清》七言古詩一首，事在禁前，照例抽毀。其漁洋《秋柳》七律、他山《宮中草》絕句及薗次詞，語意均無違礙。奏上，報可。時管侍御世銘方內直，實主其議也。見《轀山堂詩集》注。

清‧俞樾《茶香室叢鈔》茶香室續鈔卷十四《王漁洋秋柳詩》：
國朝陳康祺《郎潛紀聞》云：「乾隆丁未春，禮部尚書某掎摭王漁洋、朱竹垞、查他山三家詩及吳薗次長短句內語疵，奏請毀禁。事下樞廷集議，請將《曝書亭集‧壽李清》七言古詩一首，事在禁前，照例抽毀。其漁洋《秋柳》七律、他山《宮中草》絕句及薗次詞，語意均無違礙。奏上，報可。見管侍御世銘《轀山堂詩集》注。」按：漁洋《秋柳》詩至今膾炙人口，不知當日乃以此詩幾至毀禁也。

民國‧楊鍾羲《雪橋詩話》續集卷五：
轀山侍御以乾隆丙午大直樞垣。丁未春，大宗伯某掎摭漁洋、竹垞、他山三家詩及吳園次長短句內語疵，奏請毀禁。事下機庭，轀山請惟將《曝書亭集‧壽李清》七言古詩一首，事在禁前，照例抽毀。其漁洋《秋柳》七律及他山《宮中草》絕句、園次詞，語意均無違礙，當路讙其議。奏上，報可。有詩紀事。

按：乾隆五十二年十月三日軍機大臣奏遵旨閱看紀昀奏燬各書並繕清單進呈片（附清單）（《纂修四庫全書檔案》第 2065～2067 頁）：

附應行撤燬、抽燬、刪削各書：
一、《國史考異》……
一、《十六家詞》……
一、朱彝尊《曝書亭集》並無違礙，惟紀昀指出《譚貞良墓表》內所稱「貞良百折不回，卒保其髮膚首領，從君父於地下」等語，似有語病，應一律抽毀。
一、吳偉業《綏寇紀略》、陳鼎《東林列傳》二書……
一、姚之駰《元明事類考》、仇兆鰲《杜詩詳注》……
一、朱鶴齡《愚庵小集》……
一、吳綺《林蕙堂集》間有近於慨歎興亡之語，多係文人習套，並無謗訕，仍應擬存。
一、葉方藹《讀書齋偶存集》……
一、王士正《精華錄》內《秋柳詩》所用白門、梁園、琅邪、洛陽、靈和殿、永豐坊，皆詠柳習用典故，似無所指，仍應擬存。
一、查慎行《敬業堂集》內《殿庭草》絕句「春風吹綠花磚縫，下有陳根幾百年。惆悵屢蒙行跡盡，雍和門外浴堂前」，詳其字句，似係偶然寄託，尚無別意，仍應擬存。

進齋刻入叢書。順德李仲約侍郎文田。曾為之考訂，細批書眉，已得六七。侍郎歿後，未知有人為之別錄刊行否也。〔註115〕

管韞山《論文雜言》云〔註116〕：「近日北方詩人多宗蒲城屈徵君悔翁，南方詩人多宗長洲沈宗伯確士。〔註117〕屈豪而俚，沈謹而庸。施、朱、王、宋之風，於茲邈矣。」余嘗謂自有歸愚之說，而詩家天趣興會皆索然殆盡。此以庸詆之，可謂助我張目者。屈悔翁集，余嘗得之，中亦頗有典雅之作〔註118〕，然北人已多不能舉其名者矣。〔註119〕

屈復《弱水詩集・過貞賢里》〔註120〕詩，自注云：「二曲李先生顒辭詔講學，門弟子三千人。所箸有《反身錄》。當事表其閭曰『貞賢里』。歲丙寅，

〔註115〕眉批：「著述」、「目錄」。

〔註116〕見管世銘《讀雪山房雜著》。

〔註117〕清・顧文彬《過雲樓書畫記》卷五《畫類五・傅青主書畫卷》：
又李蘇鄰錄屈悔翁題先生畫詩，凡五首。悔翁名復，蒲城人，有《弱水集》。康熙朝，以布衣遊京師，踞上坐，公卿拜牀下，執詩弟子禮。確士、子才云。蓋亦奇士。
清・李元度《國朝先正事略》卷三十八《孫豹人先生事略》附《屈復》：
又有屈復者，字見心，號悔翁，蒲城人也。年十九，試童子第一，忽棄去，走京師，學詩者多從之遊。先生作客，約不迎送，不作寒喧語。其論詩，於興賦比之外，專以寄託為主，謂陶之飲酒、郭之遊仙、謝之登山、左之詠史，彼自有所以傷心之故，而借題發之，未可刻舟而求劍也。張尚書廷樞欲上章薦，力辭不就。乾隆元年，楊尚書超曾舉應鴻詞科。楊未見屈，屈亦不報謝。所著《弱水集》甚富。無子，妻死不再娶，人以比林和靖云。
《國朝先正事略》卷十五《錢文端公事略》：
儒臣老輩中，能以詩文結恩遇、備商搉者，沈德潛故後，惟錢陳群一人而已。

〔註118〕清・錢維城《錢文敏公全集》茶山詩鈔卷二《題屈悔翁〈弱水集〉》：
少陵窮更懶，米芾老尤顛。辛苦成名士，支離及暮年。精神千首盡，湖海一身懸。寂寂蒲城路，風流亦可憐。
清・樊增祥《樊山集》卷十一《題屈悔翁〈弱水集〉〔先生以大父殉甲申之難遂絕意仕進〕》：
江南塞北屢經過，慚愧諸王致禮羅。已歎甲申逢國難，何心己未占詞科。屏風賦就歸裝急，野史亭荒夕照多。袁沈同時輕薄甚，豈知萬古有江河。
清・沈德潛《清詩別裁集》卷二十八：
屈復。〔字悔翁，陝西蒲城人。著有《弱水集》。○悔翁以布衣遨遊公侯間，不屈志節，固有守士也。詩雖未純，亦時露奇氣，惟過自矜許，好為大言。而一二標榜之人，至欲以一悔翁抹倒古今詩家，於是學者毛舉疵瘢而苛責之，悔翁無完膚矣。余所採數章，皆鋩刃不頓，人宜厭心者。〕

〔註119〕眉批：「文學。詩。」

〔註120〕見清・屈復《弱水集》卷一《過貞賢里》。

余年十九，冰雪中扶病晉謁。尼止者，一邑同聲。子姪孫佩玉、友人劉伯容先登龍門，又退有後言，竟廢然而返。德修謗興，古亦有之。且東家某可念，亦未有甚至者。後欲再訪，而先生謝世，蓋棺論定。年少鹵莽，存此識悔。」余曾校《二曲集》，未知其被謗者何事也。據此詩，則悔翁生於康熙七年，乾隆丙辰舉詞科，年六十九矣。〔註121〕

萬立唐《南北合參》云〔註122〕：「老子之道，文始派最高，即關尹子。少陽派最大。道家所謂東華帝君。姓王，名誠，字符甫。少陽傳正陽，即漢鍾離雲房。正陽傳純陽，純陽首傳王重陽，重陽傳邱長春，開北派；純陽又傳劉海蟾，海蟾傳張紫陽，開南派。又尹文始一派，文始傳麻衣，即李名和。麻衣傳陳希夷，希夷傳火龍真人，火龍傳張三豐。文始派中，麻衣傳希夷；少陽派中，海蟾亦以丹法傳希夷。兩派於斯一匯，故以三豐為文始派可，謂為少陽派亦可。」純陽又傳陸潛虛，開東派，李涵虛開西派，皆陰陽二品大丹也，並統於南宗。〔註123〕

神仙家學亦分南北二宗。明王褘《青巖叢錄》云〔註124〕：「鍊養服食，全真之教兼而用之。全真之名，昉於金世，有南北二宗之分。南宗先性，北宗先命。」今則北宗為清淨自修之學，南宗乃陰陽互交，以氣而不以形，與王忠文所言互異。陳文述《西泠仙詠〔註125〕·自敘》云：「伯陽闡化為道祖，純陽

〔註121〕眉批：「人品」、「掌故」。
〔註122〕見清·方內散人（萬潛齋）《南北合參法要》卷一《道派源流》。又，清·李西月《張三豐先生全集》卷一《道派》：
大道淵源，始於老子。一傳尹文始，五傳而至三豐先生。雖然，老子之所傳，亦甚多矣。其間傑出者，尹文始、王少陽，支分派別，各有傳人。今特就文始言之。文始傳麻衣，麻衣傳希夷，希夷傳火龍，火龍傳三豐，或以為隱仙派者。文始隱關令、隱太白，麻衣隱石堂、隱黃山，希夷隱太華，火龍隱終南，先生隱武當，此隱派之說也。夫神仙無不能隱，而此派更為高隱。孔子曰：「老子其猶龍乎！」言其深隱莫測也，故又稱猶龍派云。
按：老子之道，文始派最高，少陽派最大。少陽傳正陽，正陽傳純陽，純陽首傳王重陽，重陽傳邱長春，開北派；純陽又傳劉海蟾，海蟾傳張紫陽，開南派。
再按：文始一派，至麻衣而傳希夷；少陽一派，劉海蟾亦以丹法傳希夷。兩派於斯一滙。是三豐先生，謂為文始派也可，謂為少陽派也亦可，特其清風高潔，終與麻衣、希夷、火龍相近云。
〔註123〕眉批：「列《青巖叢錄》條後」，即下一條「神仙家學亦分南北二宗」條。
〔註124〕見明·王褘《王忠文公集》卷二十《叢錄》。
〔註125〕清·陳文述《西泠仙詠》三卷，有清光緒八年（1882）西泠丁氏翠螺仙舘刻武林掌故叢編本。

承凝陽、正陽之緒為道宗。純陽再傳，宗分南北。北則王祖重陽，重陽傳邱處機長春、劉處玄長生、譚長真、馬鈺丹陽、郝大通太古、王處一玉陽、孫不二清淨，為北宗七真，下而王棲雲、尹清和、宋披雲、徐復陽承之。南則劉操海蟾傳張伯端紫陽，張傳石泰杏林，石傳薛道光，又名道淵，薛傳陳泥丸，按《惠州府志》：陳泥丸即陳楠。博羅人言其得太乙刀圭金丹法於毘陵神師，得景霄大雷琅書於黎姥山神人。陳傳白玉蟾，為南宗五祖，下而彭耜、鶴林蕭紫霞承之。皆傳仙佛合一之道。」按：修煉家自謂命功，謂釋家為性功，世遂有《仙佛正宗》等書。至近世所傳仙術，又多言始自達摩矣。〔註126〕

按元人《金蓮正宗記》〔註127〕。「王重陽，名中孚，字久卿，咸陽人。入道後，更名嘉，字知明。馬丹陽，名從義，字宜甫，寧海人。譚長真，名玉，字伯玉，寧海人。劉長生，掖城人。邱長春，即邱處機，已見史傳。王玉陽，名處一，東牟人。郝太古，名璘，號恬然子，亦寧海人。孫清淨者，孫忠翊之幼女，馬丹陽之妻，亦寧海人，後改法名曰不二，道號曰清淨散人。」此陳氏所述。然《金蓮正宗所記》尚有和玉蟾、李靈陽，與玉重陽並稱三祖，陳氏固未數也。

梁僧祐《弘明集》卷八釋玄光《辨惑論》「合氣釋罪三逆」一條云：「乃開命門，抱真人，嬰兒迴，戲龍虎。作如此之勢，用消災散禍，其可然乎？漢時儀君行此為道。後至孫恩佚蕩滋甚，士女溷漫，不異禽獸。」此則合氣之說由來已久。然藉以滅罪，又有呪言，則非《參同契》之學。故玄光舉儀

〔註126〕眉批：「又」、「按王肱枕《蚓菴瑣語》，王重陽名嘉，嘉授七弟，曰邱處機云云。此謂之七祖。七祖之跡，皆在東海勞山。其餘馬、郝之名，又與《金蓮正宗記》異」、「劉海蟾名操」、「彭鶴林名耜」。

〔註127〕明·王世貞《弇州山人四部續稿》卷一百五十八《金蓮正宗記後》：金蓮正宗凡七人。重陽王真人生十二歲而丹陽馬長真譚生，二十九而廣寧郝生，三十一而玉陽王生，三十六而長生劉生，三十七而長春丘生，四十八而遇純陽真人得道，五十二而與玉蟾和靈陽李同居二公皆有證悟者，五十六而化長春、丹陽、長真，五十七而化玉陽、廣寧，五十八而化長生。明年正月，遂解形。其後丹陽最先成道，諸真亦以次成，皆有神奇之跡。而長春最晚成，復屢失之末，而遇蒙古太祖，片言投遷，勝殘去殺。全真之教，大行於天下，無不知有所謂七真者。大抵道家之有重陽，猶釋門之有達磨，其前皆教典，而後乃為宗門。長春於道稍平實，豈所謂參也，竟以魯得之耶？道門既曰性命雙脩，王、馬二公亦極論養氣而遺身蛻逝，又似不及命者。長春臨去，以脾疾至臥團側而化，後又別無神奇。此所不可解也。

君而不及伯陽也。顧今世言神仙者，乃多以釋達摩為初祖。即言合氣者亦宗之，殆不可解。

《黃庭內景經》二十二章云：「三五合乑九九節，可用隱地回八術。」此「合氣」二字所本。《入藥鏡》〔註128〕等書雖依託，而實合氣之正傳也。

馮班《鈍吟雜錄》卷一云〔註129〕：「道家有雷門忠孝一派，其說曰精乑者，身之本也，不愛精乑者為不孝；心者，身之君也，不敬其心者為不忠。」余按：此派又在南北全真三派之外。江上清《琅嬛瑣記》〔註130〕云：「出庚之後，按雷門列曜排算。每候差早二時，止五十八箇時辰為一候。自震庚，自巽辛，已早六時。」然則雷門者取出震之意，固《參同契》之支流歟？

《參同契》，世傳彭曉注，然多不詳其人。宋正一道士陳葆光《三洞群仙錄》〔註131〕引《野人閒話》云：「祠部員外郎彭曉，字秀川，自號真一子。常謂人曰：『我錢鏗之後世，有得道者。余雖披朱紫，食祿利，未嘗懈怠於修鍊。去作一代之高人，終不為下鬼矣。』宰金堂縣，則恒騎一白牛，於昌利山往來，似有會真之所，往往有白鶴飛鳴前後。曉注《陰符經》、解《參同契》，每篆符謂之鐵扇子，有疾者餌之則愈。」是其事實也。

遼人箸述傳於世者，《龍龕手鑒》、《三命消息》之外，世不多見。友人楊仁山文會。勤求釋典，於日本得藏外之書，有遼僧法悟《釋摩訶衍論贊玄疏》五冊、遼僧志福《釋摩訶訶衍論通玄抄》五冊。法悟書首有耶律孝傑進書表一篇，繆筱山編修方輯《遼文存》，余屬其速採入錄。仁山云二書皆深於象教，當募刊流佈也。日本存中國唐以前書，釋家醫家尤多。窺基、一行、道宣之書凡十餘種，余皆見之。惟僧肇《金剛經注》不類姚秦時語，與《肇論》及《維摩經注》詞意皆殊。檢《大唐內典錄》及《高僧傳》並不載，蓋偽書也。〔註132〕

西人稱中國為支那。各國音皆略異，然實本印度文，故仍作支那，或作脂那。《翻譯名義集》云〔註133〕：「一曰支那，讚美此方衣冠文物。二曰指難，此云邊鄙。」要之，皆後起義也。於字音當為「秦」字之轉，余前卷已言之。近人亦

〔註128〕《入藥鏡》上中下三篇，分見宋・曾慥《道樞》卷三十七、卷三十七、卷三十八。上篇題下注：「三章之妙，歸於存神。俱錄其辭，各頤其真。」

〔註129〕見清・馮班《鈍吟雜錄》卷一《家戒上》。

〔註130〕其人其書均不詳。

〔註131〕見宋・陳葆光《三洞群仙錄》卷十二。

〔註132〕眉批：「佛學」、「目錄」、「著述」。

〔註133〕見宋・釋法雲《翻譯名義集》三《諸國篇第二十八》。

頗有同余說者。又按《翻譯名義集》云〔註134〕:「震旦,或曰真丹。《樓炭經》云:蔥河以東,名為震旦〔註135〕。以日初出,耀於東隅故。」余謂「震旦」與「支那」亦一聲之轉,謂日出東隅者,實附會震旦字義。觀《樓炭經》指「蔥河以東」言之,則明以地言,亦「秦」音之轉耳。唐李長者《華嚴經論》卷二十六云:「震旦國亦曰支提那。此云思惟,以其國人多所思慮,以立其名,即是今漢國也。」按:強立國名,必無之理。惟云「支提那」者,蓋「提那」二字皆是餘音,猶臘丁之亦稱臘底諾矣。《歷代三寶記》〔註136〕曰〔註137〕:「五天目東國,總言脂那,或云真丹,或作震旦。」此蓋取聲有楚夏耳。《翻譯名義集》云〔註138〕:「或作旃丹。」唐釋道宣《釋迦方志》卷上云〔註139〕:「雪山以東,至於東海,名人主地,唯和暢俗,行仁義,安土重遷,是至那國,即古所謂振旦國也。」豈稱中國為振旦,為至那,亦印度古今語耶?振旦即震旦,至那即支那。唐釋智升《續古今譯經圖紀》曰〔註140〕:「印度國俗呼廣府為支那,名帝京,為摩訶支那。」余按:摩訶,大也。《翻譯名義集》以摩訶支那譯大唐,不如智升之塙。《開元釋教錄》卷七云〔註141〕:「大支那國,舊名真丹、振旦者,並非正音,無義可譯。惟知是此神州之總名也。」既云「無義可譯」,則其為「秦」字之轉音,名從主人,益可信矣。《古教匯參》「預言徵實」一條,以秦指中國,或有所受之也。〔註142〕

　　余既引《肇論》以「嵐」字古訓為風。又案《文選》謝靈運《晚出西射堂》詩:「夕曛嵐氣陰」,李善《注》云:「夏侯湛《山路吟》曰『道逶迤兮嵐氣清』,《埤蒼》曰『嵐,山風也。嵐,綠〔註143〕含切』」,則『嵐』字當從山風會意。風亦聲。魏晉間俗字佛書亦以毗嵐為猛風。〔註144〕

〔註134〕見宋·釋法雲《翻譯名義集》三《諸國篇第二十八》。

〔註135〕「名為震旦」旁有點,眉批:「四字疑衍,待考。」

〔註136〕眉批:「《三寶記》亦大書,不作旁注。」

〔註137〕見《歷代三寶紀》卷四。

〔註138〕見宋·釋法雲《翻譯名義集》三《諸國篇第二十八》。

〔註139〕見唐·釋道宣《釋迦方志》卷上《釋迦方志中邊篇第三》。

〔註140〕此語又見唐·釋圓照《貞元新定釋教目錄》卷十四、宋·釋贊寧《宋高僧傳》卷二。

〔註141〕見唐·釋智升《開元釋教錄》卷七《總括群經錄上之七》。

〔註142〕眉批:「方言。」

〔註143〕「綠」,《文選》作「祿」。

〔註144〕眉批:「小學。訓詁」、「此條與第四冊廿三頁合」,即卷四「《肇論》『旋嵐偃嶽而常靜』」一條。

　　《文選》謝康樂《擬魏太子鄴中集詩》〔註145〕稱劉楨為「卓犖偏人」，李崇賢《注》引潘勗《玄達賦》曰：「匪偏人之自鹽，訴諸衷於來哲」，是偏人又勗所自稱。蓋偏與奇意近，偏人即《莊子》之畸人矣。〔註146〕

　　漢鐃歌《遠如期》〔註147〕曲：「處天左，則大樂。」語意甚奇。蓋處天左側，則天在其右矣。《大易》所謂「自天右之，吉無不利」〔註148〕也。陳祚明以為「自黃帝昇天語來」〔註149〕，固為失之。莊述祖引《詩》「在帝左右」作證，則郊祀之詞〔註150〕，與下文「增壽萬年」詞意亦不相屬也。《管子·戒篇》云：「期而遠者莫如年，以重任行畏塗至遠期，唯君子乃能。」此「遠如期」題之所本。〔註151〕

　　李義山詩「玉桃偷得憐方朔」〔註152〕，《吳禮部詩話》〔註153〕謂「『方朔』改『臣朔』乃佳」。余按《海內十洲記》曰：「方朔云：『臣學仙者耳。』」《十洲記》雖依託，而流傳已久，義山故用之。且魏晉六朝文字，雙名單稱者，不可悉數。《養新錄》曾略記一二〔註154〕，吳氏蓋未知此義。

〔註145〕見《文選》卷三十。

〔註146〕眉批：「文學。詩」、「小學。訓詁」。

〔註147〕見《宋書》卷二十二《樂志四》、宋·郭茂倩《樂府詩集》卷十六。

〔註148〕《周易·大有》上九爻辭。「右」，《周易》作「祐」。

〔註149〕見清·陳祚明《采菽堂古詩選》卷一。

〔註150〕清·莊述祖《漢鼓吹鐃歌句解》一卷，見《珍埶宦遺書十二種》。
　　　　另，清·莊述祖《珍埶宦文鈔》卷五有《漢鐃歌句解序》。

〔註151〕眉批：「文學。樂府。」

〔註152〕見清·馮浩《玉谿生詩詳注》卷一《茂陵》。

〔註153〕元·吳師道《吳禮部詩話》，有《叢書集成初編》本。

〔註154〕清·錢大昕《十駕齋養新錄》卷十二《古人姓名割裂》：
　　　　漢魏以降，文尚駢儷，詩嚴聲病，所引用古人姓名，任意割省，當時不以為非。如皇甫謐《釋勸》「榮期以三樂感尼父」，庾信詩「唯有丘明恥，無復榮期樂」，白樂天詩「天教榮啟樂，人恕接輿狂」，謂榮啟期也。費鳳《別碑》「司馬慕藺相，南容復白珪」，謂藺相如也。楊巨源詩「不同蘧玉學知非」，謂蘧伯玉也。朱君山《墓誌》「魚山本志，門豹遺風」，謂西門豹也。《抱朴子外篇》「秦西以過厚見親」，謂秦西巴也。《晉書·孫惠傳》「竊慕墨翟申包之誠」，庾信詩「始知千載內，無復有申包」，謂申包胥也。庾信詩「學異南宮敬，貧同北郭騷」，謂南宮敬叔也。白樂天詩「君看齊鼎中，燋爛者酈其」，謂酈食其也。庾信銘「年消張闓，」謂張闓疆也。白樂天詩「宏恭陷蕭望」，謂蕭望之也。李商隱詩「梓潼不見馬相如」，謂司馬相如也。《蜀志·秦宓傳》「仲尼、嚴平，會聚眾書，以成《春秋指歸》之文」，謂嚴君平也。皇甫謐《釋勸》「鄭真躬耕以致譽」，謂鄭子真也。陸厥詩「如姬寢臥內，班婕坐同車」，謂班婕妤也。陳師道詩「馬遊從昔哀吾老」，謂

馬少游也。盧照鄰詩「孫賓遙見待」，謂孫賓碩也。《晉書・王羲之傳・論》「師宜懸帳之奇」，謂師宜官也。劉孝偉《贈美人》詩「幸非使君問，莫作秦羅辭」，謂秦羅敷也。《晉書・王濬傳》「世祖旌賢，建葛亮之嗣」，謂諸葛亮也。潘岳《關中詩》「紛紜齊萬，亦孔之醜」，謂齊萬年也。李商隱詩「曾不問潘安」，又云「潘仁豈是才」，王瑳詩「潘仁載果來」，謂潘安仁也。杜子美詩「顧愷丹青重」，謂顧愷之也。李邕《東林寺碑》「殷堪摳衣而每談」，謂殷仲堪也。杜子美詩「劉牢出外甥」，謂劉牢之也。李商隱詩「從事人人庾杲蓮」，謂庾杲之也。白樂天《七德舞》詩「張謹哀聞人日哭」，謂張公謹也。韋嗣立《授黃門侍郎制》「芝蘭並秀，見謝石之階庭；騏驥並驅，有劉山之昆季」，謂謝安石、劉公山也。褚載牋「曹興之圖畫雖精，終慚誤筆」，謂曹不興也。

又，清・袁枚《小倉山房集》小倉山房文集卷十七《代劉景福上尹制府書》文末自記：

或問：「雙名單稱，古人有否？」曰：「見《春秋傳》。踐土之盟曰晉重者，重耳也；曰衛武者，叔武也。此雙名單稱之證也。」

又，清・周壽昌《思益堂日箚》卷五《古人姓名截用合用》：

自《左傳》祝　稱載書晉重耳曰晉重，後儒遂多緣此例，將古人姓名割裂入詩文中。如揚雄《法言》：「或問屈原、相如之賦。子曰：原也過以浮，如也過以虛。」揚雄賦：「乃命票衛。」票，言票騎將軍霍去病也。《天問》：「萍號起雨。」萍謂雨師萍翳也。皇甫謐《釋勸》：「榮期以三樂感尼父。」謂榮啟期。又：「鄭真躬耕以致譽」，謂鄭子真。張平子《東京賦》：「呼韓來享」，謂呼韓邪。穆子容《重立太公廟碑》：「盧忌置碑，僻據山阜」，謂盧無忌也。潘岳「馬汧督誄，齊萬虓闞」，謂齊萬年。《抱朴子》：「秦西以過厚見親」，謂秦西巴。《蜀志・秦宓傳》：「仲尼、嚴平，會聚眾書，以成《春秋》、《指歸》之文」，謂嚴君平。《晉書・孫惠傳》：「竊慕墨翟、申包之教」，謂申包胥。《王濬傳》：「世祖旌賢，建葛亮之嗣」，謂諸葛亮。《王羲之傳》：「師宜懸帳之奇」，謂師宜官。《文選》引陸機《辨亡論》：「丁奉、離裴，以武毅稱」，《晉書》作「鍾離裴」。祖瑩《為元顥與魏莊帝書》：「朱榮為福，於卿是禍」，謂尒朱榮。《南史》：宋奚顯度領人功，動加捶撻，民間謠之云：『身得建康壓額，不能受奚度拍。』」又云：「勿回顧，忖奚度。」梁簡文帝《答湘東王書》：「徐摛、庾吾，羌恒日夕」，謂庾肩吾。庾信銘：「年銷張闓」，謂張闓疆。韋嗣立授黃門侍郎製：「芝蘭並秀，見謝石之階庭；騏驥並驅，有劉山之昆季。」謂謝安石、劉公山也。劉知幾《史通・雜說篇》：「馬卿自敘」，謂司馬長卿。李商隱《為舉人上蕭侍郎啟》：「毛傷榮彈，鱗損任鈞。」榮，南齊垣榮祖，善彈也。李邕《東林寺碑》：「殷堪摳衣而每談」，謂殷仲堪。王勃《滕王閣序》用楊得意作「楊意」。陸贄奏：「裴延齡，堯代之共工，魯邦之少卯」，言少正卯也。《朝野僉載》論鄭：「前托俊臣，後附張易」，謂張易之。褚載箋：「曹興之圖畫雖精，終慚誤筆，謂曹不興。《冊府元龜・僭偽部・矜大》：「天福四年詔：鄭弼拜詣闕廷，林恩別陳訴狀」，謂鄭元弼。《老學庵筆記》：「呂惠卿自誦其表云：面折馬光於經筵，廷辨韓琦之奏疏」，謂司馬光。《朱君山墓誌》：「魚山本志，門豹遺風」，謂西門豹。《費鳳別碑》：「司馬慕藺相，南宮復白圭」，謂藺相如。其見於詩者，庾信詩：「惟有丘明

〔註155〕

　　錢辛楣《養新錄》卷十六「七言在五言之前」一條云：「《楚詞·招魂》、《大招》多四言，『去』、『些』、『只』助語，合兩句讀之，即成七言。《荀子·成相》、荊軻送別，其七言之始乎！至漢而《大風》、《瓠子》見於帝制，柏梁聯句一時稱盛，而五言靡載。於班史者，唯「邪徑敗良田」童謠，出於成帝之世耳。劉彥和謂西京『詞人遺翰，莫見五言，所以李陵、班婕好見疑於後代』；又謂『古詩佳麗，或稱枚叔』；則彥和亦未敢質言也。要之，此體之興，必不在景武之世。虞姬歌不見於《史》、《漢》，諒亦出於依託。」余按：五言後於七言，此論致確。惟七言之始荀、荊兩作，體尚未成。《文選》江淹《恨賦》，《注》云〔註156〕：「董仲舒集七言《琴歌》二首。」其正名七言者，當以董生為稱首歟？〔註157〕

　　《史記·儒林傳》〔註158〕：「斌斌多文學之士。」「斌斌」蓋「彬彬」之誤。《三國志》〔註159〕：「魏明帝時，公卿奏云：於文，文武為斌。」是「斌」

　　恥，無復榮期樂」，謂榮啟期。又「如知千載內，無復有申包」，謂申包胥。又「學異南宮敬，貧同北郭騷」，謂南宮敬叔。陸厥詩：「如姬臥寢內，班婕坐同車」，謂班婕好。劉孝綽詩：「幸非使君問，莫作秦羅辭」，謂秦羅敷。潘岳《關中》詩：「紛紜齊萬，亦孔之醜」，即齊萬年。李商隱詩：「玉桃偷得憐方朔」，謂東方朔。又「梓潼不見馬相如」，謂司馬相如。又「曾不問潘安」，又「潘仁豈是才」，皆謂潘安仁。又「從事人人庾杲蓮」，謂庾杲之。楊巨源詩：「不同蘧玉學知非」，謂蘧伯玉。盧照鄰詩：「孫賓遙見待」，謂孫賓石。杜甫詩：「顧愷丹青重」，謂顧愷之。又「劉牢出外甥」，謂劉牢之。白居易詩：「君看齊鼎中，焦爛者酈其」，謂酈食其。又「宏恭陷蕭望」，謂蕭望之。又「張謹哀聞人日哭」，謂張公謹。又「天教榮啟樂，人忍接輿狂」，亦謂榮啟期。又「憑君一詠問周師」，謂周師老。朱澤《嘲人》詩：「何如郭素擬王軒」，謂郭凝素、王遠軒。

　　其名姓合用者，賈誼《新書》稱曹參、周勃為曹、勃。《淮南子》稱杞殖、華還為殖、華。漢《斥彰長碑》稱高柴、顓考叔為柴、顓。《顏氏家訓》引《蒼頡篇》云：「豨黔韓覆」，謂陳豨、韓信。《漢書·徐樂傳》：「名何必夏、子。」《注》：「服虔曰：夏，禹也。子，湯也。」《杜周傳》：「覽宗宣之饗國。」《注》：「韋昭曰：宗，殷高宗也。宣，周宣王也。」

〔註155〕眉批：「文學。詩。」
　　　　　另，此條下稿本有「吾袁州人文於唐最盛，至宋漸衰，著述猶寥寥。今錄甚可考者」一條，眉批：「著述」、「此條可不錄」。
〔註156〕見《文選》卷四十三。
〔註157〕眉批：「文學。詩」、「按《東方朔別傳》云：『《柏梁》為七言之始』」。
〔註158〕見《史記》卷一百二十一。
〔註159〕見《宋書》卷十九《樂志一》：「明帝太和初，詔曰：……於是公卿奏曰：『……

為會意字。〔註 160〕

　　《史記‧淮南衡山列傳》：「江都人救赫。」《索隱》云：「劉向《別錄》：『易家有救氏注。』」余案：《漢書‧藝文志》易十三篇，無救氏注，是孟堅於劉《錄》多所刪削也。〔註 161〕

　　晉人好名斌。《廢帝紀》有汝南內史朱斌，《宗室傳》西河繆王斌，《石季龍載記》季龍子斌，《石勒載記》晉兗州刺史檀斌、冀州刺史王斌。〔註 162〕

　　《高僧傳》卷六有釋慧斌。〔註 163〕

　　《史記‧天官書》：「其人逢悟化言。」《索隱》云：「『逢悟』謂相逢而驚也，亦作『迕化』，當為『訛』字之誤。」余案：「化」與「訛」，古今字。《尚書》「平秩南訛」一作「南化」，是其證。「逢悟」即「逢午」之異文，《索隱》說誤。《集解》：「悟，迎也」，亦非。〔註 164〕

　　《滿洲源流考》卷十八云〔註 165〕：「《北盟錄》：『女真言語薩滿滿洲語，師巫也。舊作珊蠻，今改正。者，女巫嫗也。』」按：薩滿、珊蠻，皆蘇幕之轉音。《文獻通考》卷三百三十六云〔註 166〕：「高昌婦人戴油帽，謂之蘇幕遮。」蓋

　　　　於文，文武為斌。』」
　　　　按：文氏作《三國志》，誤。
〔註 160〕眉批：「□譌」、「□史」、「□學。訓詁」，上三字殘，疑為「正」、「論」、「小」；「入『斌』字條」。
〔註 161〕眉批：「目錄」、「著述」。
〔註 162〕眉批：「□族」、「□史」、「□物」、「□學。字體」，上四字殘，疑為「氏」、「論」、「人」、「小」；「案：斌字條已有者不錄。」
〔註 163〕眉批：「□物」、「□族」，上兩字殘，疑為「人」、「氏」；「此條應補入廿五冊卅三頁所引《書鈔》一條」，即卷二十六「《書鈔》七十三引《陳留耆舊傳》有戴斌」一條。
〔註 164〕眉批：「正譌」、「小學。訓詁」、「俟檢」。
　　　　另，清‧方以智《通雅》卷七《釋詁》：
　　　　逢悟猶逢遻也，寤生猶遻生也，鄂謝即晤謝，朗寤即朗悟。「悟」音晤，相逢而驚也。《史記》「逢悟化言」，「化」為「訛」。敘傳「遻神」即此意。《韻會》作「迕」，與「悟遻」同。《爾雅》：「遻，遇也。」注：「遻，今為晤。」《左傳》：「莊公寤生，驚姜氏」，言寐覺而生則非矣。言遻生也。遻，逆也，如今之倒生。此《筆乘》載敬甫解也。按：《史‧灌夫傳》「武安鄂謝」，《漢書》作「晤謝」。晉溫羨以朗寤見稱，即與王戎穎悟之悟同。《項羽傳‧贊》：「尚不覺寤」，亦覺悟也。相證益知古人之借。
〔註 165〕見清‧阿桂《滿洲源流考》卷十八《國俗‧語言》。
〔註 166〕見《文獻通考》卷三百三十六《四裔考十三》。
　　　　按：此語早見宋‧王明清《揮麈錄》揮麈前錄卷四。

因「幕遮」二字附會，似誤。〔註167〕

五代釋可洪《藏經音義·隨函錄序》云：「如喇、嗒、哩、嚓、嗲、呧、
囔、叽、𡁮、吒、咀、嗉、𠽨、論、𪗱、𠴩。」自注：「已上諸字並彈舌呼。」
尤足證唐以前譯語凡特〔註168〕加口旁者〔註169〕，皆誌彈舌音也。〔註170〕

東坡詩「已輸巖蜜十分甜」〔註171〕，或釋「巖蜜」為櫻桃〔註172〕，此附
會之說耳。東晉佛陀跋陀譯《大方等如來藏經》云：「譬如淳蜜，在巖樹中，
無復群蜂，圍繞守護。」此「巖蜜」二字之所本。〔註173〕

《釋名·釋首飾篇》云〔註174〕：「穿耳施珠曰璫。此本出蠻夷所為。」中
國人傚之耳。白香山新樂府《時世妝》云：「元和妝梳君記取，髻椎面赭非華
風。」然則中國婦女之飾染於戎狄者亦多，不獨男子胡服騎射而已。〔註175〕

自來史家記南北朝事，或以魏繼晉，或以隋繼陳。正統之說，紛然錯出。
自司馬溫公《通鑑》既作而尊南朝者，始無異辭。然隋時又有一說，與前二說
並異者。費長房《歷代三寶記》卷三云：「魏晉已來，梁孝元帝繹承聖四年乙
亥，都在江陵，為西魏滅。自是南朝歷數北旋，其年即魏後元二年。蕭衍孫
察，魏賜嗣立，紹繼梁基，是曰後梁。既為附庸，則是影國。」此以隋承周，
周承西魏，西魏承梁。長房在隋，宜有此論。然不沒晉、宋，實為至公。錄存
其言，亦足備史家之一得也。〔註176〕

《釋名·釋衣服篇》〔註177〕：「韏，跨也。兩足各以一跨騎也。」本胡

〔註167〕眉批：「此條與第四冊廿九頁一條合」、「方言」、「文學。詞」、「此條蘇幕遮，
　　　　　前卷四已攷之。此應補入。」
〔註168〕「特」，稿本第廿四冊無。
〔註169〕「者」，稿本第廿四冊作「字」。
〔註170〕按：又見稿本第廿四冊。
　　　　　眉批：「方言」、「卷四彈舌條」、「此條與廿四冊重複，並與廿二冊第八頁唐
　　　　　李洞一條接」，即卷二十二「唐李洞《送三藏歸西域》詩一條。
〔註171〕見宋蘇軾《施注蘇詩》卷二十《橄欖》，「巖」作「岩」。
〔註172〕宋·釋惠洪《冷齋夜話》卷一《詩出本處》：
　　　　　《橄欖》詩曰：「待得微甘回齒頰，已輸崖蜜十分甜。」事見《鬼谷子》，曰：
　　　　　「照夜，青螢也。百花，釀蜜也。崖蜜，櫻桃也。」
〔註173〕眉批：「文學。詩。」
〔註174〕見漢·劉熙《釋名》卷四《釋首飾第十五》。
　　　　　離散如綿然也
〔註175〕眉批：「風俗」、「冠服」。
〔註176〕眉批：「論史。」
〔註177〕見漢·劉熙《釋名》卷五《釋衣服第十六》。

服，趙武靈王服之。〔註178〕

崔豹《古今注》〔註179〕：「貂蟬，胡服也。貂取其外柔易而內剛勁，蟬取其清虛自牧，識時而動。」

崔豹《古今注》〔註180〕、李石《續博物志》卷五引孟詵說，並云：「酒杯藤出西域，藤大如臂，花堅可以酌酒，國人寶之，不傳中土。張騫使大宛得之。出張騫《出關志》」。《緇門寶訓錄》云〔註181〕：「法師務學十門，云李後主得畫牛一軸，晝出欄外，夜歸欄中。持貢闕下，太宗示群臣，無知者。僧錄贊寧曰：南倭海水或減，則灘磧微露，倭人拾方諸蚌，臘中有餘淚數滴者，得之和色著物，則畫隱夜顯。沃焦山時或風燒飄擊，忽有石落海岸，得之，滴子磨色染物，則畫顯夜晦。見張騫《海外異記》。」後杜鎬檢三館書目，果見於六朝舊本書中。按：張騫書，《漢·藝文志》不載。此等自是六朝人坿會。然如《述異記》、《金樓子》之類，亦瑰異皆可觀。〔註182〕

〔註178〕眉批：「入趙武靈條。」
〔註179〕見晉·崔豹《古今注·輿服第一》。
〔註180〕見《古今注·草木第六》。
〔註181〕宋·周煇《清波雜志》卷五：
　　元暉尤工臨寫。在漣水時，客鬻戴松牛圖，元暉借留數日，以模本易之而不能辨。後客持圖乞還真本，元暉怪而問之，曰：「爾何以別之？」客曰：「牛目中有牧童影，此則無也。」江南徐諤得畫牛，晝齧草欄外，夜則歸臥欄中，持以獻後主煜。煜獻闕下，太宗示群臣，俱無知之者。惟僧贊寧曰：「南倭海水或減，則灘磧微露，倭人拾方諸蚌臘中，有餘淚數滴得之，和色著物，則畫隱而夜顯。沃焦山時，或風燒飄擊，忽有石落海岸，得之，滴水磨色，染物則畫顯而夜晦。牧童影豈亦類此而祕其說？」
　　宋·葉廷珪《海錄碎事》卷十四《百工醫技部·幻藥》：
　　太宗時，江南李主獻畫牛，畫則齧草欄外，夜則歸臥欄中，莫曉其理。僧贊寧曰：「此幻藥所置。南海倭國有蚌淚，和色著物，晝隱夜見。沃焦山有石，磨色染物，晝見夜隱。事見《海外記》。」
　　宋·釋文瑩《湘山野錄》卷下：
　　江南徐知諤為潤州節度使溫之少子也。美姿度，喜畜奇玩。蠻商得一鳳頭，乃飛禽之枯骨也，彩翠奪目，朱冠紺毛，金嘴如生，正類大雄雞，廣五寸，其腦平正，可為枕，諤償錢五十萬。又得畫牛一軸，畫則齧草欄外，夜則歸臥欄中，諤獻後主煜。煜持貢闕下。太宗、張後苑以示群臣，俱無知者。惟僧錄贊寧曰：「南倭海水或減，則灘磧微露。倭人拾方諸蚌胎中，有餘淚數滴者，得之，和色著物，則畫隱而夜顯。沃焦山時，或風撓飄擊，忽有石落海岸，得之，滴水磨色，染物則畫顯而夜晦。」諸學士皆以為無稽，寧曰：「見張騫《海外異記》。」後杜鎬檢三館書目，果見於六朝舊本書中載之。
〔註182〕眉批：「著述。」

《牟子理惑論》云：「昔孝明皇帝夢見神人，身有日光，飛在殿前。於是遣使者張騫、羽林郎中秦景、博士弟子王遵等十二人於大月支寫佛經四十二章。」是後漢時亦有張騫，且奉使至天竺矣。然他書多稱景、遵，少及張騫，或出牟子誤記也。《藝文類聚》等書引張騫《出關記》，當是此人。俟考。〔註183〕

唐釋法琳《上秦王啟》引陶隱居《年紀》、齊秘書楊價《史目》數條，二書《隋·經籍志》失載。〔註184〕

趙毅，北地新平人，隋祕書郎、司隸、刺史，撰《文帝起居注》二十五卷、《大業略記》三卷，並藏祕閣，見唐釋道宣《集古今佛道論衡》卷丁。〔註185〕

《續集古今佛道論衡》〔註186〕：「元魏正光二年七月，明帝加元服，設齋，勅法師與道士論議。姜斌曰：孔子既是制法聖人，當時於佛何得一無言記？曇謨對曰：真是仁者不？識覽不弘廣，何得輒謗孔子於佛無一言？仁者若不相信，孔子自有《三備卜經》，佛之出世在《中備》，仁者善自披究，足得聞曉。」案：《三備卜經》，未知何書。《周易辨終備》，或作「中備」，疑是曇謨所指。〔註187〕然今之所傳，殊無佛出之語，豈有脫佚？或非此書耶？此與《孔子衝波傳》等，同為委巷流傳，不足據為典要耳。〔註188〕

宋陳葆光《三洞群仙錄》〔註189〕引《王氏神仙傳》〔註190〕云：「王纂當

〔註183〕眉批：「考證」、「掌故」、「人物」、「亦可與前條連類」、「此條又錄入廿五冊」。
按：此條又見稿本第二十五。「當是此人」作「當出此人」，無「俟考」。

〔註184〕眉批：「著述」、「目錄」。
另，文首稿本補「檢」字。

〔註185〕眉批：「又。」

〔註186〕又見唐·釋道宣《佛道論衡》卷甲《魏明帝登極召沙門道士對論敘佛道先後事五》、唐·釋道世《法苑珠林》卷六十九《破邪篇第六十二之餘感應緣之餘》、唐·釋道宣《廣弘明集》卷一《元魏孝明召釋道門人論前後》、唐·釋道宣《續高僧傳》卷二十三。

〔註187〕清·沈濤《交翠軒筆記》卷三：
《史記·仲尼弟子列傳》，《正義》引《中備》云：「魯人商瞿使向齊國，瞿年四十，今復使行遠路，畏慮恐絕無子。夫子正月與瞿母筮，告之曰：『後有五丈夫子』云云。」案：唐沙門智升《續集古今佛道論衡》：「孔子有《三備卜經》，佛之出世在《中備》。」然則《中備》乃《三備卜經》之一耳。《隋書·經籍志》子五行類有《易三備》三卷，又有《易三備》一卷。《通志·藝文略》云：「上備言天文，中備卜筮，下備地理。」孫淵如觀察謂即《易緯辨》，《終備》非也。

〔註188〕眉批：「又。」

〔註189〕見《三洞群仙錄》卷十四。

〔註190〕宋·晁公武《昭德先生郡齋讀書志》卷三下：

晉室擾攘之時，憫斯民之苦，每夜飛章以告上帝。俄感太上自空而下，告之曰：『子憫生民，形於章奏，吾得鑒聽於子。』遂命侍童取《三五齋訣》授纂，曰：『勉而行之，真仙可冀。』」〔註191〕

　　李衎《竹譜詳錄》卷五引《顧夷義訓》：「有篦竹，箖竹。」〔註192〕

　　　　《王氏神仙傳》。右偽蜀杜光庭纂。光庭集王氏男真女仙五十五人，以諂王建。其後又有王虛中續纂三十人附於後。

〔註191〕眉批：「……（按：數字不清）入《補晉書藝文志》。」

〔註192〕眉批：「草木。」

卷十〔註1〕

《太平御覽》卷二引《河圖挺佐輔》曰：「百世之後，地高天下，不風不雨，不寒不暑，民復食土，皆知其母，不知其父。如此千歲之後，而天可倚杵，洵洵隆隆，曾莫知其始終。」以此推之，天地將闔之時，人類必先絕矣。「食土」者，蟄蟲之類。今西人地學書，以為動物之生，莫先蟲蛇，因其先生，知其後亡也。《老子》曰：「萬物芸芸，各復歸其根。」食地上毛者，故終歸於食土矣。〔註2〕

《御覽》卷七百五十引《周髀》曰：「周公問於殷高。」據此，則今本作「商高」者，乃宋人避諱改本也。〔註3〕

《虎鈐經・妖星篇》云〔註4〕：「天雁星，將軍之精華也。色青赤，有光尾，長三四丈。」按：此與彗星何異？而以天雁名之，未詳所本。然歷代以彗星為含譽星者，固數數見矣。〔註5〕

乙未春日，談天家言以極精遠鏡測天，紫微垣內有小彗星甚眾。

《論語》曰：「上失其道，民散久矣。」然則得道者，必自聚民始。〔註6〕

〔註1〕按：稿本題「純常子枝語第十冊」。稿本乙封題「純常子枝語　第十冊」。
〔註2〕眉批：「輿地。」
〔註3〕眉批：「正譌。」
〔註4〕見宋・許洞《虎鈐經》卷十四《妖星第一百四十七》。
〔註5〕眉批：「天文」、「星象」。
〔註6〕眉批：「治略。」

《周官・大司寇》：「以兩造禁民訟，入束矢於朝，然後聽之。」《注》：「必入矢者，取其直也。」愚謂古者以誓為矢，疑「入束矢」者必當有誓詞矣。〔註7〕

「小司寇之職：掌外朝之政，以致萬民而詢焉。一曰詢國危，二曰詢國遷，三曰詢立君。」鄭司農云：「『致萬民』，聚萬民也。」按：此與西洋諸國議院之法略近。〔註8〕

「聽民之所刺宥。」《注》：「民言殺，殺之。」愚謂魯大夫書「刺」用此，所謂猶秉周禮者也。〔註9〕

「朝士凡民同貨財者，以國法行之。」鄭司農云：「『同貨財者』，謂合錢共賈者也。」蓋合錢共賈，為國計消長之樞機，故必以國法治之。後鄭以為「富人蓄積」者，於義為短。

《考工記》：「水之以眂其平沈之均也。」《疏》曰：「兩輪俱量水中，觀眂四畔入水均否。」此古人以水量物之法。〔註10〕

《成唯識論》卷一云：「若謂我用前後變易非我體者，理亦不然。用不離體，應常有故；體不離用，應非常故。」此「體用」二字所始，李二曲與顧亭

〔註7〕眉批：「又」、「經義。周禮。」
〔註8〕眉批：「又。」
〔註9〕眉批：「又。」
另宋・孫覺《春秋經解》卷六：
公子買戍衛。不卒戍，刺之。
《春秋》，魯史。其書魯事，有內辭也。諸侯殺大夫書殺，罪其專殺也。魯殺大夫書刺，《周禮》斷萬民以三刺之法。魯之殺之者，必其罪在可殺。三刺而後殺之也，非魯能三刺也。大夫之尊，而我公乃殺之。其罪在三刺，則殺之矣。殺之雖不以罪，而《春秋》猶曰刺焉。若曰斷，庶民不可以不刺，況殺大夫乎？我公之殺大夫，則是三刺後殺之也。待之愈厚，則責之愈周；書之益順，則貶之益至。《春秋》書「刺」者二：公子偃不書所刺之罪，而公子買著不卒戍之跡，偃則有當刺而買在可恕之域也。諸侯受天子之命，守天子之土。國家之事不治而土地失亡，則有罪矣，何能治他國乎？衛附於楚，而見伐於晉、衛則取之，魯何與焉？公乃使其臣戍之，不卒戍，反殺之，衛不當戍者也。衛之見伐，以全衛不能支晉侯，買豈能卒戍哉？不當戍而戍，已有罪矣。不能卒戍，又殺之。書曰「公子買戍衛。不卒戍，刺之」，明買無罪而見殺也。《公羊》曰：「其言戍衛何？遂公意也。」按：實戍而不卒爾，何所遂乎？《穀梁》曰：「先名後刺，殺有罪也。」按：買無罪，故錄其事爾，《穀梁》之說非。
〔註10〕眉批：「余卷四中已有一條，此宜附入。」

林皆謂出自釋典〔註11〕，是也。〔註12〕

〔註11〕清・李顒《二曲集》卷十六《答顧寧人先生》：

來書云：

承教謂「體用」二字出於佛書，似不然。《易》曰：「陰陽合德而剛柔有體」；又曰：「顯諸仁，藏諸用。」此天地之體用也。《記》曰：「禮，時為大，順次之，體次之」；又曰：「降興上下之神，而凝是精粗之體」；又曰：「無體之禮，上下和同。」有子曰：「禮之用，和為貴。」此人事之體用也。經傳之文，言體言用者多矣，未有對舉為言者爾。若佛書如《四十二章經》、《金光明經》，西域元來之書，亦何嘗有「體用」二字？晉、宋以下，演之為論，始有此字。彼之竊我，非我之藉彼也，豈得援儒而入於墨乎？如以為攷證未確，希再示之。

頃偶話及「體用」二字，正以見異說入人之深。雖以吾儒賢者，亦習見習聞，間亦藉以立論解書，如「體用一源」，「費隱」訓注，一唱百和，浸假成習，非援儒而入墨也。《繫辭》暨《禮記》「禮者，體也」等語，言體言用者固多，然皆就事言事，拈體或不及用，語用則遺夫體，初未嘗兼舉並稱。如內外、本末、形影之不相離，有之實自佛書始。西來佛書，豈止《四十二章經》、《金光明經》未嘗有此二字，即《楞嚴》、《楞伽》、《圓覺》、《金剛》、《法華》、《般若》、《孔雀》、《華嚴》、《涅槃》、《遺教》、《維摩詰》諸經，亦何嘗有此二字。然西來佛書，雖無此二字，而中國佛書，盧惠能實始標此二字。惠能，禪林之所謂六祖也。其解《金剛經》，以為「金者，性之體。剛者，性之用」。又見於所說《法寶壇經》，敷衍闡揚，諄懇詳備。既而臨濟、曹洞、法眼、雲門、溈仰諸宗，咸祖其說，流播既廣，士君子亦往往引作談柄。久之，遂成定本。學者喜談樂道，不復察其淵源所自矣。然天地間道理，有前聖之所未言，而後賢始言之者；吾儒之所未言，而異學偶言之者。但取其益身心，便修證斯已耳。正如肅慎之矢，氐、羌之鸞，卜人之丹砂，權扶之玉目，中國之人世寶之，亦何嘗以其出於異域，舉而棄之，諱而辯之也。來教謂「如考證未確，不妨再訂」，竊以為確矣。今無論出於佛書、儒書，但論其何體何用，如「明道存心以為體，經世宰物以為用」，則體為真體，用為實用。此二字出於儒書固可，即出於佛書亦無不可。苟內不足以明道存心，外不足以經世宰物，則體為虛體，用為無用，此二字出於佛書固不可，出於儒書亦豈可乎？鄙見若斯，然歟？否歟？

又

來書云：

來示一通，讀之深為佩服。「體用」二字，既經傳之所有，用之何害？其他如「活潑潑地」、「鞭闢近裏」之類，則語不雅馴，後學必不可用。而《中庸章句》「體用」之云，則已見於「喜怒哀樂」一節，非始於「費隱」章也。至若所謂「內典」二字，不知何出？始見於《宋史・李沆傳》，疑唐末五代始有此語，豈可出於學士大夫之口？推其立言之旨，蓋將內釋而外吾儒，猶告子之外義也，猶東漢之人以《七緯》為內學，以《六經》為外學也。莊子之書，有所謂「外物」、「外生」、「外天下」者，即來教所謂「馳心虛寂」也。而君子合內外之道者，固將以彼為內乎？

「體用」二字相連並稱，不但《六經》之所未有，即《十三經注疏》亦未有也。以之解經作傳，始於朱子。一見於「未發」節，再見於「費隱」暨「一貫忠恕」章。其《文集》、《語類》二編所載，尤不一而足。「活潑潑地」乃純

金輔之《禮箋》云〔註13〕：「孫武言興師十萬，不得操事者七十萬家。彼

公偶舉禪語，形容道體，「鞭闢近裏」亦藉以導人斂華就實，似無甚害。若以語不雅馴，則「活潑潑地」可諱，而「鞭闢近裏」一言實吾人頂門針、對症藥。此則必不可諱。不惟不可諱，且宜揭之座右，出入觀省，書之於紳，觸目警心。「內典」二字，出於蕭梁之世。是時武帝崇佛，一時士大夫從風而靡，以儒書為外盡人事，佛書則內了心性。內典之目，遂昉於此。歷隋、唐、宋、元以至於明，凡言及佛書，多以是呼之。視漢人以《元命苞》、《援神契》等七緯為內，尤不當內之內矣。然亦彼自內其內，非吾儒之所謂內也。彼之所謂內，可內而不可外。吾儒之所謂內，內焉而聖，外焉而王，綱常藉以維持，乾坤恃以不毀，又豈可同年而語！故內典之呼，出於士君子之口，誠非所宜，當以為戒。《莊子》「外物」、「外生」、「外天地」，良亦忘形脫累之謂，似非「虛寂」之謂也。老子言「致虛極，守靜篤」，《莊子・齊物論》成心有見而不虛之謂，未成心，則真性虛圓，天地同量，此後世談虛之始。然與佛氏之虛寂，又自不同。蓋老、莊之虛，是虛其心，而猶未虛其理；佛氏之虛寂，則虛其心，而並欲虛其理，捨其昭昭而返其冥冥，雖則寂然不動，而究不足以開物成務以通天下之故。此佛氏所以敗常亂倫，而有心世道者，不得不為之辨正也。

又

來書云：

生平不讀佛書，如《金剛經解》之類，未曾見也。然「體用」二字並舉而言，不始於此。魏伯陽《參同契》首章云：「春夏據內體，秋冬當外用。」伯陽，東漢人也，在惠能之前。是則並舉「體用」，始於伯陽，而惠能用之，朱子亦用之耳。朱子少時嘗注《參同契》，而「剛柔為表裏」，亦見於《參同契》之首章，惟「精粗」字出《樂記》。此雖非要義，然不可以朱子為用惠能之書也。至於明道存心、經世宰物之論，及表章《崇正辨》、《困知記》二書，吾無間然。

不讀佛書固善，然吾人祇為一己之進修，則《六經》、《四子》及濂洛關閩遺編，盡足受用。若欲研學術同異，折衷二氏似是之非，以一道德而砥狂瀾，釋典、玄藏亦不可不寓目。闢如鞠盜者，苟不得其贓之所在，何以定罪？《參同契》，道家修仙之書也。禪家之所不肯閱，兼惠能生平絕不識字，亦不能閱，其所從入，不繇語言文字，解經演法，直抒胸臆，而謂用之《參同》，竊所未安。朱子弱冠，未受學延平時，嘗從僧開謙之遊，以故蚤聞其說。《參同》之注，乃訓定《四書》多年之後。六十八歲，黨禁正熾之際，蔡西山起解道州，朱子率及門百餘人餞於蕭寺。瀕別，猶以《參同》疑義相質，事在慶元二年冬，非少時注也。況伯陽本納甲作《參同》，所云「二用無爻位，周流遊六虛」及「春夏秋冬，內體外用」之言，皆修鍊工夫次第，非若惠能之專明心性，朱子之專為全體大用而發也。然此本無大關，辨乎其所不必辨。假令辨盡古今疑誤字句，究與自己身心有何干涉？程子有言：「學也者，使人求於本也。不求於本而求於末，非聖人之學也。」何謂求於末？考詳略，採異同是也。而《淮南子》亦謂「精神越於外，而事復反之。」是失之於本而索之於末，蔽其玄光而求知於耳目也。區區年踰知命，所急實不在此。因長者賜教，誼不容默，悚甚愧甚。

〔註12〕 眉批：「佛學」、「論學」。

〔註13〕 見清・金榜《禮箋》卷一《周官軍賦》。

以八家賦出一卒，七家相與共其用，故云不得操事。是猶略具周人任民遺意。」
後世讀孫武書者，當知必能用周禮，而後可與言兵法也。〔註14〕

　　楊鼎岫《玉堂薈記》〔註15〕記明進士稀姓，如上、茂、卣後改陝。仵、院、

〔註14〕眉批：「諸子」、「武學」。
〔註15〕清‧楊士聰《玉堂薈記》卷二：
　　應劭《風俗通》記稀姓十餘人，皆為太守。或以為非實，然不必非實也。《南
部新書》言唐太中以來，禮部發榜，歲取二三姓氏稀僻者，謂之榜花。余攷洪
武以來登第稀姓，四年辛亥則有智審、〔元氏人。〕介朱欽，〔富平人。〕永樂
十三年則有巴鏞，〔江西都昌人。〕宣德五年則有薩琦，〔□□人。〕正統十三
年則有越堅，〔□□人。〕景泰五年則有上泰、〔江夏人。上字與尚異。〕茂彪、
〔襄陽人。〕聊讓，〔蘭州人。〕天順元年則有上志，〔朝邑人。與泰又異省。〕
七年則有卣茂，〔公安人。殿試改為陝。崇禎年，公安有陝嗣宗。〕成化二年則
有乙暄、〔海州人。〕沃頮，〔定海人。〕五年則有勒璽，〔曹縣人。〕八年則有
閻鈺、〔涇州人。〕蘭玉，〔趙人。〕十一年則有仰升、〔無為州人。〕滑浩，
〔太醫院人。〕十四年則有才寬、〔遷安人。〕鈕清、〔會稽人〕茆欽，〔盧龍
人。〕二十年則有稅新，〔四川南豁人。〕二十三年則有仵紳、〔蒲坼人。〕弋
福，〔代州人。〕弘治六年則有蔚春，〔合肥人。〕院賓，〔順天人。院字與苑
異。〕閻潔、〔涇州人。〕仰儒，〔餘杭人。與仰升又異省。〕九年則有汝泰，
〔吳江人。〕十二年則有牧相，〔餘杭人。〕十五年則有訾綏，〔朔州人。〕正
德元年則有堯弼，〔內江人。〕三年則有銀鏡，〔忻州人。〕六年則有頓銳，〔涿
州人。〕九年則有底蘊、〔考城人。〕及宦，〔交河人。〕十二年則有仵踰，〔蒲
坼人。〕十五年則有俎琚、〔磁州人。〕眭弦、〔武進人。眭音須。〕初杲，〔潛
江人。〕嘉靖二年則有阿其麟，〔代州人。〕五年則有拱廷臣，〔桂林人。〕八
年則有眭燁、〔丹陽人。與弦異縣。〕郯鼎，〔太倉人。〕十一年則有承林，〔德
州人。〕十七年則有汝齊賢、〔吳江人。〕順境，〔武昌人。〕步允遷、〔薊州
人。〕卿文瑞、〔公安人。〕萬寶，〔滕縣人。〕二十年則有鈕緯、〔會稽人。〕
弋中和，〔南充人。與福異省。〕二十九年則有操守經，〔浮梁人。〕三十二年
則有鈔介，〔彰德人。〕三十五年則有操時賢，〔浮梁人。〕隆慶二年則有咸懷
良，〔萊陽人。〕五年則有由禮門。〔杞縣人。〕令狐氏，唐宰相族也。當時以
門族單少，有相認者即收之，甚至姓胡人亦冒稱令狐。或嘲以詩曰：「自從元
老登庸後，天下諸胡盡帶令。」萬曆中有進士令狐泌，近日有新城令令狐輝，
不知其為宰相之後否。以上四十餘姓，皆從會試錄得之，非傳疑也。又益都有
郇姓，本《毛詩》「郇伯勞之」之「郇」，乃音環，不音旬。郯城有樵姓，〔樵音
卓。〕亦巨族也。黃縣有淳于，即髡之後，歷代墓具存，大顯於唐，碑表相望，
今族屬千餘人，而無業儒者。范黃縣云然。又山東有舉人眭珅，唱名之際，二
字俱不識，乃自言音雖沖，又非不識甄盎之比也。其不繫士紳者，稀僻之姓所
在而是，又不可盡記也。按：洪武中，曾禁胡姓，一時或改就漢姓。如元姓者，
人以為元字而伸其下。然今元姓侭多元人，非元姓也，如慕容、赫連、拓跋之
類，今世絕無。彼雖胡姓，相沿已久，不妨與漢姓兩存。禁令一出，或因而改
者多矣。至於胡人賜姓，如恭順侯之吳，實繁有徒，奕世而後，安知其所自出？
又不如漢自漢，胡自胡之為愈也。

－295－

銀、底、俎、阿、順、蒿、禮、操、鈔等姓，誠不多見。其餘如才、稅、仰、
勒、沃、訾數姓，余皆親見其人。若初、鈕、戈、承等姓，則本朝頗有名人，
不復為冷族矣。又云：「益都有邧姓，乃音環，不音旬。郯城有槔姓音卓。亦巨
族也。又山東有舉人姓睢，自云音雖。」近周荇農閣學《思益堂日札》亦錄本
朝進士稀姓，如青、侶、昂、戰、須、叱、祕、緱、侍、要之類。〔註16〕其
拱姓，則明拱廷臣，本朝拱翊勛，皆桂林人。薩、黏姓等，則由色目人改，無
足異也。余前冊頗記稀姓，故並錄兩家之說。〔註17〕

〔註16〕清·周壽昌《思益堂日札》卷九《名異姓異》：

古人命名，不拘忌諱。魏黑卵，見《列子》。魯子惡、叔孫婼、衛侯燬、衛侯
惡、史狗、右宰丑、虢犬、虢公丑、鄭伯薑、堵狗、晉黑臀、衛髡頑、獳羊
肩，見《左傳》。祝腎，見《莊子》。司馬狗，見《漢書·人表》。招涉、掉尾，
見《功臣表》。唐李蝲蛆，郝牛屎，見《北夢瑣言》。李瘸驢、郭蝦蟆、刑部
郎中海狗、胡沙虎、子豬糞，見《金史》。紇石烈豬狗，見《遼史》。醜驢、
石抹狗狗、郭狗狗、寧堵狗，見《元史》。至以狗兒名者，歷代多有之，不獨
司馬相如名犬子也。五代時，南楚有彭仕愁，明宗室有朱慈愁，皆不以不祥
為諱。本朝《進士題名碑錄》，滿人中有娃爾答和尚、豈他八拜、〔俱順治乙
未。〕白小子、〔康熙癸丑。〕五哥、〔康熙甲戌。〕常哥、〔康熙丁丑。〕騷
達子、〔康熙丙戌。〕蠻子、〔雍正甲辰。〕漢人中有王世噩、〔順治丁亥。江
南鹽城人。〕惠黿嗣、〔康熙辛未。陝西當平人。〕李世傛〔乾隆丙戌。陝西
三原人。〕諸名。榜花各姓，則有青伯昌、〔順治丙戌。河南洛陽人。〕侶鷟
舉、〔順治己亥。直隸清豐人。〕賽玉紘、〔康熙丁未。山東靖海衛人。〕茆
薦馨、〔康熙己未探花。浙江長興人。〕昂天翮、〔康熙乙丑。江南合肥人。〕
戰殿邦、〔康熙乙丑。山東膠州人。〕雒倫、〔康熙甲戌。河南武陟人。〕須
州、〔康熙己丑翰林。江南武進人。〕叱騊、〔雍正癸卯。陝西蒲城人。〕秘
象震、〔雍正甲辰。直隸故城人。〕緱山鵬、〔乾隆甲戌。陝西鄜州人。〕拱
翊勛、〔乾隆丁丑。廣西桂林人。〕侍朝、〔乾隆庚辰。江南泰州人。〕黏克
升、〔乾隆戊戌。福建晉江人。〕要問政〔乾隆甲辰。山西太谷人。〕諸人。
光緒丙子會試榜，有酒龍章、直隸人。其以異域取名者，滿人有喀爾喀。〔康
熙辛未翰林。〕其名類閨秀者，廣東有佘豔雪。〔康熙己未翰林。〕

〔註17〕眉批：「氏族。」

按：稀姓又稱「冷姓」。《蒠楚齋續筆》卷二（第354~355頁）：

世間冷姓，以予所知者記之。丹徒縣有冷、睦二姓。冷士嵋為明末遺老，頗
著名於時，冷氏即其裔也。睦氏墓誌，見於包慎伯明府世臣《藝舟雙楫》附
錄中。予曾詢姓睦者，自言其姓讀與「須」字同音。合肥縣有閼、者二姓。
閼澤見於《三國志》，其來已遠。者貴隨先文莊公剿平撚匪，官至記名提督。
京師廊房頭條胡同，招牌有「遁氏金丹」四字，是以「遁」為姓矣。定遠方
小東太守桂芬，言其友人有乜、買、開、連等姓。乜為河南縣大族，不下數
萬人，土人呼乜為某。輝發縣有廷姓。廷樾字雅南，官建陽縣知縣，廷樾字
芳字，官至鹽運使。樾撰《報好音齋文稿》三卷，同治八年仲冬刊本，雖名

《玉堂薈記》云〔註18〕：「韓城之死，止坐贓九千兩。」查慎行《人海記》云〔註19〕：「韓城薛相國不良死，坐贓五萬，籍其家，纔六百金。」

《文稿》，實為《易》學管窺。復有《陰符經臆說》一卷，則未見。儀徵朱石梅□□銘輯《四白齋唱和集》一卷，光緒元年刊本，中有江都縣鴉鴻謨，字晡生，和詩四首，鴉姓亦為罕見。

〔註18〕見《玉堂薈記》卷一：
韓城之死，止坐贓九千兩，將何以處夫嚴分宜也？韓城之陰賊險狠，死有餘辜，但不正名其罪，而以懸坐之贓殺之，何以服人？刑政之不平，無甚於此者矣，余非為韓城訟冤也。未幾而有宜興之事，分明殺得手滑，後來何所底止。

〔註19〕清・查慎行《人海記》卷下《韓城坐贓》：
韓城薛相國國觀不良死，坐贓五萬，籍其家財，六百金。所居廳事三間，共室四進，並世產也。惟好使氣，故鄉人不附。朱右君述霍魯齋語。

又，清・談遷《北遊錄・薛國觀》：
韓城薛相國不良死，坐贓五萬，籍其家財，六百金。所居廳事三間，共室四進，並世產也。好使氣，故鄉人不附。霍魯齋先生說。

《明史》卷二百五十三《薛國觀傳》：
先為首輔者，體仁最當帝意，居位久。及張至發、孔貞運、劉宇亮繼之，皆非帝意所屬，故旋罷去。國觀得志，一踵體仁所為，導帝以深刻，而才智彌不及，操守亦弗如。帝初頗信響之，久而覺其奸，遂及於禍。

始帝燕見國觀，語及朝士貪婪。國觀對曰：「使廠衛得人，安敢如是。」東廠太監王德化在側，汗流沾背，於是專察其陰事。國觀任中書王陛彥，而惡中書周國興、楊余洪，以漏詔旨、招權利劾之，並下詔獄。兩人老矣，斃廷杖下，其家人密緝國觀通賄事，報東廠。而國觀前匿史𥖸所寄銀，周、楊兩家又誘𥖸蒼頭首告。由是諸事悉上聞，帝意漸移。

史𥖸者，清苑人。為御史無行，善結納中官，為王永光死黨。巡按淮、揚，括庫中贓罰銀十餘萬入己橐。攝巡鹽，又掩取前官張錫命貯庫銀二十餘萬。及以少卿家居，檢討楊士聰劾吏部尚書田唯嘉納周汝弼金八千推延綏巡撫，𥖸居間，並發𥖸盜鹽課事。𥖸得旨自陳，遂訐士聰，而鹽課則請敕淮、揚監督中官楊顯名核奏。俄而錫命子沆訐𥖸，給事中劉焜芳復劾𥖸侵盜有據。又嘗勒富人於承祖萬金，事發，則遣家人齎重賞謀於點吏，圖改舊籍。帝乃怒，褫𥖸職，𥖸急攜數萬金入都，主國觀邸。謀既定，出疏攻焜芳及其弟炳芳、煒芳。閣臣多徇𥖸，擬嚴旨，帝不聽，止奪焜芳官候訊。及顯名核疏上，力為𥖸解，而不能諱者六萬金；𥖸下獄。會有兵事，獄久不結，瘐死。都人籍籍謂𥖸所攜貲盡為國觀有，家人證之，事大著。國觀猶力辨𥖸贓為黨人構陷，帝不聽。

帝初憂國用不足，國觀請借助，言：「在外群僚，臣等任之；在內戚畹，非獨斷不可。」因以武清侯李國瑞為言。國瑞者，孝定太后兄孫，帝曾祖母家也。國瑞薄庶兄國臣，國臣憤，詭言「父貲四十萬，臣當得其半，今請助國為軍貲」。帝初未允，因國觀言，欲盡借所言四十萬者，不應則勒期嚴追。或教國瑞匿貲勿獻，拆毀居第，陳什器通衢鬻之，示無所有。嘉定伯周奎與有連，代為請。帝怒，奪國瑞爵，國瑞悸死。有司追不已，戚畹皆自危。因皇五子

〔註20〕

《人海記·元旦朝儀》〔註21〕：「五鼓駕，親祭堂子，各官俱朝服於午門外送。」今祭堂子大約在四鼓，各官亦無迎送禮，又宮嬪公主皆行禮於乾清宮殿庭，亦與今異。〔註22〕

《澠水燕談錄》卷七〔註23〕：「趙文度，青州人。名犯太祖上一字。清泰三年進士第六人及第。能詩，有《觀光集》傳於世。」徐星伯《唐登科記》，是年〔註24〕進士十三人，高頔、趙宏、漁陽人。衛融，而趙匡失載。〔註25〕

李蒓客御史《荀學齋日記》云：「《容齋續筆》『姑舅為婚』一條云〔註26〕：『姑舅兄弟為婚，在禮法不禁，而世俗不曉。案《刑統·戶婚律》云：『父母

病，交通宦官宮妾，倡言孝定太后已為九蓮菩薩，空中責帝薄外家，諸皇子盡當殀，降神於皇五子。俄皇子卒，帝大恐，急封國瑞七歲兒存善為侯，盡還所納金銀，而追恨國觀，待隙而發。

國觀素惡行人吳昌時。及考選，昌時虞國觀抑己，因其門人以求見。國觀偽與交歡，擬第一，當得吏科。迨命下，乃得禮部主事。昌時大恨，以為賣己，與所善東廠理刑吳道正謀，發丁憂侍郎蔡奕琛行賄國觀事。帝聞之，益疑。

十三年六月，楊嗣昌出督師，有所陳奏。帝令擬諭，國觀乃擬旨以進。帝遂發怒，下五府九卿科道議奏。掌都督府魏國公徐允禎、吏部尚書傅永淳等不測帝意，議頗輕，請令致仕或閒住。帝度科道必言之，獨給事中袁愷會議不署名，且疏論永淳徇私狀，而微詆國觀貌肆妒嫉。帝不懌，抵疏於地曰：「成何糾疏！」遂奪國觀職，放之歸，怒猶未已。

國觀出都，重車累累，偵事者復以聞。而東廠所遣伺國觀邸者，值陛彥至，執之，得其招搖通賄狀。詞所連及，永淳、奕琛暨通政使李夢辰、刑部主事朱永祐等十一人。命下陛彥詔獄窮治。頃之，愷再疏，盡發國觀納賄諸事，永淳、奕琛與焉。國觀連疏力辨，詆愷受昌時指使，帝不納。

至十月，陛彥獄未成，帝以行賄有據，即命棄市，而遣使逮國觀。國觀遷延久不赴，明年七月入都。令待命外邸，不以屬吏，國觀自謂必不死。八月初八日夕，監刑者至門，猶鼾睡。及聞詔使皆緋衣，蹶然曰：「吾死矣！」倉皇覓小帽不得，取蒼頭帽覆之。宣詔畢，頓首不能出聲，但言「吳昌時殺我」，乃就縊。明日，使者還奏。又明日許收斂，懸梁者兩日矣。輔臣戮死，自世廟夏言後，此再見云。法司坐其贓九千，沒入田六百畝，故宅一區。

國觀險忮，然罪不至死，帝徒以私憤殺之，贓又懸坐，人頗有冤之者。

〔註20〕眉批：「掌故。」
〔註21〕見《人海記》卷下。
〔註22〕眉批：「掌故。」
〔註23〕見宋·王辟之《澠水燕談錄》卷七《歌詠》。
〔註24〕眉批：「是年即天禧元年。」
〔註25〕眉批：「又。」
〔註26〕見《容齋續筆》卷八《姑舅為婚》。

之姑舅、兩姨姊妹及姨若堂姨、案：父母之姑舅、兩姨姊妹者，謂父母之姑所生女，舅所生女，兩姨所生女，皆於父母為姊妹也。姨字皆指從母。母之姑、堂姑，己之堂姨及再從姨、堂外甥女、女婿姊妹，竝不得為婚姻。」議曰：『父母姑舅、兩姨姊妹，於身無服，乃是父母緦麻，據身是尊，故不合娶。及姨又是父母小功尊；若堂姨雖於父母無服，亦是尊屬；母之姑、堂姑，竝是母之小功以上尊；己之堂姨及再從姨、案：此下當云「竝是母之緦麻」。以上「親據身是尊」，今有脫文。《唐律疏義》亦如是，不可曉。堂外甥女亦謂堂姊妹所生者、女婿姊妹，於身雖竝無服，據理不可為婚。竝為尊卑混亂，人倫失序之故。』然則中表兄弟姊妹正是一等，其於婚娶，了無所妨。政和八年，知漢陽軍王大夫申明此項，敕局看詳，以為如表叔取表姪女、從甥女嫁從舅之類，甚為明白。今州縣官書判，至有將姑舅兄弟成婚而斷離之者，皆失於不能細讀律令也。」慈銘案：此所引《刑統》自『父母之姑舅』至『人倫失序』，皆本《唐律疏義》之文。《疏義》此上一條明注云：『其外姻雖有服，非尊卑者為婚，不禁。』可無疑於姑舅兄弟之為婚矣。周道百世婚姻不通，是周婚制最嚴。而《召南‧何彼襛矣》之詩美王姬下嫁云：『平王之孫，齊侯之子。』毛《傳》：『平，正也。武王女，文王孫，適齊侯之子。齊侯當是呂伋。』蓋武王女適丁公子乙公得，正是姑舅兄弟為婚也。」此條可解紛紜之說。如近世劉榛《答婚禮問》，猶以律為言〔註27〕，亦可謂未曾細讀者也。〔註28〕

〔註27〕清‧劉榛《虛直堂文集》卷十三《答昏禮問》三篇，其一曰：
客問：「娶妻不娶同姓，何謂也？」曰：「先儒云為其近禽獸也。禽獸不知嫌微之別，人烏可無別也？客曰：異姓其皆無嫌乎？」曰：「外姻為昏，有以奸論者矣。」客曰：「雖然，中表之行，近世士大夫皆用之，或猶可許也？」曰：「在律：昏姑舅兩姨姊妹者，杖八十，離異。安在其可哉？先王制禮遠嫌而養恥，又立之科條以防不然，蓋所以扶進斯民，於人道者至嚴而不可犯矣。夫所謂同姓者，猶無親之稱耳。若吾父姊妹之子，不猶之兄弟之子乎？吾母兄弟姊妹之子，不猶之吾父兄弟姊妹之子乎？人知同姓兄弟之子不可昏，而不知異姓兄弟姊妹之子不可昏，其何異置烏喙而啖側子耶？」客曰：「彼世昏者皆非歟？」曰：「疏而無服者可也。姑舅兩姨兄弟姊妹相為服緦麻，乃亂之以昏姻，而期且斬焉，如禮何？」客曰：「吾黨有女，養於他人，謂可解中表之跡而昏之，然歟？」曰：「買妾不知其姓則卜之。不知者猶卜，知而假人以免，夫誰欺？」客曰：「舉世行之，未聞有用離異之律者。或居今而亦可從俗也？」曰：「俗之可從事之，無害於義爾。斁倫敗禮，相率而畔於人群，可乎？盜徼幸而未發，曰未見有律盜者，盜顧可為乎哉？」
〔註28〕眉批：「李日記。」

　　菀客日記數十冊，尚未刊。其中論時事，記掌故，考名物，皆有可採。
恩恩閱過，未能甄錄，頗覺可惜。茲就其《苟學齋》一種中，略採數條，以
著梗概。其日記數年輒改一名，有《越縵堂》、《孟學齋》、《桃花聖解齋》諸目。其考據詩詞
等作，必將付刊。故余特略鈔其記時事者。

　　乙卯三月三十日錄邸鈔，注云：「聞李炳勳之罪，死不足贖。其私和命案，
賄賣官職，俱鑿鑿有據。自惇邸以下，大學士寶鋆、載齡，尚書毛昶熙、萬青
藜、李鴻藻等皆與之親暱，而鴻藻尤狎之，不止賀壽慈一人也。滿洲大僚無不
納交者。其造宅也，挾諸貴之勢，逼死其鄰之老漆工，人無不知之。凡奏參查
辦之重案，多為之夤緣消弭，居間取賄。外省大吏入京，無不以重金委之。張
佩綸之疏下，朝士過慰之者，車數百輛，廠市為之塞道。今之定讞，投鼠忌器，
避重就輕。所入爰書者，實皆市井本分之事，不特舍放飯流歠而問無齒決也。」

　　八月十一日，邸鈔：單懋謙卒於家。注云：「懋謙在翰林，以不學聞。廣
東英夷之警，懋謙以祭酒視學，託疾歸。宣宗甚怒之，密記御屏，有永不起用
之旨。咸豐末，以見惡於巡撫胡文忠，不得已入都門，馴至大用。庸庸尸位，
朝論亦輕之，乃告歸。」單卒後，託孫壽州〔註29〕師為墓誌。師轉屬余閱其行述，竟無
一事可紀者。菀客之言不誣也。

　　十四日，吏部左侍郎成林卒。注云：「成林，鑲白旗，滿州人。字竹坪。
咸豐乙卯舉人。貪競猥鄙，士林羞伍。其語言猥褻，京師多傳之以為笑柄。年
甫四十，忽暴疾死。」余按：成林出高麗文氏肅府包衣旗也。其猥鄙誠然。然
長樂初將軍長善，他塔喇氏。〔註30〕嘗言田興恕之獄，禍幾不測。時成林為總理

〔註29〕《清史稿》列傳二百三十《孫家鼐傳》：「孫家鼐，字燮臣，安徽壽州人。」
〔註30〕清·文廷式《文道希先生遺詩·讀芝隱室集追懷樂初將軍〔公諱長善，他塔
　　　喇氏。滿洲鑲紅旗人〕》：
　　　征南幕府久相依，作賦論兵自一時。跌宕琴尊狂客聚，〔公任廣州將軍，署有
　　　壺園，亭館極美，花樹華蔚。公又好客。公子姪伯愚、仲魯兩翰林，皆英英
　　　逾眾，賓從多淵雅之士。如張編修鼎華、於兵部式枚、梁編修鼎芬暨予，皆
　　　尤密者也。〕雍容裦帶士人師。〔公任廣州時，為駐防旗人奏加舉額，又設明
　　　達書院，親為校閱。粵中駐防科第之盛，甲於各省，其明效也。〕遺詩酷似
　　　蘇和仲，〔公錄坡公詩，讀之成誦者千餘首，故所作類之。〕銘墓吾慚杜牧之。
　　　〔滿洲大臣，自乾隆以來，相率於墓前刻御製碑文，而墓誌、神道之類皆不
　　　用。予嘗語伯希祭酒，以為後世欲聞滿洲者舊行事功烈，殆無可徵也。〕長
　　　憶春明驅馬日，淚痕點點落衣緇。〔予丙戌落第出都，與公別。公曰：『吾年
　　　暮多病，爾無事早來，慮不及相見也。』後雖於丁亥、戊子間仍相從八閱月，
　　　然此語淒感心脾，終不能忘矣。〕

衙門章京，領班具稿力爭，且率同列共爭，乃得從寬典，則亦一事可取者矣。

十月二十九日，英桂卒。注云：「英桂，赫舍哩氏，字香嚴。道光辛巳繙譯舉人。今年以重宴鹿鳴，加太子太保，年七十九，以前日卒。其弟英樸先十餘日死。兄弟驕淫貪鄙，而樸尤劣」云。

十一月二十九日，記云：「妄人趙之謙者，亡賴險詐，素不知書。以從戴望、胡澍等遊，略知一二目錄，謂漢學可以當腐鼠也。亦竊購奇零小書，以自誇炫。嘗得錢竹汀《庸言錄》寫本，不知其已刻也，深祕之，改造書名，冒為己作以示人。」

十二月初二日，閱《鄒叔績遺書》云：「前刻楚人王闓運所為傳〔註31〕，意求奇崛，而事蹟全不分明，支離蕪雜。此人盛竊時譽，唇吻激揚，好持長短，雖較趙之謙，稍知讀書詩文，亦較通順，而大言詭行，輕險自炫，亦近日江湖傖客一輩中人也。日出冰消，終歸朽腐。姑記吾言，以諗後來而已。」

初十日，邸鈔：議崇厚條約。注云：「先是，會議總理各國衙門王大臣皆迴避，軍機皆兼總理者亦迴避。而今復詔與議，蓋政府以避事為取巧也。今日召〔註32〕見大學士載齡及六部堂官、三四品京堂，而獨不及萬青藜，朝廷亦燭其隱矣。少詹黃體芳被召不至，次日請議處。五品京堂亦有召見者，科道惟余上華一人。」〔註33〕

庚辰四月二十七日晡，詣繩匠胡衕，謁座師兵部許侍郎應騤。此公以不學名，語言甚鄙，而驟由翰詹躐躋九列。甫以甘肅學政還都，即主會試。國朝兩廣人無得會總者，外間皆言其有捷徑，所未詳也。〔註34〕

「五月初七日卯刻，進乾清門，引見於養心殿。天顏咫尺，香惹御鑪。二聖〔註35〕垂簾，黃雲夾宸。時方雨甚，水溢玉除，陛衛盛陳，諸貴露立，冠服如濯。同班中有傾跌者。向例東華門止鐙，景運門止繖扇今日引見諸人，有攜鐙入景運門者，有持繖上乾清門者。至傳宣時，大臣或持繖至養心殿門，而乾清宮侍衛皆戴雨帽，班立門下。」蓋朝儀之寬，為已極矣。〔註36〕

〔註31〕清·王闓運《湘綺樓全集》文集卷五《鄒漢勳傳》。
〔註32〕眉批：「『召』字應空一格寫，後仿此。」
〔註33〕眉批：「又。」
〔註34〕眉批：「又。」
〔註35〕眉批：「『二聖』字應空三格。」
〔註36〕眉批：「又。」

「六月二十四日，閱《香祖筆記》。阮亭云〔註37〕：『宋故事：進士唱名，宰執從官侍立左右。有子弟與選者，唱名之後，必降階謝。康熙庚辰科選庶吉士，大學士王文靖公之孫、桐城張公敦復、禮部尚書韓公慕廬之子皆中式。及唱名，皆自陳奏，皆得邀恩入翰林，然不降階謝也。』」今則凡三品以上大員子弟朝考後，引見例得碰頭，近年復停止，而軍機處別進牌子矣。余聞張延秋編修云：同治辛未季，邦楨中式，為故總督芝昌之孫碰頭，而不入庶常。自此以後，此例遂改也。〔註38〕

八月二十四日，記云：「是月二十一日會議公摺上，內閣主稿，皆言待俄夷使臣布策至京，與之妥議。其條約中必不可從者沮之，如不肯則修戰備。而惇王、醇王、吏部尚書萬青藜、工部翁尚書少詹事寶廷、庶子張之洞、御史洪良品、徐文洞各別具疏，禮部徐尚書及侍郎祁世長合具一疏。聞惇邸、徐、祁皆主戰，余不知其詳。徐尚書曾告余云：此疏張幼樵手筆也。翁疏頗為崇厚道地。約徐同上，徐後還之，翁怒，遂獨上。兩宮〔註39〕獨召見醇邸，亦未知所言何也。總之，近日所患，在內外隔絕，上下相蒙，兩宮深居，於條約之利害不能詳知。樞府諸臣自知力小任重而不肯辭寵利，且自以為嘗平粵匪、平撚匪、平回匪，遺大投艱，皆由其籌運。視外廷新進皆不更事，於是力持己見，迴護前失，而忌人之才或出其上。頗聞其見言事之疏無不嘻笑。按：李高陽最多此病。見奏章有一字不妥者，皆摘出為笑談。此事頗近僉人小夫之為矣。嘗相謂曰：此輩以一無所知之人而欲創千古未有之事，而言事者亦實大半無知妄言，章奏亦往往可笑，所以愈格而不能入也。」當時之弊已如此，況十年後以貪如狼、狠如羊者主持國柄乎！〔註40〕

十月二十九日，邸鈔：伯彥訥謨詁母庸管理神機營事務。注云：此以南苑大操事也。自八月初，都統穆騰阿等赴南苑秋操，至是月二十一日回京閱。二十六日，伯彥訥謨詁奏請誅一已革驍騎校。或云：伯王主操政過嚴，士多怨。此人以犯令革，復求見。搜其衣中有小刀，疑欲行刺，盛伯希祭酒告余云：此人實欲行刺，非疑也。杖而後誅之。或云此人故刁悍，橫於軍中，而為朱邸所眷，伯希云：其母為邸中浣衣婦，其言得入耳。恃此嫚忤犯，故被誅。誅之次日，其

〔註37〕見清‧王士禎《香祖筆記》卷六。
〔註38〕眉批：「又。」
〔註39〕眉批：「『兩宮』字應空三格，後仿此。」
〔註40〕眉批：「又。」

母及妻子皆服毒死於伯王之門。此言恐不盡確。醇邸以聞，始有此論。〔註41〕

十一月初九日，聞昨日晡時，有人衣青布裝直入慈寧宮門，至體元宮西

〔註41〕徐一士《一士談薈・庚辰午門案〔附述神機營事〕》：
醇王奕譞同治間管理神機營事務，佩帶印鑰。德宗嗣統，解各職，乃代以伯
彥訥謨詁，〔蒙古親王，僧格林沁子〕諭稱：「醇親王辦理多年，經武整軍，
著有成效，仍將應辦事宜，隨時會商。」迨光緒庚辰十月，復以醇王奕譞代
伯彥訥謨詁，〔二十九日懿旨：「醇親王奕譞著管理神機營事務，佩帶印鑰。
寶鋆並著管理該營事務，伯彥訥謨詁毋庸管理。」〕以伯彥訥謨詁因事被糾也。
翁同龢是月二十二日日記云：「是日伯王奏：神機營馬兵□□挾刃尋死，請即
正法，抑交刑部。奉旨按軍法從事。〔未見明發。〕二十九日記管理神機營
之更易，謂：「昨醇邸有封事，大略言正法馬兵，未免過刻也。」又李慈銘是
日日記云：「此以南苑大操事也。自八月初都統穆騰阿等赴南苑秋操，至是月
二十一日回京。二十六日聞伯顏訥謨詁奏請誅一已革驍騎校。或云：伯王主
操過嚴，士多怨，此人以犯令革，復求見，搜其衣，中有小刀，疑欲行刺，
〔按：文廷式選錄李氏日記，此處加批云：「盛伯希祭酒告余云：『此人實欲
行刺，非疑之也。』」〕杖而後誅之。或云：此人故刁悍，橫於軍中，而為朱
邸所眷。〔按：文氏批云：「伯希云：『其母為邸中浣衣婦，其子得入耳。』」〕
恃此屢忤犯，故被誅。不能詳也。誅之次日，其母及妻子皆服毒，死於伯王
之門。〔按：文氏云：「此言恐不盡確。」〕醇邸以聞，始有此論云。」〔李有
《詠史》云：「貙劉五柞設和門，神策由來七校尊。虛說霍光搜挾刃，竟聞胡
建劾穿垣。南軍日造黃龍艦，東府親持白虎幡。講武驪山原故事，銀刀組甲
久承恩。」亦指此。〕文廷式《聞塵偶記》云：「伯彥訥謨詁，僧忠親王之子
也，管神機營，執法嚴。有兵丁犯法者，革之。其人懷刃刺行，事泄，將戮
之，而其人之母乃為醇府乳嫗，因是求訴，遂得不死。俄而醇邸復位神機營，
人咸樂醇邸之寬而憚伯彥訥謨詁之嚴，醇邸亦由是惡之。及西邊事亟，言官
屢請聯絡蒙古，以衛邊陲。醇邸曰：『此不過為伯彥訥謨詁開路耳。』卒置不
用。」所記情事，間有異同，大體可參閱。神機營為天子禁旅，領以親貴重
臣，視之甚重，而積久弊叢，整飭殊難。《聞塵偶記》云：「今神機營之制已
三十三年，而甲午出兵，疲癃殘弱，無異往昔。剛毅以廣東巡撫初入樞廷，
又請每旗擇壯丁加以操練。上曰：『汝習聞舊論，不知八旗之兵今日已無可練
習。』聖明獨照，固深知積弊之未易除也。」又云：「甲午之秋，神機營出兵，
有遇蘆溝橋者，見其前二名皆已留髯，第三名則十一二齡之童子也，餘多衣
褌不周體，蹲踞道旁，不願前進。遇之者口占一詩，有『相逢多下海，〔京師
呼髯為下海，海字疑髯字轉音。〕此去莫登山』之句，蓋兵出防山海關，故
借點山海二字云。」醒醉生〔汪康年。〕《莊諧選錄》卷二云：「法越之役，
醇賢親王將命神機營出征以耀武。許恭慎公知其不可，而難於發言，因作書
與王雲，以王之訓練有素，必所向克捷，惟慮南北水土異宜，且聞彼地煙瘴，
倘兵士遭癘瘴，有所折挫，不特於天威有損，且於王之神武亦恐有所關礙。』
於是王大省悟。次日見恭慎曰：『汝言大是。且兵士以戰死，固其分，若以瘴
死，使致損挫，豈不笑人，吾已止是命矣。』由是王益敬服恭慎云。」均言
神機營之不可用。

煖閣下，持煙筒吸煙。時慈禧皇太后將進膳，聞欬聲，問誰何。曰：「我內監。」執之，詢所來，曰：「自天上來。」「來何為？」曰：「來放火。」此異事也。先是九月初，乾清宮徹涼棚有火藥鋪席上，及藏引火具於架間者。有旨以內監交慎刑司嚴鞫，尚未得實。今又有此事。其如陳持弓之犯鉤盾、劉思廣之入含元耶？抑監豎之黠者誘鄉愚以猾宮闈，冀緩其獄邪？抑門籍過弛，奸賈猾駔與宦寺市易狃於出入邪？〔註42〕

　　辛巳正月初三日，沈桂芬卒。注云：「內閣擬諡文清、文勤、文端、文恪，旨出諡文定。」按：論旨稱「桂芬清慎忠勤，老成端恪」〔註43〕，是以內閣

〔註42〕徐一士《一士談薈·庚辰午門案》：
　　陳、張之疏，均言及劉振生闖入宮禁暨禁中天棚發見火藥事。劉振生案，事在十一月初八日。火藥案，事在九月初三日。李慈銘十一月初九日日記云：「聞昨日晡時，有人衣青布袠直入慈寧宮門，至體元宮西暖閣下，持煙筒吸煙。時慈禧皇太后將進膳，聞咳聲，問誰何，應曰我內監。執之，詢所來，曰自天上來。來何為，曰來放火。此異事也。先是，九月初，乾清宮徹涼棚，有火藥鋪席上，及藏引火具於架間者。有旨以內監進內務府慎刑司嚴鞫，尚未得實。今又有此事，其如陳持弓之犯鉤盾、劉思廣之入含元邪？抑監豎之黠者誘鄉愚以揭宮闈，冀緩其獄邪？抑門籍過弛，奸賈猾駔與宦寺市易狃於出入邪？」翁同龢九月初四日日記云：「昨日長春宮天篷內屋棱中有火藥一二斤，洋取燈無數，奉旨發慎刑司嚴詰。」
　　十一月初九日云：「昨日午刻，長春宮縛出一人，張姓，本京人，住西城，直達配殿，咳唾。查究始得其人。問從何來，則滿口胡說，類病瘋者。交慎刑司訊辦。蓋自中正殿角門入宮也。〔此門自小安開後，至今為若輩出入捷徑。〕」
　　十一日云：「派軍機大臣、內務府大臣，會同刑部，審訊闖入宮禁之劉振生。」
　　十二日明發上諭：「內務府奏拿獲擅入宮內人犯，請派王大臣會同刑部審辦一摺，本月初八日宮中拿獲劉振生一犯，著即解交刑部，派軍機大臣、總管內務府大臣，會同刑部，嚴行審訊，定擬具奏。」
　　十七日諭：「擅入宮內人犯劉振生，供出係由神武門進內。宮禁森嚴，竟任令該犯走入，門禁懈弛已極，實堪痛恨。是日值班之護軍統領載鶴，交部嚴加議處。其該班章京，著即革職。兵丁即行斥革。該犯進神武門後，所有經過之處，是日值班人員，均著查取職名，交部議處。」
　　二十八日諭：「軍機大臣等奏會審擅入宮內人犯定擬請旨一摺，劉振生素患瘋疾，混入宮禁，語言狂悖，實屬罪無可逭，著照所擬即行處絞。」〔翁氏十二月初五日日記：「以劉振生闖入宮禁一案，護軍統領載鶴又侍衛十人、內務府護軍參領一人照部議均革職，餘皆革留。」〕至對閽人懲處，未見明發諭旨。因張之洞疏中請明旨宣示，故於十二月初七日懿旨附及之。天棚火藥案，則迄無明發也。
〔註43〕清·劉錦藻《清續文獻通考》卷一百六十七《群廟考二》：
　　（光緒）七年，諭協辦大學士兵部尚書沈桂芬清慎忠勤，老成端謹，加恩晉贈太子太傅，入祀賢良祠。

依此撰擬。據蒓客所記，則文定亦特諡矣。

二月初九日，閱劉雲生錫鴻。《英軺私記》二卷。雖辭筆冗俗，不如郭筠仙《使西紀程》之簡絜，而敘述甚詳。雲生，番禺人。以舉人貲郎，好為大言，依託貴要，得薦副郭嵩燾侍郎使英吉利，半年改為使德國正使。其居德，頗有口舌功。聞尚有《德軺私記》，當再借觀也。

二十五日，工部郎中鄭錫歊直隸監生。選平慶涇固道。注云：「工部漢郎中五缺，近年五監生踞之，潘駿猷、朱其煊、許景福、沈守廉及錫歊也。鑽營醜穢，靡所不為，而駿猷、景福、錫歊為尤甚。故駿猷先得道員，景福得知府，今錫歊繼得道員，冬官遂為穢區，跕班跽安，轉相師法矣。」余按：其煊，廕生；景福，歲貢。蒓客所記略誤。又選缺尚依班次，視後來之以候補道鑽謀放缺者，猶為樸拙矣。

「四月初二日，閱《古微堂外集》。自道光以來，經學之書充棟，諸儒考訂之密，無以復加。於是一二心思才智之士苦其繁富，又自知必不能過，乃創為西漢之說，謂微言大義汩於東京以後，張皇幽眇，恣肊妄言，攻擊康成，土苴沖遠，力詆乾隆諸大儒，以為章句餖飣名物繁碎，敝精神於無用。甚至謂海夷之禍、粵寇之亂釀成於漢學。實則自便空疏，景附一二古書，竊語醉酋，欺誆愚俗。其所尊者，《逸周書》、《竹書紀年》、《春秋繁露》、《尚書大傳》，或斷爛叢殘，或悠謬無徵，以為此七十子之真傳、三代先秦之古誼，復搜求乾嘉諸儒所輯之《古易注》、《今文尚書說》、《三家詩考》，攘而祕之，以為此微言大義所在也。又本武進莊氏存與之說，力尊《公羊》，扶翼《解詁》，卑《穀梁》為輿臺，比《左氏》於盜賊。蓋幾於非聖無法，病狂喪心。而所看之書不過十餘部，所治之經不過三四種，較之為宋學者尚須守五子之語錄、辨朱陸之異同，用力尤簡，得名尤易。此人心學術之大憂，至今未已也。默深才粗而氣浮，心傲而神很，恥於學無所得，乃遁而附於常州莊氏，其肊決窆談，無待駁辨。茲舉其考據之謬略繫於左，文多不錄。」余謂學術遷流，勢所必至。蒓客此說，治西漢學者亦當知之也。其前一日記，亦稱「默深為經世之學，其文筆冗昇，在竝時包慎伯、張石舟之上」〔註44〕，未嘗不深相推挹矣。

〔註44〕光緒辛巳四月初一日日記。

六月二十九日，孔憲毅撤去管理街道差使。〔註45〕注云：「街道御史自去年李璠狼籍，索賄致贓數萬。及其去也，市肆相賀。憲毅繼之，貪穢彌甚。凡修造牆屋者，皆勒索之。都中鑪商二十六家，每家索銀四百兩，被控而斥，臺綱掃地盡矣。」

七月十四日邸鈔：御史邵積誠奏工部郎中王慶鈞學習未久云云。菀客日記中，於邸鈔、諭旨，日日畢錄。注云：「慶鈞，戶部侍郎文韶之子也，童騃狂蕩。御史邵承脩前以星變陳言，劾大學士寶鋆及文韶，已言及之，特隱其名，亦不實指其幫總辦差使。其疏留中，而文韶竟不令其子引避，無恥甚矣。」

閏月初七日邸鈔：丁鶴年請禁內城茶園演戲。注云：「十剎海演劇，恭邸子貝勒載澂為之，以媚其外婦者。大喪甫過百日，即設之男女雜坐，內城傚之者五六處，皆設女坐。近聞采飾孌演，一無顧忌，載澂與所眷日微服往觀。惇邸欲掩執之，故恭邸諭指鶴年疏上。即日毀之。外城甫開茶園，一日亦罷。」

二十六日，掌河南道御史邵曰濂升內閣侍讀學士。注云：「向例：郎中、給事、御史升京堂者，先用京察一等記名之員，無記名者用一等，無一等者用二等。此次閣讀學引見給事十二人及京畿道御史二人，無一等者，吏部取資深掌科馬相如等四人居前。御史邵曰濂、李肇錫在翰林時一等次之，相如等皆冀外任，託病不至，曰濂遂竟得之。然外議謂故事，別衙門京察帶在本任者不得壓本衙門資深之員，吏部任意顛倒。又有言憲長私曰濂者，亦未能詳。然以京堂清秩而欲得本任及據戶工利藪者，均託故規避，士流無恥，國法不行，相習成風，殊堪痛恨。」

「壬午正月十六日，爽秋袁昶字。為高麗使臣，金秉善乞題其朴樸氏世講圖。圖名既不經敘次，尤可笑。蓋近日彼國人士亦甚荒陋矣。往時張香濤、吳清卿諸人噉名嗜異，喜與高麗人往還，余嘗笑之。今日縴夫小人如龍繼棟、黃國瑾等出於黔桂邊徼，羨吳、張所為，冀以惡札流佈海外，為之光價，尤可嗤也。因致書爽秋還之。」余謂與高麗人酬唱，未為大失，菀客褊衷，或亦別有所見也。

二十四日，游百川為倉場侍郎。注云：「游百川以給事中二年除至今官，與張之洞以編修不及三年至巡撫，皆近世之僅見者。張有文學，以上疏受特

〔註45〕清·朱壽朋《東華續錄·光緒四十一》：
（光緒辛巳六月己未），以干預五城事務，撤給事中孔憲毅管理街道差使。

知，然亦內有奧援。游，山東人，頗木強，雖由翰林起家，而不知書，聞其操守頗潔，然亦太速化矣。」

二月二十八日，唐炯為雲南布政使。注云：「此與徐延旭皆以道員超擢，由侍講張佩綸疏薦也。炯，貴州舉人，張之洞之妻兄。四川布政使鹿傳霖者，之洞之姊夫。徐延旭與鹿為兒女親家，故一時雜起矣。」

又編修王文錦毋庸發往山西。注云：「鍾佩賢疏言翰林為文學侍從之臣，貴近過於御史，不得供人差委。其言甚謬。乾隆中有詹事發河工差委者，咸豐初有閣學少詹發軍營差遣者。且侍從如以官言，惟侍講以上得稱之。如以職事言，惟南書房得稱之。編檢非侍從也。文錦因佩賢疏有夤緣字，負氣自陳，言翰林體制之榮，自待之重，讀書立品，同館皆可共信，亦不識人間羞恥者矣。其疏，文理亦極可笑。」

三月二十五日，四川龍安府知府王祖源升成潼龍縣茂道。注云：「王祖源，山東福山拔貢，入貲，由兵部主事選龍安府知府。忽有此授，蓋以張之洞之婦翁故。」

四月十五日，張樹聲奏請派張佩綸幫辦水師。〔註46〕注云：「群兒相貴，何時已乎？張佩綸與樹聲之子貲郎某交甚狎，故有此請。佩綸遂不與考差以待旨，不意其不行也。」按：貲郎某者，謂其子華奎，後中壬午順天鄉試，與余同年。己丑成進士。然二張之交，自此遂決裂矣。先是王文韶至天津時，樹聲已與面商。佩綸在京，亦與李協揆商妥矣。及奏入，太后不允，其謀遂變。

十七日，陳寶琛奏張樹聲擅調近臣云云。〔註47〕注曰：「狐埋狐搰，不

〔註46〕清‧朱壽朋《東華續錄‧光緒四十七》：
　　（光緒壬午四月）庚午，諭張樹聲奏請派員幫辦水師事宜並請加卿銜以示優異一摺。幫辦大員及加賞卿銜，向係出自特旨，非臣下所得擅請。張樹聲所請派翰林院侍講張佩綸赴津幫辦水師事宜，仿照吳大澂賞加卿銜之處，著毋庸議。
〔註47〕朱壽朋《東華續錄‧光緒四十七》：
　　（光緒壬午四月壬申）陳寶琛奏本月十五日奉上諭：「張樹聲奏請派員幫辦水師事宜並請加卿銜以示優異一摺，幫辦大員及賞加卿銜向係出自特旨，非臣下所得擅請。張樹聲所請派翰林院侍講張佩綸赴津幫辦北洋水師事宜，仿照吳大澂賞加卿銜之處，著毋庸議。欽此。」仰見朝廷裁抑疆臣，慎重名器之意，曷勝欽服！
　　臣惟近日督撫奏調京員，特蒙降諭申禁。日講起居注官，職司言動，制同三品，視詞臣尤為清切。該署總督貿然請派幫辦水師，並欲加卿銜以示優異，雖以幫辦略諉奏調之名，而以從臣下仿道員之例，無論體制不符，初非優異，且於二月間不得再行奏調翰林等官之詔旨實相觸背。

已甚乎！陳與佩綸互相唱和久矣。此疏以掩外人耳目也，然太難為樹聲父子矣。」

十一月初五日，王文韶開缺養親。注云：「張佩綸又兩疏劾文韶，即日召見簾前。外間傳其所對不稱旨，不能詳也文。韶自兩奉溫諭，二十九日復入直。佩綸疏亦僅摭拾浮詞，而頗歸美恭邸及大學士寶鋆。又薦閻敬銘、張之洞可任樞政。蓋之洞嘗首薦佩綸可大任，故以報之。小夫妄言，私相援引，東朝亦疑之。是月朔，召見醇邸，蓋以去留詢之也。今日給事中鄧承脩復以災變陳時政闕失四事：曰紀綱不振，威令不行，黜陟不當，賞罰不明。其紀綱一條，首及文韶入直事，由是遂罷。」

癸未正月十二日，姚姬傳《儀鄭堂記》〔註48〕為其門生孔頵軒作也。其

夫編修王文錦，篤志潛修，名不甚著。張之洞起家詞苑，指臂相需。舉爾所知，於政體尚無大礙。若張佩綸，累歲上書言事，其才識長短，久在聖明洞鑒之中，本無俟該署督冒昧疏薦。上年畿輔興辦水利，侍郎孫詒經以該侍講與張之洞均籍隸畿疆，疏請襄辦。左宗棠雖聲明請旨，初未敢擅請派往。李鴻章與該侍講素稱投契，已見於左宗棠疏中，然李鴻章議創水師，亦未敢遽請該侍講幫辦，誠以張佩綸既屬侍從之臣，又有論思之職，固非大臣所可薦揚，疆吏所得引闢也。臣與張佩綸同參講幄，其澹於榮利，臣所深知；而講求時事，見理明決，迥非臣之所及。晰此時局多艱，實願該侍講久居內職，遇事殫誠竭慮，以備採擇。若張樹聲之見，該侍講條陳水師，即令幫辦水師，雖云事屬因公，而僅窺一隅，所見已小，且究其弊，必至使建言者避干進之嫌，而不復敢抒憂時之論。此固疆吏之所甚便，而非朝廷之所樂聞也。

伏考嘉慶七年，署直隸總枝熊枚請隨帶御史費錫章幫辦事務，曾奉諭旨，責其冒昧，因通諭嗣後如有違例陳請者，即當交部議處。今講官、御史胥有言責，擅請幫辦，冒昧正同。應請旨將張樹聲交部議處，以為違例陳請者戒。

上諭：前據張樹聲奏調翰林院侍講張佩綸幫辦北洋水師事宜，當以該督擅行奏調，未允所請。茲據翰林院侍講學士陳寶琛奏張樹聲擅調近臣，實屬冒昧，請照例議處等語。張樹聲著交部議處。

〔註48〕清·姚鼐《惜抱軒詩文集》文集卷十四《儀鄭堂記》：

六藝自周時儒者有說。孔子作《易傳》，左丘明傳《春秋》，子夏傳《禮·喪服》。《禮》後有《記》，儒者頗裒取其文。其後《禮》或亡而《記》存，又雜以諸子所著書，是為《禮記》。《詩》、《書》皆口說，然《爾雅》亦其傳之流也。當孔子時，弟子善言德行者固無幾，而明於文章制度者，其徒猶多。及遭秦焚書，漢始收輯，文章制度，舉疑莫能明。然而儒者說之，不可以已也。漢儒家別派分，各為崇門。及其末造，鄭君康成總集其全，綜貫繩合，負閎洽之才，通群經之滯義。雖時有拘牽附會，然大體精密，出漢經師之上。又多存舊說，不掩前長，不覆己短。觀鄭君之辭，以推其志，豈非君子之徒篤於慕聖，有孔氏之遺風者與？鄭君起青州，弟子傳其學，既大著。迄魏，王

文以說經精善為末。又謂「雖古有賢如康成者，猶未足以限吾撝約」，其言可駮。《儀鄭堂駢文》中有《上座主桐城姚大夫書》〔註49〕，即為此記而作，其詞頗峻。蓋巽軒學問遠過其師，又服膺高密之書，宜其聞之怫然也。姬傳又為金輔之作《禮箋序》〔註50〕，有曰：「大丈夫寧犯天下之所不韙，而不為吾

肅駮難鄭義，欲爭其名，偽作古書，曲傳私說，學者由是習為輕薄。流至南北朝，世亂而學益衰。自鄭、王異術，而風俗人心之厚薄以分。嗟夫！世之說經者，不蘄明聖學，詔天下，而顧欲為己名，其必王肅之徒者與！曲阜孔君撝約博學，工為詞章，天下方誦以為善。撝約顧不自足，作堂於其居，名之曰儀鄭，自庶幾於康成。遺書告余為之記。撝約之志，可謂善矣！昔者聖門，顏、閔無書，有書傳者或無名，蓋古學者為己而已。以撝約之才，志學不怠，又知足知古人之善，不將去其華而取其實，據其道而涵其藝，究其業而遺其名，豈特詞章無足矜哉！雖說經精善，猶末也。以孔子之裔，傳孔子之學，世之望於撝約者益遠矣！雖古有賢如康成者，吾謂其猶未足以限吾撝約也。乾隆四十五年春二月，桐城姚鼐記。

〔註49〕清・孔廣森《駢儷文》卷一《上座主桐城姚大夫書》：

受業廣森再拜上言夫子大人座前：去五月十七日，領到惠制《儀鄭堂記》一首。如來鄞騎，方窮寶玦之繩；恐效津龍，遽化豐城之鍔。雕陵顧字，渙水騰文。歡喜奉持，回還誦讀。去天三尺，未喻聲高；繞極一旬，定知座起。伏惟夫子大人立言不朽，下筆為經。受書於河洛之間，講學於濂伊之表。斟裁體要，二百年史部之文；含吐風神，六一翁廬陵之集。乃若子山宮體，丁廙小文，固有類於俳優，尚恥為於執戰。而廣森藉承談末，經示端倪。以為湘水波瀾，稱言絕妙；春旗楊柳，無字可刪。既舉斯隅，自覽其切。遂得粗知偶事，強附駢聲。它日韓陵片石，免作驢鳴；樊南一編，積成獺祭。誰開閶介，即被雕杇耳矣。蝸角荒廬，蛇年草創。東鄰縈映，顧慚拙宦之居；北市囂塵，差遠小人之宅。然而方縱布武，廣不由旬；在陸疑舟，有囪似甕。雖開府小園，何嘗無賦；而長卿陋室，未必堪銘。豈意金壺副墨，石室余縑，錫以題辭，光其薖梲。入長公別集，彌榮三槐之堂；乞退之一言，便擬雙松之捨。竊惟校漢儒林，東京尚已；稱鄉先達，北海襄然。是以小己忘涯，高山仰止。低佪哲範，若見之墙；橅擬賢容，欲圖之壁。重聞命焉，曰姑舍是。賢者識大，不當囿以專家；古之離經，非徒尋夫章句。許君謹案，何掾膏肓。雜問之志，六藝之論，詎要道之微言，秖通人之鄙事。若廣森者，私淑於趙商、張逸之間，激揚於賈釋、孫評之後，旁要夕桀，僅取多能；觝字曲聲，惟資小學。上士勤行之道，本未朝聞；群經清亂之言，何曾晚定。若其溯高密之徽風，追不其之逸躅，足使冀州畔援，折敬伊人；應劭宏通，願為弟子。二千石青綬，式駒馬以旌門；百萬眾黃巾，望單車而解甲。世無孔子，當亦游、夏者流；第之宋儒，不在張、程以下。是則慕藺相如之名，其去猶遠；讀臺孝威之傳，此志終狂。苟將業彼箋疏，呻其占畢，而謂著書通德，訓詁傳於此名；寫定禮堂，祝史尊其陳數。匪直鄭公之學，謬為《聖證》詆諆；抑幾董傳之徒，乃有步舒惑陋與？因荷言提，歸諸盍各；負墙無地，迪牖何年。起安石於東山，志今益遠；望羲和於南陸，心與俱馳。謹啟。

〔註50〕《惜抱軒詩文集》文集卷四《禮箋序》：

心之所不安。」其治經亦若是，所言尤誕。儒者於前賢之說有所補正，公是公非，無取忿爭，何至犯天下之所不韙？金氏本治鄭禮，其書頗有辯正，不過掇拾緒餘以相發明，非顯然背馳悍然攻擊也。然如陽厭陰厭之義，最違康成，而其說實不然。凌曉樓已駁正之，足知捨鄭言禮，所失必多矣。姬傳於學，實無所知，恃其齒耄名高，蚍蜉撼樹。今《禮箋》刻本皆無此序，蓋輔之惡而去之也。湘人過尊桐城，賢者不免。曾文正集中有《復吳南屏書》〔註51〕，極

有入江海之深廣，欲窮探其藏，使後之人將無所復得者，非聖愚之人不為是心也。六經之書，其深廣猶江海也。自漢以來，經賢士巨儒論其義者，為年千餘，為人數十百。其卓然獨著，為百世所宗仰者，則有之矣。然而後之人猶有能補其闕而糾其失焉，非其好與前賢異。經之說有不得悉窮，古人不能無待於今，今人亦不能無待於後世，此萬世公理也。吾何私於一人哉？大丈夫寧犯天下之所不韙，而不為吾心之所不安，其治經也，亦若是而已矣。歙金蓁中修撰，自少篤學不倦，老始成書。其於《禮經》，博稽而精思，慎求而能斷。修撰所最奉者康成，然於鄭義所未衷，糾舉之至數四。夫其所服膺者，真見其善而後信也；其所疑者，必核之以盡其真也。豈非通人之用心，烈士之明志也哉！鼐取其書讀之，有竊幸於愚陋夙所持論差相合者，有生平所未聞，得此而俛首悅懌以為不可易者，亦有尚不敢附者。要之，修撰為今儒之魁俊，治經之善軌，前可以繼古人，俯可以待後世，則於是書足以信之矣。嘉慶三年五月，桐城姚鼐序。

〔註51〕 清·曾國藩《曾文正公書札》卷十四《覆吳南屏》：
三月初旬奉覆一函，想已達覽。旋接上年臘月惠書，並大箸詩文全集各五十部，就審履祺康勝，無任企仰。大集古文敬讀一過，視昔年僅見零篇斷幅者，尤為卓絕。大抵節節頓挫，不矜奇辭奧句，而字字若履危石而下，落紙乃遲重絕倫。其中間適之文，清曠自怡，蕭然物外，如《說釣》、《雜說》、《程日新傳》、《屠禹甸序》之類，若翱翔於雲表，俯視而有至樂。國藩嘗好讀陶公及韋、白、蘇、陸閒適之詩，觀其博攬物態，逸趣橫生，栩栩焉神愉而體輕，令人慾棄百事而從之遊。而惜古文家少此恬適之一種，獨柳子厚山水記，破空而遊，並物我而納諸大適之域，非他家所可及，今乃於尊集數數遘之。故編中雖兼眾長，而僕視此等尤高也。與歐陽筱岑書中，論及桐城文派，不右劉、姚。至比姚氏於呂居仁，識評得無少過？劉氏誠非有過絕筆流之詣，姚氏則深造自得，詞旨淵雅，其文為世所稱誦者，如《莊子章義序》、《禮箋序》、《復張君書》、《復蔣松如書》、《與孔撝約論禘祭書》、《贈撝約假歸序》、《贈錢獻之序》、《朱竹君傳》、《儀鄭堂記》、《南園詩存序》、《綿莊文集序》等篇，皆義精而詞俊，夐絕塵表。其不厭人意者，惜少雄直之氣，驅邁之勢，姚氏固有偏於陰柔之說，又嘗自謝為才弱矣。其論文亦多詣極之語，國史稱其有古人所未嘗言，鼐獨扶其微而發其蘊。惟亟稱海峰，不免阿於私好。要之，方氏以後，惜抱固當為百年正宗，未可與海峰同類而並薄之也。淺謬之見，惟希裁正。國藩回任江表，眴逾半年，轄境粗平，雨澤霑足，歲時可望豐稔。惟是精力日衰，前發疝氣，雖已痊癒，目光蒙霿，無術挽回。吏治兵事，均未能悉心料理，深為愧悚。吾鄉會匪竊發，益陽、龍陽等城，相繼被擾。此

稱惜抱兩作，謂「義精詞俊，敻絕塵表」，不可解也。

七月初十日，詔各部院司員見該管堂官不准屈膝請安。注云：「近年司官一足跪之禮，起於工部，而兵部傚之，戶部繼傚之，皆貲郎任子以此獻媚。一二自好者，尚不屑也。去年閻尚書淯戶部，即嚴禁之。茲以御史文海疏言也。」余聞當時以富貴貧賤威武六字分帖六部，獨以賤字稱工部，菀客所記可互證也。

八月十二日邸鈔，浙江降調按察使陳寶箴奏瀝陳愚悃，據稱張佩綸奏名節有關云云。〔註52〕注：「陳疏有云：『法司者，天下之平也。是非者，朝廷之公也。苟不考事實，憑勢恣意變亂黑白，惟其所指，獨立之士，孰不寒心。』其詞甚直。二十二日，閻敬銘覆奏，傳到員外郎廷傑、趙舒翹等呈遞親供，竝無與陳寶箴往來情事，詔毋庸置議。」

十一月二十四日，戶部右侍郎宗室敬信因病開缺。注云：「敬信由宗人府理事官調戶部銀庫郎中，派充定東陵監督。未及一年，驟至閣學，遂遷侍郎兼左翼總兵。其人蚩鄙，專交市儈。聚寶堂酒食館，其所設也。去年臺中有欲劾之者，始以館屬所親及調。戶部畏閻尚書，不敢履任，遂迻病請開缺云。」

十二月十四日，左宗棠代遞溫葆深遺摺，輒為請諡，交部議處。注云：「宗棠疏惟言應否加恩，予諡出自聖裁，未嘗竟請諡也。蓋政府惡而傾之。」

甲申正月十九日，曾國荃署兩江總督。注云：「十八日，內閣學士周德潤疏言勳臣不宜引退請旨，責左宗棠以大義，令其在任調理，而言裕祿不勝署督之任。御史張人駿復劾之，故有是命。」余嘗謂國荃晚節似高駢，幸江淮無事耳，時以為知言。〔註53〕

輩游蕩無業，常思逐風塵而得逞，湘省年年發難，剿之而不畏，撫之而無術，縱使十次速滅，而設有一次遷延，則桑梓之患，不堪設想，殊以為慮。

〔註52〕朱壽朋《東華續錄·光緒五十五》：
（光緒壬午八月）己未諭：降調浙江按察使陳寶箴奏《交卸泉篆並瀝陳愚悃》一摺。據稱，張佩綸所奏該員「到京日，營營於承審各官之門，彌縫掩飾」一節，懇請飭查等語。降調人員，本不應曉曉瀆辯，惟所稱名節有關，若不查訊明確，無以折服其心。著派閻敬銘查傳承審各員有無與陳寶箴往來情事，據實具奏。

〔註53〕徐凌霄、徐一士《凌霄一士隨筆·曾國荃之治績》：
文廷式極詆國荃，其《知過軒隨錄》有云：「曾沅浦晚年為江督，賄賂公行，女眷用事，一營之兵，不過百五十人，分棧一差，應酬督署乾修，每年萬二千兩。昏德如此，而日事鬼神。吾以高駢比之，聞者皆深以為允。」又批李

　　二月十一日，作書致黃仲弢，凡數百言。仲弢才質之美，庚辰同榜中第一。文章學問，俱卓然有老成風。近甚厚余，以余與其仲父卣香比部有交誼，持後生禮甚謹，余辭之不得。其尊人漱蘭侍郎亦甚致禮敬，書問必稱先生，余媿無以稱其橋梓意也。念近日都門，自北人二張以諫書為捷徑，鼓扇浮薄，漸成門戶，仲弢喪耦後，南皮兩以兄女妻之，而皖人張某者，粵督樹聲子也，為二張效奔走，藉以招搖聲氣，妄議朝局，世以火逼鼓上蚤目之。近與仲弢同居。又齊人王懿榮者，素附南皮，竊浮譽，後以妹妻南皮，益翕熱。其父以龍州僻小郡守，驟擢成都道，致富鉅萬。懿榮既入翰林，侈然自滿，揮斥萬金，買骨董書畫。昨忽上書爭京官津貼事，又請復古本《尚書》與今本竝行，言甚詭誕，人皆傳笑。兩人者，皆素與仲弢習，故作書勸其閉門自守，勿為人所牽引。而痛言浮俗子弟，噉名競進，干豫朝事，不祥莫大。害家凶國，皆此輩為之。欲仲弢早絕之，以自立於學，所以儆忠告也。

　　壬午八月二十二日，比日閱劉錦棠、張曜等請變通新疆官制營制諸疏〔註54〕，皆洞中事理，不愧老謀云云。至劉疏自言不諳吏治，關外郡縣刱始，非軍旅粗材所能了，實恐貽誤將來，請早簡巡撫，裁撤欽差大臣，則以近日御史陳錦有疏劾之也。劉、張固皆武夫，然久經軍旅，方面專征，事皆目驗，不特非一知半解者可比。即近日如張、陳諸人，不過平時翻閱名臣奏議幾篇，臨事摘記《方輿紀要》數語，便慨然草疏者，豈可同年而語？若陳御史等比，更無足論矣。聞陳疏出其同鄉同官李士彬。李則甘督譚鍾麟之同人也。蓋為劉所輕而欲擠之，譚以左恪靖薦，得驟擢為陝撫。今又為陝甘督，而尚不知回疆南路八城之名。以吐魯番為東四城之一，則其人經濟可知耳。近日如李鴻逵、李映、秦鍾簡之劾左恪靖、劉海鼇之言，新疆緩急情形，此輩生不知東西南北，即帖括文章夾帶事業，亦屬駑材下駟，而攘臂哆口，爭先言事，則張、陳以上疏得美遷階之屬也使其受人意指，別有所為，固屬罪不容誅。即陳雲舫之蒙，然張口如坐雲霧，亦所謂鬼怪輩敗事者矣。恪靖頗不知人，晚

　　　　慈銘《日記》有云：「余嘗謂國荃晚節似高駢，幸江淮無事耳，時以為知言。」疑亦不免傷於溢惡。國荃晚年不能勤理庶政，自有未滿人意者，而實大事不糊塗之重臣。〔不喜延接新進好談大略之輩，蓋亦致謗士論之一因。〕

〔註54〕朱壽朋《東華續錄·光緒四十九》：

　　（壬午八月）丁未，劉錦棠奏臣等承准軍機大臣字寄光緒八年三月十七日奉上諭：譚鍾麟奏籌度浙疆南路情形一摺……上諭：劉錦棠、譚鍾麟、張曜奏請變通新疆官制營制各摺片，著各該衙門速議具奏。

節龍鍾，子又不肖，其在江左，多滋異議。然艱苦耐勞，銳於任事。其辦淮鹽，不謀之川、楚各督撫，欲徑復引岸招商，派兵以力制之。又講求煮鹽用重淋之法，務為鮮潔，以敵蜀鹽。故鄰疆齗齗者多，而淮南官吏舊商亦皆不便其所為，謗議四起，新商又頗行詐，其子及幕僚亦不免沾潤其間，貪緣隱蔽，益為口實。要其公忠體國，亦豈愛憎之私所能變亂哉？〔註55〕

菀客以甲午秋卒。晚年多病，雖居言職，有所欲言，而精力每不逮矣，亦可惜也。〔註56〕

乙未殿試，讀卷大臣進呈卷，上親覽之，以第三本駱成驤卷為第一，第十本喻長霖卷為第二。二人書法皆不佳，上喜其語無所忌諱，特拔取之，所以變舊習，獎直言也。先是，和約未換，各省公車激其義憤，皆聯名呈請代奏，請廢約決戰。上雖有所為，不能允行，而頗嘉其意，故至此一變成式，所以開天下言事之路也。〔註57〕

凡異邦人僑居，而本國不能治之，則自主之權已失。法律不同，而風俗亦異。此當酌定一恒久之規模者也。王者通三統，三正猶可兼用，而必守抗弊之法，以為能遵祖制乎？〔註58〕

《欽定清涼山志》卷二聖祖仁皇帝《五臺有懷》詩云〔註59〕：「又到清涼境，巉巖卷復垂。勞心愧自省，瘦骨久鳴悲。膏雨隨春令，寒霜惜大時。文殊色相在，惟願鬼神知。」此吳梅村《清涼山贊佛詩》所以言「長以兢業心，了彼清淨理」〔註60〕也。〔註61〕

《顏氏家訓・教子篇》：「齊朝有一士大夫，嘗謂吾曰：『我有一兒，年已十七，頗曉書疏。教其鮮卑語及彈琵琶，稍欲通解。以此伏事公卿，無不寵愛，亦要事也。』吾時俛而不答。異哉，此人之教子也！若由此業自致卿相，亦不願汝曹為之。」按：此則北朝頗尚鮮卑語。然自隋以後，鮮卑語竟失傳。其種人亦混入中國，不可辨識矣。〔註62〕

〔註55〕眉批：「此條列入壬午。」
〔註56〕眉批：「以上李日記應入掌故類之後。」
〔註57〕眉批：「掌故。」
〔註58〕眉批：「治略。」
〔註59〕見清・佚名《清涼山志》卷二《聖製二》。
〔註60〕見清・吳偉業《梅村家藏稿》卷九後集一《清涼山讚佛詩四首》之四。
〔註61〕眉批：「文學。詩。」
〔註62〕眉批：「方言」、「此與第十一冊四十四頁重複」。

周春《遼金元姓譜》云〔註63〕：「金始祖指浦出自新羅，其妻姓結縱如舟氏，乃完顏鄰寨鼻察異酋長之女。見《三朝北盟會編》引《苗耀神麓記》。」〔註64〕

周春《遼金元姓譜》云〔註65〕：「代北『於古論為劉』，金姓『烏古論為商』，音字偶同，非族類也。元劉國傑本金烏古論氏，後入中國，亦改姓為劉，是不可解。」余按：遼太祖慕漢高，改後族為蕭氏，而耶律一作移剌。至金時，悉改劉氏。殆習俗以漢國姓為重。劉國傑之改姓劉，亦猶是耳。〔註66〕

嚴鐵橋編全上古至先唐文，以一人精力，成書七百餘卷，可謂勤矣。惟編輯既富，遺漏亦多。〔註67〕加以出土之金石、佚存之書籍，鐵橋所未見者，

〔註63〕見清・周春《遼金元姓譜・金》。

〔註64〕眉批：「種族」、「夷情」、「語文」、「引新羅條」、「此條應與十二冊十三頁合為連類」，即卷十二「《東國史略》卷一云」一條；「又卅十（按：十字疑衍）冊五十七頁《北史》新羅一條亦應與此合」，即卷三十「《北史》新羅」一條。

〔註65〕見清・周春《遼金元姓譜・附錄九則》。

〔註66〕眉批：「氏族」、「此條又錄入廿二冊廿二頁。」

按：重見稿本第二十三，闕「余按」以下文字。

〔註67〕錢鍾書《管錐編》第三冊《全上古三代秦漢三國六朝文》一《總敘》（第1376
～1377頁）：

雖然，俞氏固云，嚴氏補搜古書金石「至十分之一」，尚可解謂梁墓誌正在此數中；王氏目驗手稿，庶足息訟，真相白而主名定也。俞氏識語已增補嚴書缺漏數事，後來平步青《樵隱昔寱》卷四《與汪荔牆書》、文廷式《純常子枝語》卷四、卷一〇、楊守敬《晦明軒稿》第二冊《補嚴氏古文存序》等各為拾遺正誤。擷摭未盡，餘地尚多。如開卷之黃帝《兵法》，嚴即漏輯《藝文類聚》卷二《霧》、《虹》、卷六〇《牙》，又《太平御覽》卷二四一《都尉》、卷三三四《牙》、卷八七八《虹蜺》諸節引文；《全漢文》卷一六賈誼《過秦論》三首入《文選》者祇一首，嚴按語乃謂蕭《選》通採三篇而顛倒其次。「耳目之前尚如此！」誠非妄歎。拾穗靡遺，掃葉都淨，網羅理董，倬求全徵獻，名實相符，猶有待於不恥支離事業之學士焉。

另，程章燦《論〈全上古三代秦漢三國六朝文〉之闕誤》（《南京大學學報》，1995年第1期）：

清人嚴可均校輯《全上古三代秦漢三國六朝文》（以下簡稱《全文》）「遐搜博覽，自三古迄隋，鴻篇巨製，孤句殘文，靡不纂錄，為書七百四十七卷，作者三千五百二人，可謂極學海之大觀，為藝林之寶笈矣」（王毓藻序），是迄今為止最為完備的先唐文獻之淵藪。無論是研究六朝歷史文化中的哪一個具體學科，可以說都離不開這部規模浩大的總集。但嚴氏以一人之力，從事這項巨大的工程，雖然有前人的基礎可資憑據，但先唐文獻幾乎是浩如煙海，以一人之精力，勢難網羅無遺。兼之時代及文獻視野的限制，欲絕對避免闕誤，也斷斷不能。筆者在閱讀本書的過程中，曾就嚴氏之闕誤作了一些訂補，今將其寫錄出來，作為往昔讀書之紀念，也聊供研讀《全文》和為《全文》

作全面修訂時的參考。為敘述的方便，將《全文》之闕誤概括為如下十項，並分別舉證論述。

一、出處漏標。（開林按：例證省略不錄，下同）

二、闕輯失採。

三、主名有誤。

四、小專闕誤。

五、篇名闕誤。

六、本文闕誤。

七、出處訛誤。

八、重出誤收。

九、存目疏漏。

十、存疑待考。

又，王利器《〈全上古三代秦漢三國六朝文〉證誤》（《文學評論》 1996 年第 2 期）：

嚴可均校輯《全上古三代秦漢三國六朝文》，以下簡稱嚴輯《全文》，其書跨度大，內涵廣，三古八代、九流百家，兼收並蓄，淆然雜陳。嘗疑嚴氏校輯是書，率掉以輕心，凡例既定，遂假手鈔胥為之，其後搜羅初備，繕寫告成，又未嘗躬親校讎，馴致紕繆間出，令人日思其誤，頗難有一適之得也。器也未學膚受，腹笥云儉，所見是書之失誤，不翅百一，今且就其問題之嚴重者，舉例以明之，限於篇幅，未及一一縷也。陶淵明有詩云：「奇文共欣賞，疑義相與析。」不有析疑，其能賞奇乎？

下面試言其失誤：

一，作者爵里不詳。（開林按：例證省略不錄，下同）

二，闕名不闕。

三，闕字不闕。

四，妄擬題目。

五，失載篇名。

六，有頭無尾。

七，有尾無頭。

八，妄以他文續尾。

九，一文孱入他文。

十，一文分屬二人。

十一，一帝分屬兩朝。

十二，兩人誤為一人。

十三，重出。

十四，引文同出一書一卷，而或收或不收也。

十五，引文失注出處。

十六，引文注出處而不詳卷數。

十七，引文以方空注出處者當補。

十八，以詩為文。

十九，以詩為銘。

二十，數典忘祖。

不知凡幾。余嘗欲輯而補之，尚可四五十卷，匆匆未有暇也。今姑就三代以前，略舉其遺漏者。《太平御覽》七十九引《歸藏》，內有女媧占辭，應補入伏羲後。又鐵橋錄神農占，而《續漢志注》及《開元占經》所引黃帝占凡數百條，皆未鈔輯。既錄黃帝道言，而列子所引《黃帝書》何以遺之？《黃帝出軍訣》，鐵橋所錄一條，而《御覽》三百二十五三百四十九所引四條悉未錄。《墨子·耕柱篇》載夏時兆辭，《毛詩傳》引《尸子》有夏喪法，《新序》七有關龍逢諫桀之辭，當補入夏文。《周書·程典解》云：「文王乃作《程典》，以命三忠」，則「助余體民」以下，真文王所作也，宜錄在《程寤》佚篇之前。尹佚文當補入賈誼《新書·禮容》語。又《春秋繁露·俞子篇》所引《世子》，鐵橋亦漏未錄。《論衡·實知篇》有遺讖書，《潛夫論·勸將篇》有孫子佚文，《御覽》卷十一引《太公伏符陰謀》及《太公兵法》、《太公對敵權變逆順法》。《禮記·王制》，《注》引《管子·封禪篇》，《賈子·春秋篇》引《管子》，《鹽鐵論·論功篇》引魯連之言，《御覽》三百六十六八百四十九引《鶡子》，皆當補入三代文者也。若近時所出齊鎛、克鼎之類，並三代金文巨製，尤不當湮沒者矣。又《歸藏啟筮》、《山海經·大荒南經》注所引，鐵橋亦失載。〔註68〕

　　《太平廣記》：四百九。「野悉茗出佛林國，亦出波斯國。苗長七八尺，葉似梅，四時敷榮，其花五出，白花，不結子。花開時，徧野皆香，與嶺南詹糖相類。西域人常採其花，壓以為油塗，甚香滑。」按：野悉茗即那悉茗。〔註69〕

二十一，不知王侯得稱元年。

二十二，顧此失彼。

二十三，句子不完整。

二十四，文當抽換。

二十五，有目無文者當存其（開林按：下文云「當存其目」，疑此處脫「目」字）。

上所論列，乃得義例二十五種，足以程其責備求全之功，此固非毛吹求疵者所可同日而語也。然此特其一隅耳，有如單文隻字之為誤（已於全書隨文訂正），不及毛舉細故者尚不與焉，而其問題之嚴重，已足令人駭然而深怪嚴氏之鹵莽滅裂矣。其書自清光緒二十一年（1895）黃岡王毓藻刊行以來，已一再重印矣。有如沈乾一之流，雖於嚴氏原稿，條陳其失誤，約有六端，亦不過就其戔戔小者，略下雌黃而已，未足與言針膏肓而起廢疾也。

〔註68〕眉批：「著述」、「文學。文」、「目錄」、「此條當與第四冊第十七頁合」。

〔註69〕眉批：「草木」、「入《北戶錄》後，在卅二冊十二頁」。

　　《文選》潘安仁《閑居賦》：「房陵朱仲之李。」李善《注》云〔註70〕：
「王逸《荔枝賦》曰：『房陵縹李。』《荊州記》：『房陵縣有朱仲者，家有縹
李，代所希有。』」按：《太平廣記》四百九引《述異記》云：「防陵楚山有朱
神李圍三十六所。」潘岳《閑居賦》云「房陵朱神之李」，又李尤《果賦》云
「三十六之朱李」，蓋仙李縹而神李紅，陸士衡《果賦》云「中山之縹李」是
也。以句例求之，作朱神者較優。上句「周文弱枝之棗」，如用朱仲事，當云
「朱仲房陵之李」，方與「張公大谷之梨」句相比附矣。《述異記》為任彥升
書，故聞見博洽。崇賢所見，蓋已誤「朱仲」，故失引耳。任所見本，「房陵」

〔註70〕胡刻本《文選》卷十六，李善《注》：
　《西京雜記》曰：「上林苑有弱枝棗。」《廣志》曰：「周文王時，有弱枝之
　棗，甚美，禁之，不令人取，置樹苑中。」王逸《荔枝賦》曰：「房陵縹李。」
　《荊州記》：「房陵縣有好棗，甚美。仙人朱仲來竊。」大山肅亦稱學問，
　讀岳賦「周文弱枝之棗」，為杖策之「杖」。《世本》：「容成造曆，為碓磨之
　磨。」
　四部叢刊景宋本《六臣注文選》卷十六：
　善曰：「《西京雜記》曰：『上林苑有弱枝棗。』王逸《荔枝賦》曰：『房陵縹
　李。』周文、朱仲未詳。《蒼頡篇》曰：『殖，種也。』《漢書音義》曰：『櫻
　桃，含桃也。』《西京雜記》曰：『上林苑有胡桃，出西域。』《廣志》曰：『張
　掖有白柰，酒泉有赤柰。』」翰曰：「靡，無。植，種也。周文王時，有弱枝
　棗樹，味甚美。房陵有朱仲者家有縹李，代所希有。若此果木，無不種之也。
　三桃：侯桃、櫻桃、胡桃也。二柰，則丹、白二色也。」
　《四庫全書總目》卷一百四十二《子部五十二·小說家類三》著錄《述異記》
　二卷，稱：
　姚寬《西溪叢語》，謂「潘岳《閑居賦》『房陵朱仲之李』句，李善注朱仲未
　詳」。此書中乃有其事，撫以補善注之逸。今考李善《閑居賦注》，此句下引
　《荊州記》曰：房陵縣有朱仲者，家有縹李，代所希有。並無未詳之語。寬
　偶讀誤本，不知此書之剽《文選注》，反謂《選注》未見此書，舛誤甚矣。
　清·俞正燮《癸巳存稿》卷十二《校文選李注識語》：
　《文選》李注，宋人刊刻，今通行者二本。一為汲古閣仿宋本，嘉慶甲子見
　其正本於德州糧道署。一為鄱陽胡氏仿宋本。二本皆真宋本也。二本已多不
　同，前見《東坡志林》，言李《注》有本末，極可喜，五臣至淺。謝瞻《張子
　房詩》「苛慝暴三殤」，言上殤、中殤、下殤，五臣乃引泰山側婦人事，以父
　與夫為殤，真俚儒之荒陋者。今汲古閣及胡氏之宋本李《注》，正引「泰山側」
　云云，則北宋時蘇氏所見之李《注》與此不同，是宋本之別有三也。又見《西
　溪叢語》，言潘岳《閑居賦》「房陵朱仲之李」李善《注》云「朱仲李未詳」。
　今汲古閣宋本李《注》引《荊州記》「房陵縣有朱仲者，家有縹李，代所希有」，
　胡氏宋本李《注》引「仙人朱仲竊房陵好李」，則南宋時姚氏家傳之李《注》
　又與此不同，是宋本之別有四也。
　據俞正燮所言，文氏所據《文選》當為汲古閣本。

當作「防陵」。〔註71〕

宋程大昌《演繁露》云〔註72〕：「《漢武故事》：『玉堂去地十二丈，基階皆用玉。』」〔註73〕

國朝督撫，官自涖其鄉土者，如史文靖之任兩江總督，陳文恭之任兩廣總督，人皆知之。若鄧巘筠之任兩江，則雖授而未到任者也，其署任則不在此例。按：「順治丁酉以清苑張公玄錫為太子太保、兵部尚書、都察院右副都御史，總督直隸、山東、河南三省。」〔註74〕涖本土者，當始於此。事見曹申吉《澹餘筆記》。近日岑春煊署兩廣總督，雖名為署，而別無實授之人，與他署任者又異。〔註75〕

〔註71〕眉批：「草木。」
〔註72〕見宋・程大昌《演繁露》卷九《玉堂》。
　　　　按：早見《藝文類聚》卷六十三《居處部三・堂》、《初學記》卷二十四《居處部・堂第七》、《太平御覽》卷一百七十六《居處部四・堂》。
〔註73〕眉批：「宮室」、「入玉堂條」。
〔註74〕見清・曹申吉輯《澹餘筆記・特涖鄉土》。
〔註75〕眉批：「掌故。」

卷十一〔註1〕

《御製解惑篇》〔註2〕：借李若農師本轉鈔。每半葉八行，每行十六字，共十一葉。

在昔有虞之誥曰：「朕聖讒說殄行，震驚朕師。」有虞之世，雍雍皞皞，猶且懼回僻之惑亂眾心，至惓惓有震驚之誠。甚矣，巧言孔壬之為害也！夫天下事無鉅細，準於理而已矣。循理奉公為吉德，悖理營私為凶德。凶德之應，殃禍隨之，罔逃天鑒。前史畢載，若高抬貴手焉。乃習俗澆薄，詐偽繁興，至有傾詖無根之言，不揆諸倫理，不衡諸事勢，通國傳之而不疑者。是不得不顯白顛末，昭告中外，以解爾臣民之惑。朕承祖宗之重，纘嗣大統，惟以邇賢遠奸，保邦乂民為務。我太祖武皇帝肇造洪基，太宗文皇帝重光丕業，燕翼貽謀，垂範奕世。朕永惟繩武，兢兢業業，莫敢怠荒。虔宗廟，舉祫祀，春秋霜露，每殷怵惕悽愴之心。顧念陵寢遠在舊都，朝夕慕思，不遑寧處。睠言豐鎬，每懷靡及。順治拾有貳年，擬諏日東詣盛京，灑掃園陵，躬行展謁。禮成之後，擇宗室親近者鎮撫基命之地，代奉祀典。旋以四方未盡寧謐，慮車馬扈從，勞爾臣民，不得已而罷行。然歷載以還，未嘗一日釋諸懷抱。俯仰思維，朕既未能即行，莫若先遣宗親，恭往守視，歲時銜朕命，虔修禮儀，庶其稍慰瞻望。故於今年伍月初旬，特論議政王大臣僉同推舉，眾議以為守陵重任，固宜於宗室，慎擇其人。然而無政務之煩，無軍旅之寄，即老病廢閒者，亦可以恭承斯選。故公舉二人。其一則年齒衰邁，難統兵戎；其一則為郭子公，蓋以其夙嬰痼疾，久成廢人。是皆可恪奉厥職，將朕木本

〔註1〕按：稿本題「純常子枝語」。稿本乙封題「純常子枝語 第十一冊」。
〔註2〕眉批：「本篇並後附按語入掌故。」

水源之慕。遂詳議署名以上，朕降旨俞允。則郭子公之東行，已於是時早定矣。蓋宗室王公之中，有韜鈐勇略可當任使者，方倚為干城心膂之重，屏翰王室，征討不庭，應留之京師，以備策遣。郭子公既係國家親屬，體宜優崇，不可以廢疾閒棄，且步履艱難，騎射未諳，跋涉山川，戴冑擐甲，斷非其任。受命徂東，仰慰祖考之心，副朕展親之誼，是誠天祖所監臨，臣民所允協者也。方是時，於遴擇為至公，於典禮為大順，何嫌何疑何閒何隙可以滋邪佞之口耶？不謂蓄狂狡之計，布蜚騰之詞，一唱百和，涽訛相仍，如朕所詳察而熟聞者。憶朕本年伍月晦時御西苑萬善殿，見僧別山所棲室中懸掛禪僧木陳書字一幀，末有大小篆章各一，朕熟視小者，賞其文采，顧問誰為此者。禪僧慧樞前奏云：「此郭子公所造以貽木陳者也。」朕笑曰：「彼能為此小技耶？」時玓溪和尚亦侍側，遂奏云：「郭子公且能圖畫。」慧樞遂覆奏云：「曾於別山所見郭子公所贈畫幅頗善。」朕命取以來，乃馳往別山私寓，取以進覽。視其款識，實郭子公所貽。別山者也，蓋郭子公禮別山為師席久矣。當清燕從容之頃，因書法及篆章，因篆章及畫圖。在玓溪和尚，惟有能畫之一言耳，未嘗枝詞也。逮郭子公東行之後，流言猝興，謂郭子公承命而往，是玓溪和尚有所指陳而朕聽信之也。朕微聞徐察之，具知為此說者起於一人，而流於眾口。甚矣，憸邪朋比，誣上播惡，若是其不可測也！朕自臨御以來，大綱小紀，躬覽親裁。凡謀議於上，敷施於下者，奉天推誠，罔敢喜怒自私，專行己意。況於納一人之詞，決重大之務，何以上答祖宗，風示天下？謂朕如此，方之於古，朕為何如主耶？抑凡朕行事，以臣工兆庶為心，公聽並觀，重扃洞啟。爾臣民宜無不以朕心為心，上下交孚，以臻至治。《中孚》之卦，信及豚魚。豚魚雖微，以凡屬含靈，總可格也。況於懷知覺、備五常以為人者歟？迺溺於欺誕，曾不審察。數月以來，傳告愈熾，涽亂聽聞，顛倒是非，以鄙倍之胸臆，度朝廷之大政，重可憫矣。朕一日萬幾，雖省理勤勞，未嘗纖細旁假，詎有奉祀祖宗陵寢而決於一人之指陳者？朕為天地神人之主，舉措係萬方安危，固不敢當此謗。即玓溪和尚亦方外修行之士耳，輒謂其片言即取必於朕，復何以當此謗哉？然深究其意，造為訛言，非為禍及玓溪和尚，專圖誣害於朕耳。蓋玓溪和尚雖緣此語，橫構凶危，於彼亦何損也？惟在朕，則邪說一騰，輿情疑揣，自茲以往，不祗以斯一事謂聽信人言，將凡有黜陟賞罰，發號施令，必皆指為玓溪和尚言之而朕聽之矣。是朕為天下主，宣綸

敷政。惟一和尚之言是用，其所以誣罔朕躬，俾朕貽譏天下後世者，其害豈淺鮮耶！且守陵大典，朕申命會議以及諸王大臣具奏承旨，咸在伍月初旬。萬善殿燕閒奏對，則在月晦。其時奏篆章為郭子公貽木陳者，慧樞也；覆奏有畫在別山所者，亦慧樞也。時不相蒙，事不相涉，乃憑虛訕謗，籍籍紛紛，倡言者有人，附會者彌眾，朕萬不能已，用是拔本披根，宣諭敷告，俾爾臣民曉然，知訛言之所從來，則莠言無作，群疑冰釋矣。郭子公之性情浮誇，語言失實，朕所夙知。近始悉其學書畫，競虛名，交通近侍，結納朝臣。凡朕左右如犯監吳良輔等數人，粗涉文義者，彼皆深相援引，委以腹心。其餘內監，亦多為彼私人探朕起居，伺朕言動。禁庭幾密，彼每獲知。滿漢大小臣工，彼則密通款曲，巧結人心。故一時諸臣或被其延納，或受其餽貽，或慕其象恭，或信其甘誘，入彼牢籠。宲行無忌者，亦不乏人。其陰謀詭策，誠有不可究詰者。他如獲譴拘繫桁楊懲責之罪人，內而宮監，外而官僚，彼必潛致餽問，慰以溫言，往往矯詐文飾，示彼寬慈之意，彰朕用罰之嚴，樹黨比暱，將使人人樂為之用，此其心欲何為哉？即朕招致之僧徒，彼亦私加隆禮，情款慇懃，欲使舉國臣民沾其小惠，戴其恩私，攘竊賢聲，希圖非望。制行若斯，豈惠迪循理，謹守愚分者哉？往朕切念周親，崇重一本，待以至誠，絕無猜間。近因訛言，密加訪察，從前情狀，漸次暴露。於戲！爾舉國臣民，咸沐祖宗德澤，在朕涵育覆幬之中，豈盡無忠義感奮之心？耳目聰明之性，而乃輕信訛言，簧鼓怨毀，將畏之耶？抑德之也？郭子公既盛植羽翼，其黨復興造誣詞，歸賢能於彼，諉過端於朕，搖動群眾，志趣非常，朕實慮焉。今雖身在盛京，心未嘗一日忘京師也。且傾險性成，安能悔過遷善，自保祿命？盛京若罪輔陳之遴，亦喜事矜才心驕內僻之人也。又四方流犯，雜居茲土，能文章負聲氣者，實繁有徒。郭子公必傾心羅致，賚與延接。此輩將不顧身家，趨死如鶩。倘不亟為指破，相煽成風，遠近傚之，俾朕成孤立之勢，豈宗社無疆之福耶？不然，則干網虧恩，朕又安忍也？朕荷天眷祐，孜孜圖治，薄海之內，嘉與維新。雖遐荒殊域，無不期其革心向化。乃宗親近屬，夫留遠近之間如此，蜚語驚人，詭行欺世，朕甚憯焉。況臣吾股肱，民吾赤子，欲其遵道遵路，會歸有極，天下亦其知之，安事文告之煩，啟牖愚昧。然遘此無良，萬端誣詆，包藏叵測，履霜堅冰，漸不可長，且訛言相眩，實足以移太平之休風，釀背戾之末俗，能不為爾諮嗟，反覆致其丁寧。

爾臣民覩朕斯篇，諒不復為訛言所惑。凡有操心擇術，甘蹈大戮者，尚其滌蕩肺腸，悚心警惕，體朕開載布公，委曲開導至意。皇天后土，鑒朕不得已之衷焉！

《御製解惑篇》終。

按：此事《東華錄》不載，故敬錄御製文於此。郭子公者，未詳何人。禮親王昭槤《嘯亭雜錄》云〔註3〕：「敬一主人諱高塞，文皇帝第七子，封鎮國公，世居盛京。善文翰，詩多清警。愛醫無閭山幽雅，嘗於夏日讀書其間，有遼東丹王之風。孫赤崖暘。以事戍吉林，主人留於邸中數載，遇赦始歸，其愛才如此。有《壽祺堂集》行世，漁洋《池北偶談》中曾採其詩句。」蓋即其人歟？〔註4〕

陳迦陵《雜詩》「董承嬌女」一首〔註5〕、屈翁山《大都宮詞》第三首〔註6〕，

〔註3〕見清‧昭槤《嘯亭雜錄》卷九《敬一主人》。

〔註4〕按：文氏所言是。

清‧釋道忞（字木陳）《布水臺集》卷二十三《柬敬一主人郭子公》：
相去萬里，天各一方，而英聲義聞，碑著南人之口者，如風傳響語云。道無脛而能至，名無翼而能飛，於我公王，斯為信之。歲在壬寅，曾修寸面，託鴻問訊，想已達慈座矣。去夏因先帝有山陵之役，特遣門人旅菴輩馳送薊州，意殿下必入朝會葬，復修候左右，庶俾親承謦欬，少慰遐思。不謂奉旨勞免，仍復山河阻越，傷如之何。今春有來自瀋陽者，聞檀越子祁生蒙推屋烏之愛，遂使怖鴿驚魂，依羨定魄，抑山僧何幸，叨榮施真，勝祁生畫錦還鄉矣。然此案遭誣枉，至於家破身凶，累遺親族，莫甚價人，纘曾二錢子為最慘。今兩家妻孥與其弟虞仲、方叔，咸遠配遐天，流離瑣尾，殊可惻愴。就使山僧縣同陌路，𥬲若途人，尚當與慈運悲，效先佛投嵒割肉之思，況屬檀那承信施，復有公王救世菩薩二天可戴，慈陰可依，忍恬朕坐際，不一告哀，又何顏廁緇流而稱慈悲眷屬也邪？為此更瀆威嚴，伏翼少舒蓮目，普放豪光，使其停酸息苦，聽贖還鄉，則死生銜結，寧獨錢宗為朕，即日升月恒之福，山僧沒齒亦難忘頌禱矣。翹首企仰，無任主臣。

〔註5〕清‧陳維崧《湖海樓詩集》卷一《讀史雜感》二十首其十三：
董承嬌女拜充華，別殿沉沉闢鈿車。一自恩波崇戚里，遂令顏色擅官家。驪山戲馬人如玉，虎圈當熊臉似霞。玉柙珠襦連歲事，茂陵應長並頭花。

〔註6〕清‧屈大均《翁山詩外》卷七《大都宮詞》六首其三：
具帶盤龍錦，垂髻墮馬妝。漢宮丹鳳女，胡地白羊王。夜醉葡萄酒，朝開蹋踘場。邯鄲諸小婦，雜坐弄笙簧。

黃鴻壽《清史紀事本末》卷二十：
三十九年秋八月，催繳直省藏書。冬十一月，廣東總督李侍堯查出已故屈大均詩文進呈。其詩集中有《大都宮詞》三首，多紀順治朝掖庭秘事，命銷毀。尋閱文內有雨花臺葬衣冠之事，命確訪其處，速為刨毀，無使悖逆遺穢，久留黃土云。

皆與吳梅村《清涼山贊佛詩》〔註7〕相應。〔註8〕

〔註7〕清・吳偉業《梅村家藏稿》卷九後集一《清涼山讚佛詩四首》：
西北有高山，云是文殊臺。臺上明月池，千葉金蓮開。花花相映發，葉葉
同根栽。王母攜雙成，綠蓋雲中來。漢主坐法宮，一見光徘徊。結以同心
合，授以九子釵。翠裝雕玉輦，丹髹沉香齋。護置琉璃屏，立在文石階。長
恐乘風去，捨我歸蓬萊。從獵往上林，小隊城南隈。雪鷹異凡羽，果馬殊
群材。言過樂遊苑，進及長楊街。張宴奏絲桐，新月穿宮槐。攜手忽太息，
樂極生微哀。千秋終寂寞，此日誰追陪。陛下壽萬年，妾命如塵埃。願共
南山椁，長奉西宮杯。披香淖博士，側聽私驚猜。今日樂方樂，斯語胡為
哉。待詔東方生，執戟前詼諧。薰鑪拂黼帳，白露零蒼苔。吾王慎玉體，對
酒毋傷懷。
其二
傷懷驚涼風，深宮鳴蟋蟀。嚴霜被瓊樹，芙蓉凋素質。可憐千里草，萎落
無顏色。孔雀蒲桃錦，親自紅女織。殊方初雲獻，知破萬家室。瑟瑟大秦
珠，珊瑚高八尺。割之施精藍，千佛莊嚴飾。持來付一炬，泉路誰能識。紅
顏尚焦土，百萬無容惜。小臣助長號，賜衣或一襲。只愁許史筆，急淚難
時得。從官進哀誄，黃紙鈔名入。流涕盧郎才，諮嗟謝生筆。尚方列珍膳，
天廚供玉粒。官家未解菜，對案不能食。黑衣召志公，白馬馱羅什。焚香
內道場，廣座楞伽譯。資彼象教恩，輕我人王力。微聞金雞詔，亦由玉妃
出。高原營寢廟，近野開陵邑。南望蒼舒墳，掩面添淒惻。戒言秣我馬，遂
遊凌八極。
其三
八極何茫茫，日往清涼山。此山蓄靈異，浩氣供屈盤。能蓄太古雪，一洗
天地顏。日馭有不到，縹緲風雲寒。世尊昔示現，說法同阿難。講樹聳千
尺，搖落青琅玕。諸天過峰頭，絳節乘銀鸞。一笑偶下謫，脫卻芙蓉冠。遊
戲登瓊樓，窈窕垂雲鬟。三世俄去來，任作優曇看。名山初望幸，銜命釋
道安。預從最高頂，灑掃七佛壇。靈境乃杳絕，捫蘿勞躋攀。路盡逢一峰，
傑閣圍朱闌。中坐一天人，吐氣如栴檀。寄語漢皇帝，何苦留人間。煙嵐
倏滅沒，流水空潺湲。回首長安城，縞素慘不歡。房星竟未動，天降白玉
棺。惜哉善財洞，未得誇迎鑾。惟有大道心，與石永不刊。以此護金輪，法
海無波瀾。
其四
嘗聞穆天子，六飛騁萬里。仙人觴瑤池，白雲出杯底。遠駕求長生，逐日
過蒙汜。盛姬病不救，揮鞭哭弱水。漢皇好神仙，妻子思脫屣。東巡並西
幸，離宮宿羅綺。寵奪長門陳，恩盛傾城李。穋華即修夜，痛入哀蟬誄。苦
無不死方，得令昭陽起。晚抱甘泉病，遽下輪臺悔。蕭蕭茂陵樹，殘碑泣
風雨。天地有此山，蒼崖閱興毀。我佛施津梁，層臺簇蓮蕊。龍象居虛空，
下界聞鬥蟻。乘時方救物，生民難其已。澹泊心無為，怡神在玉几。長以
兢業心，了彼清淨理。羊車稀復幸，牛山竊所鄙。縱灑蒼梧淚，莫賣西陵
屨。持此禮覺王，賢聖總一軌。道參無生妙，功謝有為恥。色空兩不住，收
拾宗風裏。
清・吳慶坻《蕉廊脞錄》卷五：

吳梅村清涼山贊佛詩，相傳詠世祖端敬皇后董鄂氏事，有指目下舊見所載詩
為證者。細繹詞意，疑是世祖未昇遐之前所作，語若禪悟，不可肊斷也。

清·葉昌熾《緣督廬日記抄》卷十五：

（乙卯二月）十六日，聰生日，映來長談，云：有李君熙者，燕人也，舉經
濟特科廷試，翹然高列。熟於《紅樓夢》之學，謂此書為董小宛而作，並涉
及國初宮闈事，非臣子所敢言。有批註詳言本末，別有提要一卷，中華書局
已為刊行。初訝其說之奇創，既而恍然悟梅村《清涼山贊佛詩》惝怳迷離，
莫測其旨。靳榮藩注可為詳矣，然於此篇本事獨不著一字。今按：其第一首
云「王母攜雙成，絳節雲中來」，已暗藏董字。末首「常以兢業心，了彼清靜
理」，脫躧萬乘，而又與同泰捨身者廻別。梅村詩史，必不妄作。以此證李君
之言，殆可信。

又，

廿五日，至麥家圈惠中旅館，即平原相國廝室，聰生袖交《紅樓索隱提要》，
王夢阮撰。梅村《清涼山贊佛詩》「雙成」一聯之外，又舉「可憐千里草，萎
落無顏色」為證。此詩實可疑，不能謂其穿鑿也。

清·孫寶瑄《忘山廬日記》：

（光緒丁酉十一月）二十九日，晴枚叔招飲。坐有恪士，譚次謂：相傳國朝
世祖出家之說，有數證可信。其一，吳梅村《清涼山贊佛詩》：「漢皇好神仙，
妻子思脫屣。」而吳詩為當時禁書，今始得見也。其二，五臺山與本朝創業
事無與，而自聖祖、世宗數君屢幸五臺，此不可解。可知當日文網方密，有
多軼事不敢紀載者，後人無由得聞。

陳衍《石遺室詩話》卷十一（第277～279頁）：

吳梅村《清涼山贊佛詩》五首，為前清詩中一疑案。第一首第四韻云：「王
母攜雙成，綠蓋雲中來。」言董姓也。以下「漢王坐法宮」云云，至「對酒
毋傷懷」，言皇帝定情，種種寵愛，以及樂極生悲，念及身後事也。第二首
第三韻云：「可憐千里草，菱落無顏色。」言董姓者竟死也。以下「孔雀蒲
桃錦」云云，至「輕我人王力」，言種種布施，以及大作道場，皇帝亦久久
素食也。末韻：「戒言秣我馬，遨遊凌八極」，先逗起皇帝將遠遊也。第三首
首韻云：「八極何茫茫，曰往清涼山」，言將往清涼山求之，以應第一首。首
六句云：「西北有高山，云是文殊臺。臺上明月池，千葉金蓮開。花花相映
發，葉葉同根栽。」言生有自來，本從五臺來，故亦往五臺山去也。自「此
山蓄靈異」，至「中坐一天人，吐氣如旃檀。寄語漢皇帝，何苦留人間」諸
句，言來去明白，與山中見此天人，寄語勸皇帝出家，脫屣萬乘也。「房星
竟未動，天降白玉棺，惜哉善財洞，未得誇迎鑾」四句，言非正大光明，捨
身出家，乃託言昇遐也。第四首，自「嘗聞穆天子」云云，至「殘碑泣風雨」，
言古天子之遠遊求仙，及佳人難再得，遂棄天下臣民者，以譬實係出家，而
託言昇遐之事。……至「天地有此山」以下，則明言皇帝在五臺山修行矣，
故有「怡神在玉几」，及「羊車稀復幸，牛山竊所鄙。縱灑蒼梧淚，莫賣西
陵履」各語云云也。於是相傳為章皇帝董妃之事。然滿洲蒙古無董姓，於是
有以董妃行狀，與《影梅庵憶語》相連刊印者；有謂《紅樓夢》說部，雖寫
康熙間朝局，其言賈寶玉因林黛玉死而出家即隱寓此事者。《紅樓夢》中諸
閨秀，結詩社，各起別號，獨黛玉以瀟湘妃子稱。冒辟疆《寒碧孤吟》，為

小宛而作，多言生離，……《憶語》則既有與姬決捨之議，又有獨不見姬與
數人強去之夢，恐其言皆非無因矣。

王國維《吳梅村清涼山譜佛詩與董小宛無涉》（《王國維學術隨筆》第61～63
頁）：

吳梅村《清涼山諩佛詩》四首，詠孝獻章皇后事，蓋其時民間盛傳世廟入五
臺山為僧之說。然梅村此詩第三首云：「回首長安城，緇素慘不歡。房星竟
未動，天降白玉棺。惜哉善財洞，未得誇迎鑾。」是世祖雖有欲幸五臺山之
說，未果而崩也。而《讀史有感》八首之一則云：「彈罷警弦便薤歌，南巡
翻似為湘娥。當時早命雲中駕，誰哭蒼梧淚點多。」其二曰：「重壁臺廟八
駿蹄，歌殘黃竹日輪西。君王縱有長生術，忍向瑤池不並樓。」又似真有入
道之事。蓋梅村時已南歸，據所傳聞者書之，故二詩前後異辭。即《讀史有
感》之第三、第八兩首，亦云：「九原相見尚低頭」「扶下君王到便房」，與
前兩首不合矣。

《清涼山贊佛詩》云：「王母攜雙成，綠蓋雲中來。漢主坐法宮，一見光俳
徊。」又云：「可憐千里草，數落無顏色。」詩中明寓一董字。世祖《御製
孝獻皇后行狀》亦稱董皇后。近有妄人，謂後即冒辟疆姬人董小宛白，附會
梅村《題董白小像》詩有「篡門深更阻侯門」之句；又以梅村集中此詩之次，
為《題董君書扇》詩兩首，又其次為《古意》六首，其末章云：「掌上珊瑚
憐不得，卻教移作上陽花。」橫相牽涉，遂以《御製行狀》與闐疆《影梅庵
憶語》（開林按：「庵」原誤作「歷」）合刻一帙。近繆藝風秘監《雲自在庵
筆記》中，亦載此行狀，已微辨其誤。按：董氏，實董鄂氏，又作棟鄂維氏，
為八旗著姓。世祖妃嬪中，出於董鄂氏者共四人，一即孝獻皇后，內大臣鄭
碩之女。順治十三年十月己卯封皇貴妃，十七年八月壬寅薨，以皇太后旨追
封為皇后。梅村《清涼山贊佛詩》，實為后而作也。世祖貞妃，亦董鄂氏，
輕車都蔚巴度之女，即以世祖晏駕之日自殺。順治十八年二月壬午諭曰：「皇
考大行皇帝御宇時，妃董鄂氏賦性溫良，恪共內職。當皇考上賓之日，感恩
遇之素深，克盡哀痛，遂爾薨逝。芳烈難泯，典禮宜崇，特進封以昭淑，應
追封為貞妃。欽此。」梅村《讀史有感》八首及《古意》六首亦間為妃作。
此外，妃嬪中尚有二董鄂氏，一封皇考寧謐妃，一封皇考端懿妃，皆見於紀
載者。至世祖二后，則廢后博而濟錦氏，既降為靜妃；后博爾濟錦氏，即孝
惠皇后，亦無寵。見於《御製孝獻皇后行狀》及屢次諭旨中。由此事實知不
獨董小宛之說荒謬不足辨，即梅村《讀史》、《古意》諸詩，自可迎刃而解。
其《讀史》之三云：「昭陽中帳影嬋娟，慚愧深思未敢前。催道漢皇天上好，
從容恐殺李延年。」《古意》之四云：「玉顏憔悴幾經秋，薄命無言只淚流。
手把定情金合子，九原相見尚低頭。」此兩首則為孝獻作。至《讀史》之八
云：「銅雀空施六尺床，玉魚銀海自茫茫。不如先拂西陵枕，扶下君王到便
床。」《古意》之二云：「豆蔻梢頭二月紅，十三初入萬年宮。可憐同望西陵
哭，不在分香買屨中。」此二首則為貞妃作。若《古意》之一云：「爭傳婺
女嫁天孫，才過銀河拭淚痕。但得大家千萬歲，此生那得恨長門。」此首當
指孝惠或靜妃言之。又《讀史》之七云：「上林花落在芳尊，不死鉛華只死
恩。金屋有人空老，任他無事拭啼痕。」則又兼寫數人事，此外各首當一一
有所指，然與董小宛無涉，則可斷也。

京師彰義門內善果寺有一碑，康熙十一年立，益都馮相國溥撰文〔註9〕。內稱順治十七年，世祖章皇帝為董皇后設無遮大會，車駕凡五臨幸云。又是時，主此寺者為旅禪師，世祖蓋嘗與談釋典，若玉琳、木陳之類。故碑文又云「此地即黃帝之崆峒，放勛之衢室」也。〔註10〕

吳翌鳳《遜志堂雜鈔》甲集云〔註11〕：「國初社事猶盛，吳中則有慎交社。彭瓏雲客、宋德宜右之、德宏疇三、尤侗展成主之，七郡之士從焉。嘉興則有十郡大社，連舟數百艘，集於南湖。太倉吳偉業，長洲宋德宜、實穎，吳縣沈世英、彭瓏、尤侗，華亭徐致遠，吳江計東，武進黃永、鄒祗謨，無錫顧宸，崑山徐乾學，嘉興朱茂晭彝尊，嘉善曹爾堪，德清章金牧金范，杭州陸圻，蕭山毛奇齡，山陰駱復旦，會稽姜承烈、徐允定等皆赴。自此以後，風流歇絕矣。」按：國初大學士馮銓、劉正宗〔註12〕等皆明時閹黨之餘，故專仇社會，且設厲禁。今秀才臥碑〔註13〕其文猶存，士氣不振，未必不由於

〔註8〕眉批：「文學。詩」、「掌故須詳考」。

另，民國·楊鍾義《雪橋詩話》卷二：

陳其年《讀史雜感》云：「董承嬌女拜充華，別殿沉沉闢鈿車。一自恩波專戚里，遂令顏色擅官家。驪山戲馬人如玉，虎圈當熊臉似霞。玉柙珠襦連歲事，茂陵應長並頭花。」此詩當與梅村《清涼山贊佛詩》同時作。吳詩，陸祁孫謂為崇禎帝作，恐尚未得本旨之所在。《讀史有感》句云「君王縱有長生術，恐向瑤池不並樓」，意尤明顯。

〔註9〕清·于敏中《日下舊聞考》卷五十九《城市》：

馮溥《重建善果寺碑》略：京師宣武門之西有善果寺，創於南梁，初名唐安，日久而廢。故明天順時，太監陶榮等捐資恢復，奏改今額，此善果寺之名所由始也。順治十七年，聖駕臨幸，嘉其喬木陰森，院宇宏敞，不雜閭閻，宛然名山，歎為京師第一勝地。選振庵月禪師駐錫茲寺，車駕凡五過焉。未幾，振公還山，住持超宗嗣主院事，修舉廢墜。按形家言，寺地深窅，前昂後低，宜建傑閣以為寺之後鎮。予為捐俸剙成之，琅函貝葉，悉貯其中。閣之前為浮圖，浮圖之前為大士、大雄兩殿，又前而南則天王殿在焉。天王殿歲久傾圮，三韓李芝英新之，工創於康熙十一年二月，告成於九月初吉。

〔註10〕眉批：「掌故。」

〔註11〕又見清·吳翌鳳《鐙窗叢錄》卷一。

〔註12〕馮銓、劉正宗傳見《清史稿》卷二百四十五。

〔註13〕《明史·選舉志一》：「（洪武）十五年頒學規於國子監，又頒禁例十二條於天下，鐫立臥碑，置明倫堂之左。其不遵者，以違制論。」

又，清·張廷玉等奉敕撰《皇朝文獻通考》卷六十九《學校考七》：

（順治）九年，頒臥碑文於直省儒學明倫堂。文曰：

此也。〔註14〕

　　志伯愚侍郎改官烏里雅蘇臺參贊，途中得竹枝詞一百首，自注多可採者。
《桃花乞》按：《輟耕錄》以漢人為桃花石〔註15〕，與此音近。惟侍郎此詩云云，又似非
謂漢人，故錄存備考。一首云：「一座氊盧一守兵，司茶執爨費經營。開言但喚桃
花乞，男女齊來應一聲。」自注云：「桃花乞不分男女，無論正臺幇臺，輪應出蒙古包一
座者，其人即為此處之守兵。例應男丁，無男則以女代之。」第五十四《臺白達拉克》
一首云：白達拉克，河名。「烏塔西行一山口，中藏百里地膏腴。黏天綠草平如
掌，守險屯田此要途。」自注云：「由烏塔西行入山口，其平如掌，寬二十里，長一百里，
兩旁山削如壁，無歧路可行。土潤草肥，淘屯牧之美地也。」《元人古墓》一首云：「山
岡華表立崔巍，羽化千年鶴不歸。碑碣無存名氏翳，我來空自弔斜暉。」自注
云：「自過布音圖河山灣，往往見石柱對峙，細視上有龍紋及日月象，大都剝蝕，蓋元時顯宦
歸葬以志墓者。惜風氣不開，今仍火葬，土人不知古有墓也。詢之臺官，謬答以為天生石柱。

朝廷建立學校，選取生員，免其丁糧，厚以廩膳，設學院、學道、學官以教
之，各衙門官以禮相待，全要養成賢才，以供朝廷之用。諸生皆當上報國恩，
下立人品，所有條教，開列於後。
一、生員之家，父母賢智者，子當受教；父母愚魯或有為非者，子既讀書明
理，當再三懇告，使父母不陷於危亡。
一、生員立志，當學為忠臣清官，書史所載忠清事蹟，務須互相講究，凡利
國愛民之事，更宜留心。
一、生員居心忠厚正直，讀書方有實用，出仕必作良吏。若心術邪刻，讀書
必無成就，為官必取禍患。行害人之事者，往往自絕其生，常宜思省。
一、生員不可干求官長，交結勢要，希圖進身。若果心善德全，上天知之，
必加以福。
一、生員當愛身忍性，凡有司官衙門不可輕入，即有切己之事，止許家人代
告，不許干與他人詞訟，他人亦不許牽連生員作證。
一、為學當尊敬先生，若講說皆須誠心聽受，如有未明，從容再問，毋妄行
辯難。為師亦當盡心教訓，勿致怠惰。
一、軍民一切利病，不許生員上書陳言，如有一言建白，以違制論，黜革治
罪。
一、生員不許糾黨多人，立盟結社，把持官府，武斷鄉曲。所作文字，不許
妄行刊刻。違者聽提調官治罪。

〔註14〕眉批：「掌故。」
〔註15〕按：《南村輟耕錄》無此語。卷二十一「《西遊記》蒙古目漢人有桃花石之稱」
一條，稿本「西遊記」三字，原作「輟耕錄」，後改為「西遊記」。
元・李志常《長春真人西遊記》卷上：
農者亦決渠灌田，土人惟以瓶取水，戴而歸，及見中原汲器，喜曰：「桃花石
諸事皆巧。」桃花石謂漢人也。

可哂之至。惜碑碣無一存者。」按：《唐書‧突厥傳》：「太宗曰：『突厥俗，死則焚。』」今葬皆起墓，是北俗墓葬，唐初已有之。第六十二《臺特穆爾圖》一首，自注云：「特穆爾圖，譯言有鐵礦也。相傳礦甚寬深，產鐵極佳，蒙人慾開而不得其法，近聞俄人頗有意開採云。」〔註16〕

《俄史輯譯》載法使《婆忙得行述》，所記俄主彼得遺囑有云：「開拓之計，宜從事於土耳其之君士但丁及印度國。苟能得此，可為天下獨一之主。」按：此遺囑或疑其不實，然以俄之行事測之，又疑其真。余謂此囑意計所及，偉略非凡，非法使所能偽也。俄人百五十年前，其意計已如此。《泰西新史攬要》言彼得之始即位，其屬地有英程五百萬方里。英程十方里合華程十方里。至愛烈珊德皇之世，已廓版圖至英程九百萬方里。俄於是時，四路擴充，合計所得者已共有歐羅巴全洲之廣矣。然於土都及印度兩地，猶未能行彼得之遺囑。則英之謀國有人，而俄不得志於西方者，且將從事於東方也。明太祖著祖訓，列不征之國十五，以示後人。是以終明之世，武功不振。李克用以三矢遺其子，是以終滅梁滅燕走契丹。凡有國之君，豈可自隘其規模而啟陵侮之漸哉！〔註17〕

劉智《天方性理〔註18〕‧四行正位圖》以東為氣位，西為土位，南為火位，北為水位。其說以氣為木母，金為土子，又引清源黑氏之言，謂南北有定位，東西無定位，南北以二極為定位，東西乃以天地為定位也。是又以天為氣，以地為土。其實展轉勦襲佛氏地水火風之說耳。余嘗謂儒家言五行為入世法，故皆舉目驗手執者言之，言金木而不言風。佛言四大為出世法，則舉原質而言之，故舉風而不言金木，且謂之地而不謂之土。言五行者有定位，言四大者無定位，此必然之理也。劉氏乃參用而坿會之，遂支離而不合於理矣。按：清源黑氏即作此書序之黑鳴鳳。又其譯本經第一章云：「氣火水土，謂之

〔註16〕眉批：「文學。詩。」
〔註17〕眉批：「夷情。」
〔註18〕清‧魏源《海國圖志》卷二十五《西南洋‧天方教考下》：
天方經以《甫爾加尼經》為最大，諸大弟子發明之者，如曰《噶最真經》，曰《咱希德真經》，曰《大觀真經》，曰《昭微經》，曰《費隱經》，曰《研原經》，曰《道行推原經》，曰《真光經》。天方諸賢若查密爾氏暨阿補德歐默爾輩，皆著有成書，如《密遍索德勒瓦》、《一合額史爾》等經，既行於天方，又傳之東土，文義聱牙詰屈，不能通於儒。康熙中有金陵劉智者，彼教中人也，會通東西之文，譯為《天方性理》、《天方典禮》二書，因經立圖，因圖立傳，冠以五章。（下略）

四元。金木活類，謂之三子。四元三子，謂之七行。七行分布，萬彙生成。」原注云：「《格致全經》，又《研真經》。」按：既以活類當七行之一矣，又何以云萬彙生成哉？〔註19〕

　　按《白虎通》〔註20〕論五行云：「水火獨一種，金木多品，何以為南北陰陽之極也？得其極，故一也。東西非其極也，故非一也。」陳卓人《疏證》引《淮南・天文訓》證之，謂「春為少陽，秋為少陰，故非極」。其義甚塙。然則以金木為五行者，固以陰陽之氣言之。且水火亦以氣合而成，安見四大之說勝於五行耶？《白虎通》又曰：「五行常在，火乍亡何？」夫光熱永存，此理之所易曉，而謂之「乍亡」者，蓋據目所能見而言。其取金木而不取氣者，亦以目能見金木而不能見氣故也。

　　《新唐書・食貨志》：「武宗廢浮屠法，籍僧尼為民二十六萬五千人，大秦穆護祆二千餘人。」按：金天柱《清真釋疑》〔註21〕云：「穆罕默德居默德那城，興揚教門，名曰穆思懍教，從其教者名曰穆民。均釋為『清真』二字。當時並無回回之稱。」余謂穆護即今之回教。又回紇稱太子為葉護。《唐書・突厥傳》云：「大臣曰葉護。」此用《清真釋疑》之說。此「護」字之義稱為「穆護」，蓋如僧眾之稱釋子矣。祆教即火教，今波斯之俗猶行之。《唐・百官志》祠部郎中職云：「兩京及磧西諸州，火祆歲再祀，而禁民祈祭。」是唐時祆廟雖多，而未嘗聽民從其教也。〔註22〕

　　《白虎通・論天地之始篇》云：「五行生情性，情性生汁中，汁中生神明。」陳氏《疏證》云：「《珠林》引虞喜《安天論》云：『情性生斗中為神明。』此作『汁中』，未知何解。」余謂此篇「汁」當作「斗」，形近而譌。言北斗主人生命心性者，三代之舊說也。今數家多用之。《公羊》莊十年《疏》引《春秋運斗樞》云：「《春秋》設七等之文，以貶絕錄行，應斗屈伸。」《疏》又云：「必備七等之法者，正以北斗七星主賞罰示法。」《說郛》載《春秋運斗樞》云：「分陰陽，建四時，均五行，移節度，定諸紀，皆繫於斗」，是《白虎通》之所本。《史記・

〔註19〕眉批：「五行。」
〔註20〕見《白虎通德論》卷三《五行》。
〔註21〕清・金天柱《清真釋疑》，有清光緒二年（1876）刻本；《清真釋疑補輯》，有清光緒七年（1881）、清光緒十一年（1885）、清光緒二十年（1894）刻本。
〔註22〕眉批：「宗教。」

天官書》與《運斗樞》文同。《索隱》曰:「姚氏案:宋均云:『言是大帝乘車巡狩,故無所不紀也。』」蓋即宋均《春秋緯》之注。《史記・天官書》斗魁戴匡六星,四曰司命,此後世言星命家所託始矣。〔註23〕

西人之學言靈魂在腦,中國則言一切在心。余嘗謂二說宜互相備。《說文》思字「從囟從心」,是其義。又按《黃庭經・至道章》〔註24〕云:「腦神精根字泥丸」、「一面之神宗泥丸」;《心神章》〔註25〕云:「六腑五臟神體精,皆在心內運天經。」其言面部主於腦,臟腑主於心,乃道家精要之說也。〔註26〕

《新唐書・隱逸・孟詵傳》云:「至劉褘之家,見賜金,曰:『此藥金也。燒之火,有五色氣。』試之驗。」按:此即化學家化分之類。〔註27〕

又《唐書・藝文志》有詵《食療本草》三卷、《補養方》三卷、《必效方》十卷。王燾《外臺祕要方》屢引之。詵官侍郎、刺史,不入方技而入隱逸,史之失也。《唐書》醫家甄權、張文仲等,併入《方技傳》。〔註28〕

《新唐書・陸羽傳》云〔註29〕:「幼時,其師教以旁行書。答曰:『終鮮兄弟而絕後嗣,得為孝乎?』師怒,使執糞除圬墁以苦之。」按:旁行書出《漢書・西域傳》〔註30〕,景文借用為佛書也〔註31〕。〔註32〕

《新唐書・儒學傳》〔註33〕:「孔至譔《百家類例》,以張說等為近世新族,刪去之。說子坰方有寵,怒曰:『天下族姓,何豫若事,而妄紛紛邪?』」蓋氏族之學廢而不講,多由於此。近者志伯愚官學士時,奏請修

〔註23〕眉批:「術數」、「天文」。
〔註24〕見三國・佚名《上清黃庭內景經・至道章第七》。
〔註25〕見《上清黃庭內景經・心神章第八》。
〔註26〕眉批:「西學。」
〔註27〕眉批:「方技。」
〔註28〕眉批:「又。」
〔註29〕見《新唐書》卷一百九十六《隱逸列傳》。
〔註30〕《漢書》卷九十六上《西域傳上》:
安息國,王治番兜城,去長安萬一千六百里。……書草,旁行為書記。顏師古注:「服虔曰:『橫行為書記也。』師古曰:『今西方胡國及南方林邑之徒,書皆橫行,不直下也。』」
〔註31〕又,宋・宋祁《景文集》卷五十七《張文懿公士遜舊德之碑》:
公之引年,人間事一不概意。閱黃老旁行書,粗以應外,精以治內。
〔註32〕眉批:「論書。」
〔註33〕見《新唐書》卷一百九十九《儒學列傳上》。

《滿洲氏族譜》，上將允之，乃以大學士額勒和布力沮遂止。額勒和布乃覺羅禪氏。覺羅禪者，宗室外婦姦生之子，不得入屬籍，則別其氏為覺羅禪也。〔註34〕

《唐律》「盜毀天尊佛像」條，《疏議》曰〔註35〕：「盜毀餘像者，若化生神王之類，當不應為從重。」化生神王蓋指雜祀而言，然未知當時語何所本也。按：化生蓋別於胎生、濕生、卵生之類，疑所指若山川之神也。〔註36〕

《唐書‧禮樂志》：「上元元年，尊太公為武成王，以歷代良將為十哲，蜀丞相諸葛亮列於左。」按：今無武成廟，而諸葛忠武侯從祀孔子廟。千古以來，既祀武廟，復祀文廟，惟忠武一人而已。〔註37〕

讀前人書，固不宜苛論字句。然有一涉筆而令人可笑者，以此等人而主持百年風雅，宜詞章之道遜於前代也。如沈德潛《唐書考證跋語》〔註38〕第一句云：「《新唐》一書。」夫歐、宋之史第名《唐書》，後人以別舊書，特加新字。沈乃以新、唐標目，若後漢、北齊之稱，此乃文理未通，非復尋常紕繆。又云：「後代有作《糾繆》者。」夫吳縝之與歐、宋顯屬同時，此而不知，遑云考史。又云：「《舊書》以完善勝，故司馬氏作《通鑒》往往取之。《新書》以識見勝，故朱子作《綱目》往往取之。」謂《舊書》為完善，豈《新書》有所殘缺乎？至朱子之書實名《通鑒綱目》，截取二字，亦不成文。其餘所言，大都字句未安，論議無取。寥寥四百字，而疵累殊多，徒足使漁仲〔註39〕笑人、子元〔註40〕拊掌。甚矣，學究之不可與言史也！〔註41〕

〔註34〕眉批：「氏族。」
〔註35〕見唐‧長孫無忌《唐律疏議》卷十九。
〔註36〕眉批：「祠祭。」
〔註37〕眉批：「又。」
〔註38〕見《歸愚文鈔》卷十，題為《〈新唐書考證〉後序》。（《沈德潛詩文集》第1278頁）
〔註39〕鄭樵，字漁仲。
〔註40〕「元」當作「玄」。劉知幾，字子玄。
〔註41〕眉批：「論史。」

黃壬谷《破邪詳辯》〔註42〕摘錄邪經至四十餘種〔註43〕，大抵鄙俚不經。

〔註42〕清‧沈濤《交翠軒筆記》卷一：

狄道黃壬谷大令〔育楩〕作《破邪詳辯》一書，敘邪教之源流甚悉。

又，國家圖書館藏清‧黃育楩《破邪詳辯》三卷首一卷續一卷、清道光十四年（1834）刻本，1冊；《續刻破邪詳辯》一卷又續一卷二續一卷，清道光十九年（1839）刻本，1冊。首都圖書館藏《破邪詳辯》四卷，清光緒九年（1883）荊州將軍署刻本，2冊；《破邪詳辯》三卷續刻一卷首一卷，清光緒八年（1882）荊州將軍署重刻本，2冊。

另，朱建偉《中國古代邪教的形態與治理》附錄五：

《破邪詳辯》整理前言

本書係據謝國楨同志所藏道光原刻本抄錄、標點。全書包括《破邪詳辯》三卷、《續刻破邪詳辯》《又續破邪詳辯》《三續破邪詳辯》四部分。原書有卷首一卷，錄康熙「聖諭」、《大清律例》禁邪類條文、道光關於王法中等案上諭，今除道光上諭保留外，餘皆刪去。全書四部分陸續寫刻於道光十四年1834年、十九年1839年和二十一年1841年，為北京琉璃廠五雲堂書坊刻本。據作者《又續破邪詳辯》自序，尚有一種道光間直隸省城翻刻本。此外，還有光緒九年1883年荊州將軍府重刊本。

作者黃育楩，字壬谷，甘肅狄道州今臨洮縣人。嘉慶九年1804年中舉，以知縣分發直隸，歷任宛平、三河、武清、清河、寶坻、廣平、邢臺、鉅鹿縣知縣和深州、滄州知州，在任以知府選用，死於任上。

作者任鉅鹿縣知縣和滄州知州期間，為配合鎮壓白蓮教，將當地民間並寺廟所藏的明末白蓮教經卷六十八種，「摘出各經各品妖言」，又將清代北方各地白蓮教所「提出無數妖言，其妄謬有更甚於邪經者」「擇其主意所在之處，詳為辯駁」，寫成本書，廣為刊印散發。統治者以專書形式集中攻擊白蓮教，在清代是僅見的，在歷史上也是突出的，足見鬥爭的激烈。

〔註43〕朱建偉《中國古代邪教的形態與治理》附錄四：

《破邪詳辯》所列邪經名目

1.《破邪詳辯》

《古佛天真考證龍華寶經》《銷釋悟性還源寶卷》《開心結果寶卷》《下生歎世寶卷》《明證地獄寶卷》《科意正宗寶卷》《歸家報恩寶卷》《護國祐民伏魔寶卷》《混元紅陽顯性結果經》（開林按：「紅」字，著者有腳注稱：「紅陽之『紅』係『弘』字諱。《破邪詳辯》因避清高宗弘曆名諱，書中卷名、經名『弘』字均作『紅』。」）《混元紅陽大法祖明經》《混元紅陽血湖寶懺》《混元無上大道元妙真經》《苦功悟道卷》《正信除疑無修證自在卷》《巍巍不動太山深根結果卷》《歎世無為卷》《破邪顯證鑰匙卷》《姚秦三藏西天取清解論》《普靜如來鑰匙通天寶卷》《普明如來無為了義寶卷》

2.《續刻破邪詳辯》

《三義護國祐民伏魔功案寶卷》《泰山東嶽十王寶卷》《地藏菩薩執掌幽冥寶卷》《靈應泰山娘娘寶卷》《護國威靈西王母寶卷》《佛說離山老母寶卷》《千手千眼菩薩報恩寶卷》《銷釋白衣觀音菩薩送嬰兒下生寶卷》《佛說彌陀寶卷》《救苦忠孝藥王寶卷》《佛說梁皇寶卷》《銷釋孟姜忠

其《龍華寶經》云無生老母所說，所謂無生老母者，乃明末妖婦。壬谷任滄州知州時，查滄州城內有無生廟碑記文，係明朝進士所撰，殘缺不辨姓名，內言無生著於明世，至萬曆時靈異尤甚。又邪教王法中案內供稱無生老母於康熙年間轉世，在清苑縣之國宮營，既嫁，生一子，後被其夫休棄，子又被雷殛死，因在國公營之大寺內習教傳徒。迨身死，其徒於寺後修一磚塔，以藏骨骸。於時，即照供，遣員拆塔毀骨。其《龍華經》有云：「紅陽教，飄高祖。淨空教，淨空僧。無為教，四維祖。西大乘，呂菩薩。黃天教，普靜祖。龍天教，米菩薩。南無教，孫祖師。南陽教，南陽母。悟明教，悟明祖。金山教，悲相祖。頓悟教，頓悟祖。金禪教，金禪祖。還源教，還源祖。大乘教，石佛祖。圓頓教，菩善祖。收源教，收源祖。」查邪經，飄高為萬曆時人，無生之弟子也。其所稱淨空等眾，大抵皆同時妖人。黃壬谷云：「刊印邪經，係明末太監，其遺毒甚矣。」余聞近日紅陽、大乘等教傳之者日眾，又當時以習教者為行好。亦見《破邪詳辯》。今則音變為學好，殆不下數百萬人。惟在禮一門，近世所瓶，或謂與邪教異，然終日必默念觀世音菩薩五字，又聞別有所諷經卷，則亦非徒禁酒禁煙而已。在禮之徒，亦不下數百萬人。惟此等教民，非愚即懦，即有不軌之謀，亦何足與官兵抗。要在廣設學校以化之，詳慮民生以養之。十年以內，可以盡為良善，此則在上者所宜引為己責，而不可徒事於殺戮者也。〔註44〕

烈貞節賢良寶卷》《佛說如如老祖寶卷》《佛說無為金丹揀要科儀寶卷》《佛說明宗顯性科儀》《佛說通元收源寶卷》《普度新聲救苦寶卷》《銷釋授記無相寶卷》《銷釋大宏覺通寶卷》《銷釋印空實際寶卷》《銷釋金剛科儀》《佛說大方廣圓覺修多羅了義寶卷》《佛說三回九轉下生漕溪寶卷》《佛說黃氏女看經寶卷》《佛祖傳燈心印寶卷》《皇極金丹九蓮正信皈真還鄉寶卷》

3. 《又續破邪詳辯》
《混元紅陽臨凡飄高經》《混元紅陽悟道明心經》《混元紅陽歎世經》《混元紅陽苦工悟道經》《混元紅陽明心寶懺》《混元紅陽拔罪地獄寶懺》《混元紅陽救苦昇天寶懺》《混元無上拔罪救苦真經》《混元無上普化慈悲真經》《混元寶懺中華序》《銷釋闡通救苦寶卷》《觀音釋宗日北斗南經》《敕封劉守真君寶卷》《銷釋地獄寶卷》《東嶽天齊仁聖大帝寶卷》《金闕化身元天上帝寶卷》《福國鎮宅靈應灶王寶卷》《佛說皇極收元寶卷》

4. 《三續破邪詳辯》
《苦功悟道卷略解》《悟道心宗覺性寶卷》《銷釋收圓行覺寶卷》《銷釋真空掃心寶卷》

〔註44〕眉批：「宗教。」

　　明余繼登《典故紀聞》卷十五云：「成化年間，因擒獲妖人，追其妖書，備錄其名目，榜示天下。」《紀聞》錄其書目，凡百餘種〔註45〕，惟其中有《洪

〔註45〕明・余繼登《典故紀聞》卷十五：

成化年間，因擒獲妖人，追其妖書圖本，備錄其名目，榜示天下，以曉諭愚民。其書有：《番天揭地搜神記經》、《金龍八寶混天機神經》、《安天定世繡瑩關》、《九龍戰江神圖》、《天空知賢變愚神圖經》、《鎮天降妖鐵板達》、《通天混海圖》、《定天寔國水晶珠經》、《金鎖洪陽大策》、《金鋒都天玉鏡》、《六甲明天了地金神飛通黑玩書》、《通天徹地照仙鑑經》、《三天九關夜海金船經》、《九關七返纂天經》、《八寶擎天白玉柱》、《夫子金地曆》、《劉大保淺漏天機》、《伍公經》、《奪天冊》、《收門纂經》、《佛手記》、《三煞截鬼經》、《金鎖攔天記》、《緊關周天烈火圖》、《玉盆經》、《換天圖》、《飛天曆》、《神工九轉玉甕金燈記》、《天形圖》、《天髓靈經》、《定世混海神珠》、《通玄濟世駕鵞經》、《錦珊瑚》、《通天立世滾雲裘》、《銀城論》、《顯明曆》、《金章紫綬經》、《王賢鏡》、《四門記》、《收燕破國經》、《通天無價錦包袱》、《三聖爭功聚寶經》、《奪天策》、《海底金經》、《九曜飛光曆》、《土傘金華蓋》、《水鑑書》、《照賢金靈鏡經》、《硃書符式》、《坐壇記》、《普濟定天經》、《周天烈火圖》、《六甲天書》、《三災救苦金輪經》、《智鎖天關書》、《感天迷化經》、《變化經》、《鎮國定世三陽曆》、《玄元寶鏡》、《玉傘錦華蓋》、《換海圖》、《轉天圖》、《推背書》、《九曜飛天曆》、《彌勒頌》、《通天玩海珠》、《照天鏡》、《玄天寶鏡經》、《上天梯等經》、《龍女引道經》、《穿珠偈》、《天形圖》、《應劫經》、《天圖形首妙經》、《玉賢鏡》、《透天關》、《盡天曆》、《玄娘聖母親書》、《太上玄元寶鏡》、《降妖斷怪五家經》、《金光妙品》、《奪日金燈》、《紅塵三略》、《照天鏡》、《九關番天揭天神圖》、《金鋒都天玉鏡》、《玉樹金蟬經》、《玄娘聖母經》、《七返無價紫金船銀》、《城圖樣》、《龍鳳勘合》。

按：所列書目共計91種。文氏稱「凡百餘種」，不確。

又，明・朱國禎《湧幢小品》卷三十二《妖人物》：

成化中，山西崞縣民王良，學佛法於彌陀寺僧李金華，見人輒為好言勸諭之。忻州民李鉞聞而悅之，願為弟子。所談皆虛幻事，從之者至數百人，遂謀不軌。相與言曰：「吾佛法既為人信服，由是而取天下亦不難。但邊兵密邇，慮或相撓阻。若遇韃虜通謀，令其犯邊，因與官軍出御，乘間而起，事可濟也。」於是良與鉞撰妖言數十篇，謂皆夢中佛所授者，眾皆跪拜爭觀。良曰：「干戈炒，不得水，不得了。」有一人解曰：「水居北方，韃虜是也。必韃虜犯邊，方能了事。」良即撰表，欲上迤北小王子，請犯邊，當為內應。令何志海等四人馳馬負表，具旗號器械以行。至朔州胡浪莊，失道，為守墩者所獲。良等知事敗，即集眾，欲攻墩縣。適巡撫瞿瑄等遣兵剿捕，良等率五百人奔定襄縣洪泉寨間，嘯聚剽掠，州縣官招撫之不服，乃督民兵入山攻之。會大霧，賊不為備。兵至，倉卒不能敵，皆奔竄，獲良於五峰山。搜各山，獲百二十三人，及妖書、器械、衣服、馬匹頗多。瑄會太監劉政，及參將王升、御史吳裕等，遣人械良等五十四人至京師，命法司會官廷鞫，得其情，悉斬之。瑄、政等各賜勑獎勵。於是左都李秉等奏：「錦衣衛鎮撫司累問妖言罪人所追妖書圖本，舉皆妄誕不經之言，小民無知，往往被其幻惑。乞備錄其妖

陽大策》及《金蟬經》等，與近今邪教名同。然此等妖書隨滅隨起，愈趨愈下，皆無知愚氓信口編集，不必前有所本也。

《嘯亭雜錄》記嘉慶癸酉之變云〔註46〕：「白蓮邪教起自元末紅巾之亂，明唐賽兒、徐鴻儒等相沿不絕。其經卷皆盜襲釋氏之文，而鄙褻不成文理，又以『真空家鄉，無生父母』八字為真言。其教以道祖為重，又有天魔女諸名位。其傳習京畿者，又變為八卦、榮華、紅陽、白陽諸名。」按：川楚之變為白蓮邪教，林清之變為八卦邪教。今京師傳八卦教者尤眾，又變其說為技擊之八卦門，流禍日滋，可為深慨。

道光間，又有所謂崆峒教者，泰州周氏創之。周，彭澤人，或云池州人。其徒薛執中者遊京師，與王公大臣交，後伏法；張姓者居山東黃巖山，為閻敬銘所殺；李姓者，最老壽，遊江湖間，卒於光緒十年以後。徒眾殆三四千人，士大夫亦有歸之者。李之徒有蔣姓者，余曾見之，述其師宗旨，云：「心息相依，轉識成智。」此僅用禪波羅蜜法門。其流派論說甚紛，余不欲贅論也。

書名目，榜示天下，使鄉民咸知此等書籍決無證驗，傳習者必有刑誅，不至再犯。」奏可。其書有：《番天揭地搜神紀經》、《金龍八寶混天機神經》、《安天定世繡瑩關》、《九龍戰江神圖》、《天宮知賢變迂神圖經》、《鎮天降妖鐵板達》、《通天混海圖》、《定天定國水晶珠經》、《金鎖洪陽大策》、《金鋒都天玉鏡》、《六甲明天》、《九關夜海金船經》、《九關七返篡天經》、《八寶擎天白玉柱》、《夫子金地曆》、《劉太保淺漏天機》、《伍公經》、《奪天冊》、《收門篡經》、《佛手記》、《三煞葴鬼經》、《金鎖攔天記》、《緊關周天烈火圖》、《玉盆經》、《換天圖》、《飛歷神工》、《九轉王甕金燈記》、《天形圖》、《天髓靈經》、《定世混天神珠》、《通玄濟世駕鴦經》、《錦珊瑚》、《通天立世滾雲裝》、《銀城論》、《顯明曆》、《金璋紫綬經》、《玉賢鏡》、《四門記》、《收燕破國經》、《通天無價錦包袱》、《三聖爭功聚寶經》、《金歷地經》、《奪天策海底金經》、《九曜飛光曆》、《土傘金華蓋水鑒書》、《照賢金靈鏡經》、《硃砂符式坐壇記》、《普濟定天經》、《周天烈火圖》、《六甲天書》、《三災救苦金輪經》、《智鎖天關書》、《惑天迷化經》、《變化經》、《鎮國定三世陽曆》、《玄元寶玉》、《鏡傘錦華蓋》、《換海圖》、《轉天圖》、《推背書》、《九曜飛天曆》、《彌勒頌》、《通天玩海珠》、《照天鏡》、《玄天寶鏡經》、《上天悌等經》、《龍女弘道經》、《穿珠偈》、《天形圖》、《應劫經》、《天圖形》、《首妙經》、《玉賢鏡》、《透天關》、《盡天曆》、《玄娘聖母親書》、《太上玄元寶鏡》、《降妖斷怪伍家經》、《金光妙品》、《奪日金燈》、《紅塵三略》、《照天鏡》、《九關番天揭地神圖》、《金鋒都天玉鏡》、《玉樹金蟬經》、《玄娘聖母經》、《七返無價紫金船》、《銀城圖樣》、《龍鳳勘合》。
所載書目與《典故紀聞》略有不同。
〔註46〕見《嘯亭雜錄》卷六《癸酉之變》。

　　西曆紀年前一千四十六年，猶太王大辟即位，與推羅王海侖作通商條約。立約自此始。其子瑣羅門繼之，重申前命。見《西國政教考略》。〔註47〕

　　回人有紅帽、白帽、新教、舊教之名，乾隆四十餘年，馬明心、蘇四十三、田五等自西域歸，傳受新教，遂至結黨謀逆。後同治間，馬化漋、馬桂源皆以新教號召回民者也。近日董福祥奏云〔註48〕：「回人習教牟利，厥後約有四端，曰花寺，曰募抉提，曰洪門，曰白莊。四者並行，惟花寺一教為最勝。」案此四者，疑皆新教之支分。而今歲河州叛回，馬永琳即花寺之教主也。〔註49〕聞新教所誦之經亦與舊教無異，而何以從新教者必至於叛逆，當質諸習於回教事實者，非細故也。盛伯希祭酒云：新教誦經畢搖頭，舊教不搖頭。此亦一異。〔註50〕

　　《西國近事彙編》〔註51〕云：「北阿非利加之摩洛哥國，紅帽回回族也。」己卯春季。又云：「摩洛哥國，幅員與法相埒。」庚辰春季。「與西班牙僅隔一海，人民咸著赤幘，世呼為紅帽回回云。」庚辰冬季。余按：此西回教僅存之國也。西書論教派者，謂回教教會有以色拉維會，有墨色侖維會，有穆罕默德會。會中有猶太教、耶穌教。異邦各教教規。按：此所言亦回教與猶太、耶穌同源異流之證，特不知其各會之殊別若何耳。土爾其國自稱其教為依石藍教，其教之大長稱室畏兒依石藍。周去非《嶺外代答》〔註52〕記大食諸國云：「有白達按：即報達。國，大食諸國之京師也。其國王則佛麻霞勿之子孫。」麻霞勿即穆罕驀德之轉音，是其教亦稱穆罕驀德為佛。〔註53〕

　　劉智《天方性理》列所採輯經書目共八十種，其第一種即《古爾阿尼泰西新史攬要》，云：「突厥自名其教中經卷曰富爾干尼。」按：即古爾阿尼，各書中或作「闔爾罕」。歐人譯其意而轉譯華文，則果然二字之義也。其國中治民之律例，亦採之于果然；風俗之所尚，亦備載于果然。然余檢《天方性理》中，其

〔註47〕眉批：「夷情。」
〔註48〕見《東華續錄・光緒一百三十》二十一年十一月壬子。
〔註49〕董福祥奏云：「四者並行，惟花寺一教為最盛，其教主曰馬永琳。」
〔註50〕眉批：「宗教。」
〔註51〕李慈銘著，由雲龍輯《越縵堂讀書記》史部雜史類：
　　　　《西國近事彙編》
　　　　閱《西國近事彙編》，其中多可得中國制夷之要。譯者美國人金楷理，述者歷城蔡錫齡，可謂有心人也。
〔註52〕見宋・周去非《嶺外代答》卷三《外國門下・大食諸國》。
〔註53〕眉批：「又。」

卷首所謂本經五章，則雜採《昭微經》、《道行推原經》、《格致全經》、《研真經》、《費隱經》、《天經情性》六書以成之，其圖說五卷則絕無引用書目，而於古爾阿尼竟無一字及之，豈其教中例嚴，不准傳述邪？抑其道理淺薄，劉智故隱之以示深秘邪？《清真指南》卷七云〔註54〕：「四大真經總理大綱者，惟《府爾歌係真經》。經云：自此經降後，奉主命，將前聖一切經書悉行停止。」此亦足見穆罕默德之用心矣。《泰西新史》又云：「果然經中有不准剖屍驗視之舉。」蓋泰西各國當有譯本。西書言《哥蘭經》近已有活字排印本。又云近譯東方各聖書，已有三十六卷。此兼回教而言。又按：《西人教派叢書》〔註55〕有云：天方教律例及其教中諸書另有教法學法。有一種教規最為微妙，其名曰美爾著依白拉依瑪，非下學所得預聞。劉智所言性理，殆即其所謂微妙者乎？〔註56〕

蔣子瀟《後西征述》〔註57〕以《古爾阿尼經》稱穆罕薔德上帝欽差，謂其理優於釋教及耶蘇教。按：釋教言佛由天宮降生，而子瀟因謂佛自稱天帝降生，是於釋典尚未詳究，毋庸強作解事。若耶蘇則與回教同出一原，亦未易定其優劣也。「上帝欽差」，回文云「賠昂伯爾」。

《天方曆書》載人祖始生名阿丹，一曰亞，當即中國所謂盤古氏。回書論其道統，則謂阿丹傳施師，阿丹長子。施師傳努海，施師十世孫。努海傳易卜喇欣，易卜喇欣傳易司馬義、易司哈格，再傳葉爾苦柏，再傳穆撒，再傳達五德，再傳爾撒。爾撒死，不得其傳。其後異端蠭起，有野忽德、迺梭羅二氏，縱橫天下。迺梭羅即天主教也。爾撒死後六百餘年，而穆罕默德生。《清真釋疑》云〔註58〕：「天主教之耶蘇，即吾教經中之所謂爾撒。爾撒一號葉速，故音轉為耶蘇。」此兩教同源之證。以《古教匯參》所引《創世記》證之，其所謂設者，

〔註54〕見清・馬注《清真指南》卷七《八贊・調養》。

〔註55〕不詳。

〔註56〕眉批：「又。」

〔註57〕清・蔣湘南《西征述》一卷《後西征述》一卷，有清光緒十四年（1888）長白豫山湘南梟署會心閣刻春暉閣雜著本。

〔註58〕清・唐晉徽輯錄《清真釋疑補輯》：
率真子曰：「天主教亦耶蘇以後之變教，已早非爾撒之真教矣。考天方經中爾撒，接傳天方道統之大聖也，豈能不本乎忠孝節義以勸世耶？況『爾撒』、『耶蘇』四字，皆以漢字所譯者，抑因其教中人本先不識漢字，初至中華，見有『耶』字從『耳』（從『阝』），意謂必與『爾』字同也，『蘇』字之音亦與『撒』音相近，遂改『爾撒』為『耶蘇』。（按：覆查爾撒一號葉速爾，則耶蘇之稱亦非無因，尊其為聖固宜，然必以為主子則謬甚矣。）要之，皆未必真耶蘇之教生，已不免以訛傳訛矣。」

即施師之轉音；所謂挪亞者，即努海之轉音。其稱挪亞三子曰閃、曰含、曰雅弗，分居東、中、西三土，與回教書言努海三子曰散穆、曰哈穆、曰雅伏西，分治三土者，尤為吻合。惟《清真釋疑》以雅伏西為即伏羲，則荒謬附會之說耳。

郁速馥康熙間人。漢姓名馬注。《清真指南》卷三云〔註59〕：「昔聖母默勒媽為童女時，閨中沐浴，見盆內若有人影。及視，見一美男立窗外。聖母驚問何人，曰：『吾者，白依勒天仙，奉主命，降爾嗣聖母。』曰：『吾童真清淨，焉能有子？』天仙曰：『主要有即有，不由於人。』忽不見。於是聖母隨娠爾撒，生而神靈，聖智莫測。奉真主命，天仙敕降真經，名《引知禮》。西洋稱爾撒為天主，諱耶蘇，稱聖母為天主母，諱瑪理珄，釋教又稱聖母為觀音，以爾撒為童子，實同名異。迄今披髮跣足，乃沐浴遺蹤。」按：此書援釋家觀音童子之說，不知從何處附會。其謂耶蘇即爾撒，則所述事蹟固與《舊約書》相合矣。

《初學記》二十七引《伏侯古今注》云：「章帝元和三年，明珠出豫章，海昏大如雞子，圍四寸八分。」《御覽》八百三所引同。余聞光緒間南昌鄉間亦有得蚌珠者甚大，售之得數十金，是珠亦不必出於海也。〔註60〕

林樂知《中西關係略論》內譯《咕嘞經》按：即《可蘭經》。語甚多，言天使加伯賴降受此經之夕，自第一重天至第七重天。又云謨罕驀德行教之十二年，自言一夕做麥斯拉，至耶路撒冷昇天。凡古聖古先知皆顯形迎迓。上一重天，遇老人，意是亞當。再上一重，於天門遇挪亞。再上一重遇亞伯拉罕，再上一重遇雅各之子約瑟，再上一重遇摩西，再上一重遇施洗禮之約翰，再上一重，天皆神光，於光中遇耶蘇。此事載《咕嘞經》之第十七章。以西人譯回經，蓋逕以爾撒為耶蘇矣。其所云亞當以下諸聖，亦與耶蘇經同。信乎兩教同出一源也。〔註61〕

《史記·六國表》〔註62〕，《集解》引皇甫謐曰：「孟子稱禹生石紐，西夷人也。」此或出孟子外書。〔註63〕

《尚書大傳》：「古者十稅一。多於十稅一，謂之大桀、小桀。少於十稅一，謂之大貊、小貊。」《困學紀聞》二。又云：「周公居攝」、《隋書·李德林傳》、

〔註59〕見馬注《清真指南》卷七《八贊·天仙》。
〔註60〕眉批：「器物」、「珍貝」。
〔註61〕眉批：「宗教」、「此條接上葉」。
〔註62〕見《史記》卷十五。
〔註63〕眉批：「經義。孟子。」

《《詩·豳譜》正義》。「二年克殷」、《《詩·邶》、〈鄘〉、〈衛〉正義》。「三年踐奄」、《《詩·頌譜》正義》。又云：「狄人將攻太王亶甫。亶甫召耆老而問焉，曰：『狄人何欲？』耆老對曰：『欲得菽粟貨財。』太王亶甫曰：『與之。』每與，狄人至不止。太王亶父贄其耆老而問之，曰：『狄人又何欲乎？』耆老對曰：『又欲土地。』太王亶甫曰：『與之。』耆老曰：『君不為社稷乎？』太王亶父曰：『社稷所以為民也，不可以所為民亡民也。』耆老對曰：『君縱不為社稷，不為宗廟乎？』太王亶父曰：『宗廟，吾私也，不可以私害民。』遂策杖而去。逾梁山，邑岐山，國人束脩奔而從之者二千乘，一止而成三千戶之邑。」《御覽》、《《禮記·哀公問》正義》皆引之。此從黃奭通德堂輯本。又云：「武丁側身修行，重譯來朝者六國。」《通志》、《綱目前編》。此等皆尚書家舊說，而大抵與《孟子》書同。趙邠卿言「孟子通五經，尤長於《詩》、《書》」，信矣。孟子說《書》，多與《大傳》合，說《春秋》多與《公羊》家合，故近人皆引孟子為今文家。然孟子說《詩》，固與《毛傳》不甚異也。

朱長文《琴史》卷四云：「王微，字景玄，晉相導之曾孫。少好學，工書，解音律，而不屑仕宦。尤善琴，並著《譜序》，今此書亡矣。」按：王微有《琴譜》，當補入余所撰《晉書藝文志》。但長文採自何書，亦未能詳也。〔註64〕

《史記·太史公自序》〔註65〕：「在趙者。」《正義》曰：「何法盛《晉書》及晉譙王司馬無忌司馬氏《系本》皆云名凱。」無忌書亦當補入《藝文志》。《系本》當作《世本》，蓋張守節避唐諱改寫。〔註66〕

明夏樹芳《奇姓通》〔註67〕卷一云：「晉恭播著《漢書音義》十二卷、《漢

〔註64〕眉批：「音律」、「藝術」。

另，王微傳見《宋書》卷六十二，不言其著《琴譜》。

〔註65〕見《史記》卷一百三十。

〔註66〕眉批：「氏族。」

〔註67〕《四庫全書總目》卷一百三十八《子部四十八·類書類存目二》：

《奇姓通》十四卷

明夏樹芳撰。樹芳有《棲真志》，已著錄。是編以楊慎所輯《希姓紀錄》未備，因復考之上古，下迄於明，取姓氏之不經見者，分韻編次，複姓則另編於後。然引據未博，體例亦往往疏舛。如《廣韻》東字下所收古人至多，今止錄東不譽一人；又眉間尺引《吳越春秋》，而《吳越春秋》無此文；又凡慎書所已採者，則竟標《升菴集》云云而不載引用書目，俱不免於踦駁也。

按：《四庫全書存目叢書》子部第199冊收入明天啟四年夏氏宛委堂刻本。

清·丁丙《善本書室藏書志》卷二十：

《奇姓通》十四卷　明萬曆刊本　汪季青藏書

書注》四十卷」；又卷六云：「賞慶，晉人。注《周易》。」均未詳所本。其書謬舛甚多，故不採錄。〔註68〕

又《奇姓通》卷二引劉向《別錄》：「干長，平陰人。著《天下忠臣》九篇。」按：干長，今作于長。此書引《別錄》乃與干令升同姓，當有所本，俟考。〔註69〕

茹敦和《竹香齋古文・孝靖倪先生傳》〔註70〕載會鼎所撰《治格會通自序》〔註71〕云：「有事本恒瑣而不刪者，如屯田、牧地，則存其境址；賦稅、課程，則存其規額。下至農桑、畜牧、器用、百工，既關治道，則不得而去。亦有事屬殊特而刪之者，如氏族、六書、七音以至金石、草木之類，博雅所資，而無關政要，則亦不得而存。」按：孝靖此書二百七十餘卷，仿四通二衍之例，其刪六書、七音、金石，誠為善變。至草木關物產，氏族驗民風，不得謂無關治道。若兼載及器用百工，則孝靖之特解也。史公、班令尚能傳食貨，後世無其識矣。〔註72〕

朱竹垞先生《風懷詩》原稿尚存，塗改凡數十聯，其與刊本異者，如「留仙裓盡皺」今作「盡摺」，〔註73〕「歸寧先下雪」今作「輕帆」之類，尚有十數字。其「虛牖李當當」句下原有「愛惜雖齊契，嫌猜尚兩忘。嬉遊貪下九，禮數罷勝常」四句，亦佳語，後以韻複刪去。原題為《靜志詩》，與詩餘八十七首同編一卷。〔註74〕

江陰夏樹芳茂卿輯　華亭陳繼儒仲醇校
樹芳，萬曆乙酉舉人，自號冰蓮道人。嘗著《棲真志》四卷。是編以楊慎所輯《希姓紀錄》為未備，更上自黃虞，下迄明代姓氏之不經見者，分韻編次。複姓則另列於後。《自序》之外有陳翼飛、李維楨兩序。有休寧汪季青家藏書籍印。

〔註68〕眉批：「又。」
〔註69〕眉批：「又。」
〔註70〕見清・茹敦和《竹香齋古文》卷下。
〔註71〕清・悔堂老人著《越中雜識》下卷《義行》有倪會鼎傳，云：
　　　所著有《治格會通》二百七十餘卷，自天官、曆律、禮樂、農桑、選舉、徵辟、賞罰、號令、賦役、屯田、封疆、關隘，以及魚鹽、坑冶之屬，莫不敘其源流，辨其得失，凡二十年乃成。
　　　《竹香齋古文》卷下《孝靖倪先生傳》：
　　　念生平經世之學所受於漳浦者尚歷然胸臆間，乃彷四通二衍之例，臚為一書，以告六官長屬，冀以裨補萬一。書凡二百七十餘卷，名之曰《治格會通》。
〔註72〕眉批：「著述。」
〔註73〕按：清康熙刻本《曝書亭集》作「盡皺」。
〔註74〕眉批：「學。詩」，疑上缺「文」字。

近人於《左傳》、《周官》多疑為劉歆增竄，事雖無據，而理亦有可疑。余按：《史記・呂不韋傳》〔註75〕，《索隱》云：「《戰國策》以不韋為濮陽人，又記其事蹟多與此傳不同。班固雖云太史公據《戰國策》，然為此傳當別有所聞見，故不全依彼說。或者劉向定《戰國策》時，以己異聞改易彼書，遂令不與史遷《記》合也。」余謂劉向何必使《國策》所傳異於《史記》，《索隱》後說殊屬枝辭。然於此可知疑向、歆父子校書有所改易者，唐人已先有是說矣。〔註76〕

元廉文正語云：「宰相須有力量。未有無力量，能為賢相者。天下事苟無牽制，三代可復也。」《元名臣事略》卷七。〔註77〕此任事苦心人語。伯顏稱為真宰相，信然。我朝滿洲諸相，未有能見及此者也。〔註78〕

《文文山集・先君子革齋先生事實》云〔註79〕：「先君子嘗言滯學守固，化學來新，以一革字志韋佩，人皆稱革齋。」「化學來新」，先數百年已有言之者，特「已日乃孚」〔註80〕，未知在何時耳。〔註81〕

《文山集》世通行本為明嘉靖閒曾宏編刊，共二十卷。余得一稍舊之本，題《文山先生文集》，凡十七卷。《別集》六卷，則《指南錄》、《吟嘯集》、《集杜詩》、《紀年錄》也。又《附錄》二卷。共二十五卷。字句異同甚多，可資考證。卷首孫燧一贊，在摹像後，大字書。按：燧巡撫江西，在正德間，與王文成同時。文成為《文山別集序》云：此序余所得本無之，見曾宏輯本附錄。「先生之族裔，今太僕少卿公宗嚴，將是集屬守仁為之序。」則是編亦當日祠堂本也。惟其首葉所存舊序，足見元時刊集之原始。今附錄之。其辭云：「先生平日著述，有《文山隨筆》，凡數十大冊，常與累奉御札及告身及先公太師革齋先生手澤共載行橐。丁丑歲，猶挾以自隨。一旦委之草莽，可為太息。今百方搜訪，僅僅有此。因自寶祐乙卯後，至咸淳甲戌止，隨門類略譜其先後，以成此編，雖首尾粗備，而遺佚者眾矣。如詩一門，先生所作甚富，中年選體更多，今諸體所存無幾，而選幾絕響，更可浩歎。至如場屋舉子業，自有舊日黃冊

〔註75〕見《史記》卷八十五。
〔註76〕眉批：「正譌」、「著述」。
〔註77〕見元・蘇天爵《元名臣事略》卷七《平章廉文正王》。又見蘇天爵《國朝文類》卷六十五元明善《平章政事廉文正王神道碑》。
〔註78〕眉批：「治略。」
〔註79〕見宋・文天祥《文山先生全集》卷十一。
〔註80〕見《周易・革》卦辭。
〔註81〕眉批：「文學。文。」

板行。又如《年譜》、《集杜》、《指南錄》，則甲戌已後之筆，不在此編。其曰《吟嘯》者，乃書肆自為之名，於義無取，其實則《指南》別集耳。因著其說於集端，以諗觀者云。元貞二年太歲丙申冬至日道體堂謹書。」又云：「文山先生文集既繡諸梓矣，然散佚尚多，其為人所什襲者，間復出焉。今隨所得編類如前，為後集。更當訪求，陸續入集云。大德元年丁酉中秋日道體堂謹書。」又低二格書云：「文山先生文集共二集，前集三十二卷，後集七卷，予合而為一，姑存二序於此。」原注云：「以上俱舊集所載。」按合而為一者，不知何人。此本翻刻，則從合而為一之舊本也。其編次極有法，曾本大半從之，而略有竄入，暇當重刊此書，作校勘記詳考其得失。惜元貞、大德之本不可復見，諸家藏書目亦無有著錄之者矣。〔註82〕

又按《四庫提要》云：「道體堂本，明初散佚。尹鳳岐從內閣得之，重加編次，為詩文十七卷，起寶祐乙卯，迄咸淳甲戌，皆通籍後。及贛州以前之作，江西副使陳價、廬陵處士張祥先後刻之，附以《指南》前後錄、《吟嘯集》、《紀年錄》。惟《集杜詩》以世久單行，未經收入。」據此，則合為十七卷者即尹鳳岐。惟此本有《集杜詩》，則又非陳、張所刻本也。

又明萬曆間燕山刻本及近時道光間蘇州布政使文柱刻本，皆溯源於曾刻，而嘉靖以前本竟未之見。是余所得本彌可寶貴。至道光刊本首列數條，竟云文山集元時無刊本，尤失之不考矣。惟陳揆《稽瑞樓書目》有《文文山集》十二冊，舊刻本，惜未之見。

竹垞先生手定詞稿，《江湖載酒集》六卷，《茶煙閣體物集》三卷，《靜志居詩餘》二卷，《葉兒樂府》一卷。其《風懷詩二百韻》，原列《靜志居詩餘》之前。楊又云析裝為冊頁後，自悔其粗疏。其刪去詞，馮氏輯《曝書亭外集》時，蓋未之見。較李氏注本，共多五十七首。今錄《靜志居詩餘》開卷《玉樓春·效柳屯田體》四首，以備註朱集者考證焉。詞云：「松兒林下饒風致，不比夭桃與穠李。草堂回想乍移時，三尺多長小年紀。夢中腹上分明記，果結同心來樹底。纏緜願作兔絲花，抱向層樓翠釵倚。」原注：松蓋偃者曰樓松。又有玉釵松。「山姑愛掃眉峰翠，芳草為裁雲挽髻。碧桃花底小門開，棹入仙源迎淺水。明璫欲解非容易，夢雨催歸情未已。望夫片石肯飛來，只合移他安屋裏。」「亥娘濃笑書名字，解道生年是三。豕定情猶記夜將分，十二時辰思到底。雖然不嫁心同契，注想桃孩傍結子。垂金屈玉篆成文，二首六身真簡似。」原

注：唐詩「惟書亥字與時人」〔註83〕。日家：亥不嫁娶。桃孩：腎神，見《黃庭經注》。「壽奴對我論心事，井水波濤都不起。幬襃翠羽卸紈巾，錢鑄青凫篏金字。歌詞愛唱千秋歲，花底梅霙易飄墜。教塗蜥蜴便愁眉，催上氍毹還齰齒。」觀「壽奴」一首，知其《洞仙歌》詞中「鑄就偏名有誰認」與此詞「錢鑄青凫篏金字」適相應矣。〔註84〕

余好錄希姓，然皆據本朝仕籍譜牒言之，以近而有徵也。明夏茂卿《奇姓通》一書，搜羅甚博，而多不可據。然其於有明一代，則耳目所接，當無巨謬，可與楊升庵所錄《希姓》互參也。茲摘而記之如左方。〔註85〕

紅尚朱，陽曲人。正統中任郿西縣丞。

供仲序，南海人。洪武中攸縣二尹。

冬壽，宣德中清河訓導。

邦嚴，南鄭人。宣德間順德通判。

眉旭，洪武間人。

葵玉，涿州人。弘治中順慶府同知。

之輔，洪武中秦州教諭。

匙廣，蒲城人。嘉靖中貢士。又萬曆間延綏把總匙北鑰，蓬萊人。

書永琇，鬱林人。天順間甌寧主簿。

蕪恕，平山人。宣德中江陰大使。

雞鳴時，字子信。正統中陝西苑馬寺監正。

霓濟，福山人。正統中雩都知縣。

犀希古，獲鹿人。

厓成，大足人。永樂中任知府。

咍左，弘治中光州舉人。

塵洪，鄲縣人。正德間沙河教諭。塵昂霄，莘縣人。贛州經歷。

春生物、春仲和，洪武間人。一垣曲人，一武昌人。

勳會，瀏陽人。梧州府同知。

薰成，成化初建寧衛千戶。

駢恭，大名人。永樂中戶部主事。

〔註83〕見李商隱《戲題贈稷山驛吏王全》，載馮浩《玉谿生詩詳注》卷一。
〔註84〕眉批：「文學。詩」、「目錄」。
〔註85〕眉批：「氏族。」

蓼喝，閩中人。弘治舉人。

篇賓，滕縣人。嘉靖進士。

瓠雄，太和人。正德中長陽尉。

稍驕，漢安定人。正德中任知州。

鈔秀、鈔奇，俱漳德人。一正德舉人，一嘉靖舉人。

抄思，歸善人。永樂舉人。

糟士奇，鳳翔人。嘉靖舉人。

坊蒙，徐州人。洪武中休寧縣丞。

菐清，永福人。宣德舉人。

忙義、忙宗，永樂中俱充衛千戶。

生用和，蓬萊人。洪武中桐鄉知縣。余按：道光庚子進士有生永錫，山東平陰人。

坑應奎，安肅人。正德中桐城主簿。又嘉靖進士坑進良，福建人。

刑惟一，合水人。景泰間長汀知縣。

零混，安定人。成化舉人，韶州府學訓導。

崩愈堅，潛山人。正德間固始縣丞。萬曆間有崩可立，泰和人，伏羌典史。

油鳳，陵川人。洪武舉人，知交趾諒江州。

三庸道，應州人。正統中祁門縣丞。三成志，桃源人。江陰利港巡檢。

璽書，陽谷人。正德中富峪衛經歷。

耳元明，即墨人。洪熙中撫州衛知事。今杭州有此姓。

揣本，泌陽人。永樂舉人。

緒東山，馬平人。嘉靖中高安知縣。

戶校，順天舉人。

底蘊，字汝章，考城人。正德進士，歷官兵部右侍郎。

產麟，瑞昌人。永樂中兵部主事。

島璞，垣曲人。弘治舉人。

鬮和，永寧人。永樂二十一年舉人，任訓導。鬮，上聲，馬字韻。

酒好德，乳源人。洪熙中神木衛經歷。

耆秉彝，漢州人。弘治中龍南縣丞。

□〔註86〕祿，河州人。弘治中宣府通判。

〔註86〕「□」，稿本作「口」。

品畠，成化間鎮海衛千戶。

橄大經，字守道，廣宗人。著述甚多。正德丁卯舉人。

坎輝，南和人。正統中福寧州倉官。

意秀，甌寧人。成化中獻縣訓導。

譽哲，宣德間人。

賣廷傑，羅城人。嘉靖中寧德縣丞。

韻鼇，清源人。永樂中薦賢書。

問智，成化進士。

漫智，宣德舉人。

孝廉，弘治中雞澤縣丞。

化輝，普安人。宣德中寧遠知縣。

一炫宗，延川人。正統中靈壽縣丞。

忽忠，斜陽人。正統中荊州通判。忽明，山西人。萬曆中戶部主事。

月文憲，居巴陵。洪武初以明經舉，授武昌訓導。有詩集遺世。

八通，江寧人。正統中禮部主事。

捌忠石，屏州人。宣德中利港巡檢。

子金，東昌人。宣德中分宜知縣。

雪霽，山西人。洪武間汾湖巡檢。

碧潭，涿州人。洪武中大名訓導。

亦孔昭，山東人。江西參將。本朝同治丁卯順天鄉試舉人亦福堃，浙江會稽人。

貓安，太和人。正統中內黃知縣。

疾敬，清遠人。弘治貢士。

《唐史論斷》卷中「景雲年」一條云：「古者人君即位，必踰年而改元。一年二君，則國統不一，而民聽惑。睿宗於中宗，雖兄弟之序，然繼其位，則同於先君，安得不待踰年而改元？蓋大臣昧於經義而然也。」按：宋太宗之繼太祖，亦不踰年而改元，與唐景雲之事正同。而孫之翰持論敢於如此，可謂微而顯矣。其言兄弟之序繼位則同於先君，尤有特識也。〔註87〕

〔註87〕眉批：「論史。」

另，明·楊慎《丹鉛總錄》卷三《時序類》：

孫之翰《唐論》：「中宗景龍四年，睿宗即位，未踰年而改元景云。」之翰書去其元字而書景雲年，慎謂前若書景龍四年正月至五月，自五月後止書景雲六月至十二月，庶得其實，而貶亦在其中矣。之翰之論曰：「古之人君即位，

周美成詞柔靡特甚，雖極工致，而風人之旨尚微。然其作《汴都賦》，賦見《宋文鑒》卷七。末段云：「上方咀嚼乎道味，斟酌乎聖澤，而意猶未快，又欲浮槎而上，窮日月之盈昊，尋天潢之流派，操執北斗之柄，按行二十八星之次，奪雷公之枹，收風伯之轡，一瞬之間，而甘澤霶霈，囚字彗於幽獄，斂景雲而黯靄，統攝陰機，與帝唯諾而無閡。如此淫樂者十有七年，疲而不止，諫而不改，吾不知天王之用心，但聞夫童子之歌曰：『孰為我已〔註88〕，孰鰲我載，茫茫九有，莫知其界。』」其譏徽宗之求仙荒宴，殆比於家父之作誦，非揚馬懲一而諷百者也。以此意觀其詞，乃知「曉陰翳日」〔註89〕、「遼鶴歸來」〔註90〕皆非尋常賦景懷人之句矣。按：《宋史·文苑·周邦彥傳》〔註91〕云：「元豐初，遊京師，獻《汴都賦》，神宗異之。」又云：「哲宗召對，使誦前賦。」則此賦為美成少年所作，疑後來有所改易矣。劉融齋《藝概》譏「美成詞富豔精工，只是當不得箇貞字」〔註92〕，亦過甚之論也。〔註93〕

《國語》〔註94〕：「劉文公與萇弘欲城成周。衛彪傒曰：『萇叔必速及』」

必踰年而改元者，先君之年不可不終也。後君繼位，不可無始也。一年不可二君也，不終則忘孝矣，不始則無本矣。一年二君，則民聽惑矣。故書景雲年，戒無禮而正不典也。」噫！凜凜乎《春秋》之筆也！之翰名甫，吾蜀人。所著《唐論》，筆力在范祖禹之上，與青神王當所編《春秋名臣傳》皆有史遷之風，今罕傳於世。惜哉！

〔註88〕「已」，《皇朝文鑒》作「尸」。

〔註89〕見宋·周邦彥《詳注片玉集》卷一《掃地花·雙調》。

〔註90〕見《詳注片玉集》卷九《點絳唇·仙呂·傷感》。

〔註91〕見《宋史》卷四百四十四。

〔註92〕見清·劉熙載《藝概》卷四《詞曲概》。

〔註93〕眉批：「文學。詞。」

〔註94〕三國·韋昭《國語韋氏解》卷三《周語下》：

敬王十年，劉文公與萇弘欲城周，為之告晉。魏獻子為政，說萇弘而與之。將合諸侯。衛彪傒適周，聞之，見單穆公曰：「萇、劉其不歿乎？周詩有之曰：『天之所支，不可壞也。其所壞，亦不可支也。』昔武王克殷，而作此詩也，以為飫歌，名之曰支，以遺後之人，使永監焉。夫禮之立成者為飫，昭明大節而已，少典與焉。是以為之曰惕，其欲教民戒也。然則夫支之所道者，必盡知天地之為也。不然，不足以遺後之人。今萇、劉欲支天之所壞，不亦難乎？自幽王而天奪之明，使迷亂棄德，而即慆淫〕以亡其百姓，其壞之也久矣。而又將補之，殆不可矣！水火之所犯，猶不可救，而況天乎？諺曰：『從善如登，從惡如崩。』昔孔甲亂夏，四世而隕；玄王勤商，十有四世而興。帝甲亂之，七世而隕。后稷勤周，十有五世而興；幽王亂之，十有四世矣。守府之謂多，胡可興也？夫周，高山、廣川、大藪也，故能生是良材，而幽王蕩以為魁陵、糞土、溝瀆，其有悛乎？」

云云。柳子厚非之，曰〔註95〕：「彪傒天所壞之說，吾友化光銘城周，其後牛思黯作訟忠，萇弘之忠悉矣。」余按：萇叔之忠，後世舉知之。此當非彪傒，不當非《國語》者也。若彪傒之言，以周為天壞，以城成周為從私欲，則害教甚矣。若武王之飫歌，豈禁後世支壞者乎？〔註96〕

　　汪雙池《原神賦》〔註97〕釋遁甲八門云：「休曰休美，乾交坤而水生，為萬物之資始。」又云：「景者，大也。嚮明相見而萬物皆亨。」余按：此八門各各相對，景與萬物相見，則休乃與萬物不相見也，其義當取休息之意。雙池以為「休美」，似非。又驚與傷對，傷為受傷，則驚蓋取義於警，能警備則不受傷矣。雙池《賦》云：「驚，小人之得志」，亦非。〔註98〕

〔註95〕見唐・柳宗元《河東先生集》卷四十四《非國語上・城成周》。

〔註96〕眉批：「論史。」

〔註97〕見清・汪紱《戊笈談兵》卷三上《遁甲奇門第四笈》。

〔註98〕眉批：「文學．賦」、「正譌」、「術數」。

卷十二〔註1〕

　　郭璞《方言序》云：「蓋聞方言之作，出乎輶軒之使，所以巡遊萬國，采覽異言。車軌之所交，人跡之所蹈，靡不畢載以為奏籍。周秦之季，其業隳廢，莫有存者。」按：此說本之《風俗通義》。〔註2〕

　　《萬國史記〔註3〕・亞西亞記・論》云：「泰西人傳巴比倫文字，與漢文極相似，但橫寫縱讀為異耳。」《瀛寰志略》同。〔註4〕天下文字最古者，有籀文、科斗及梵字、巴比倫字，可徵其建國最古。

　　《荀子・勸學篇》云：「於越〔註5〕夷貉之子，生而同聲，長而異俗，教

<hr />

〔註1〕按：稿本題「純常子枝語」。稿本乙封題「純常子枝語　第十二冊　此冊當□再加編次」。

〔註2〕漢・應劭《風俗通義・序》：
　　　周、秦常以歲八月遣輶軒之使，求異代方言，還奏籍之，藏於秘室。及嬴氏之亡，遺脫漏棄，無見之者。

〔註3〕日本・岡本鑒輔《萬國史記》二十卷，有清光緒二十七年（1901）上海兩宜齋石印本。

〔註4〕清・徐繼畬《瀛寰志略》卷六《土耳其國》：
　　　又英官李太郭云：「西里亞文字〔西里亞文字即巴庇倫所造文字。〕與諸國不同，與清文極相似，但橫寫順讀耳。」因出西里亞文字冊子，余翻閱之，信然。

〔註5〕宋・劉昌詩《蘆浦筆記》卷四《於越》：
　　　於越之名，以於溪入越地，無以議為也。《荀子》云「於越夷貉之子」，則有疑焉。《春秋・定公五年》書「於越入吳」，注云：「於，發聲也。」《史記》又書為「于越」，《注》云：「發聲也，與於同。」然則于、於皆越人夷語之發聲，猶吳人之言勾吳耳。予謂此於越恐合是干越。
　　　清・王引之《經義述聞》第十二《於越》：
　　　《勸學篇》：「於越戎貉之子。」孔曰：「於，發聲。於越，猶《春秋》於越。」家大人曰：「『于』當作『干』。《荀子・勸學篇》『干越夷貉之子』，楊倞注：

使之然也。」〔註6〕

美國印甸士番部土人素無文字，因為傳教者所化，遂另創一種新字，字數僅八十五，而其用無窮。

波斯四次報明聘事，載波斯詩人干的米爾書中。《明史》有阿諦納三字，人多不解，即回教之禮拜日也。按：梅定九《雜箸》引江寧至鴻堂所刻《西域齋期》〔註7〕，余求之，已不可得矣。

阿喇伯初用哥冷文字，後別用哥發字。黑起拉四百年間，始有今日阿喇伯通行之字，其字謂之尼士該。

俄羅斯於一千八百八十八年在西伯利亞創設新書院，聚生徒百人，專教醫學。〔註8〕

德國書庫，一千七百七十五年普王弗里格所建。其中土耳其、阿喇伯、波斯古籍甚多。西藏、緬甸、暹羅各有寫本印本。三四千年前之印度書，皆寫於堅薄羊革，大半作黃色，遠勝藏經箋。婆羅門教之里格飛答經，則四千年物也。有梵字彙、蒙古舊史、吐蕃記載，皆中國所罕見。李鳳苞《使德日記》所言略同。〔註9〕惟日記又云：「有希臘古書，以楷書字母運貫而無段落，有

『干越猶言吳越。』謝氏金圃校本改『干』為『于』，又改注為『于越猶言於越』，誤與孔同。」說見《讀書雜志·漢書貨殖傳》。

清·沈濤《銅熨斗齋隨筆》卷七《於越當作干越》：

《荀子·勸學篇》：「於越夷貉之子。」楊倞注云：「于越猶言於越。」《呂氏春秋》：「荊有次非，得寶劍於於越。」高誘曰：「吳邑也。」宋本「於越」作「干越」，《注》「於越」作「吳越」。濤案：宋本是也。《注》所引《呂氏春秋》見《知分篇》，「干越」作「干遂」，注曰：「干遂，吳邑。」此注亦必作「干遂」。楊氏引此以證干之為吳耳。若如今本，則是高誘以于越為吳邑矣，豈不大可笑乎？

〔註6〕眉批：「宗教。」

〔註7〕清·洪鈞《元史譯文證補·元世各教名考元史譯文證補二十九·附天方教曆考》：

梅文鼎《回教主辭世年月考》曰：「據《西域齋期》，〔江寧至鴻堂刻單〕以康熙二十七年庚午五月初三日起是彼中第九月一日，謂之勒墨藏，一名阿咱而月也。（下略）」

清·魏源《海國圖志》卷七十三《表三·附回國教主辭世年月考》：

梅文鼎曰：「據《西域齋期》，〔江寧至鴻堂刻單〕以康熙庚午五月初三日起是彼中第九月一日，謂之勒墨藏，一名阿咱而月也。（下略）」

〔註8〕眉批：「西學。」

〔註9〕清·李鳳苞《使德日記》：

（光緒四年十月）二十一日。接金登干稅司電報，知上海匯來經費五千四百八十磅，合庫平銀二萬兩。午後，掌東方書籍者赫美里邀觀柏林書庫，在新

始為聚珍板之古登白克所印第一書，亦羊皮為之。回部之哥侖經，寫作八邊形式。」

西國如鐵路，昔亦以鐵字路字二字合成一物，今則別有一字代之。余謂中國文字將來亦必設一簡便代法，方能有益民事。

德國有代字法，其語言字句雖長，另有暗記，可以一點或一畫一鈎一曲各等手法為一句。見其所記，即知何言。西人名為福納的克，亦名奧得背而非，皆省文也。〔註10〕學塾中諸生多學之。

亞喇伯北境之語曰伊洫買利低格。其人更在摩哈默之前，今其書尚有寫本，亦有以哥冷語寫之者。自摩哈默興回教後，亞喇伯語即尼士該字。通行全國，然久而漸變，與外邦語相雜。是以今亞喇伯語迥與古異，文法不同。每有裁省字句，雖用哥冷之書，不能盡悉。

《萬國史記》：「英吉利一稱比利敦。按：英志作白里登。紀元七十八年，羅馬帝菲士巴山以阿杲里古拉都督比利敦。阿有文武才，以恩威服其民。比利敦人習羅馬語言文字，風俗日美。八百七十八年，王亞弗勒學拉丁語，厭教中多用羅馬方言，自著書用本國語，頒行國中，至今英蘭用之。」

《英字入門》〔註11〕謂英國多引用他國之字，如法國字、臘丁字、意大

王宮之旁，西名扣尼希力喜比伯里烏臺克。同往者，傅西士及劉、羅兩員，先觀左屋，羅列數千年前樂譜及各國古字，俱羊皮為之。次入右門，過掌書所，架有書目二百冊，副總辦波士門迎入，短小誠愨，彬彬雅儒，洵績學士也。穿過長巷，右屋為各國地圖說，左屋為觀書之所。鱗比設坐，每日九點集，四點散。任領何書，按籍檢付。目耕手揮者恒二百餘人。每日十點鐘，可上樓偏閱他書。訝其房舍曲折，不若英法書庫之軒敞，則云：一千七百七十五年，弗里格磊王飭建書庫。恩格請頒式，王指書櫃以示之，故作此式，五年而成。又過數室，度藏各國史記，標題曰英史、法史，分國列架，秩然不紊。次到大書廳，排列古時寫本，以琉璃匣函之。

〔註10〕清·鄭觀應《盛世危言新編》卷一《富國一》：
代字法者，即英國之文字減筆學也。凡遇字數，暗記代之，西人名為福納的克，亦名奧脫背而非，皆省文也。西國日報館在公堂聽審，錄取讞詞，多用此法，取其簡而捷也。
清·陳忠倚《清經世文三編》卷四十三《禮政八》胡聘之《德國學校規制》：
代字法者，即英國之文字減筆學也。凡遇字數冗長之處，可以一點一畫一鈎一曲一挑一撇各種暗記代之，西人名為福納的克，亦名奧脫背而非，皆省文也。西國日報館在公堂聽審，錄取讞詞，多用此法，取其簡而捷也。

〔註11〕清·曹驤編譯《英字入門》一卷，有清同治十三年（1874）上海著易堂鉛印本、清光緒二十年（1894）上海書局石印本、清光緒二十七年（1901）上海博文書局石印本、清光緒二十八年（1902）上海日新書莊石印本等。

利字、西班牙字，今英文多採用之。余謂《通典》「邊防」類〔註12〕突厥稱老曰哥利，余案今英國稱老曰哥路，蓋用突厥語。又呼中國為柴那，即支那之轉音；呼橘柚為阿練，皆印度語也。日本釋圓通《佛國曆象編》云：「回曆：推步羅睺、計都，以測交食。」此法亦起於印度。羅睺，支那翻曰障，障日月義。計都譯曰旗，表幟於蝕義。是中印度語，非回回西洋之語也。又李提摩太為余言英字本於臘丁者殆四五千字，他日中國文士能通西國語言，其考據必有出人意表者。

《新唐書·黠戛斯傳》云〔註13〕：「文字言語與回鶻正同。」

《唐書》〔註14〕：「黠戛斯，古堅昆國。人皆長大，赤髮、晢面、綠瞳。乾元中，為回紇所破，自是不能通中國。後狄語訛為黠戛斯，蓋回鶻謂之，若曰黃赤面云。」按：前云「晢面」者，面白也。何以回鶻以黃赤面呼之？疑誤譯矣。

《酉陽雜俎》云〔註15〕：「突厥事祆〔註16〕神，無祠廟，刻氈為形，盛於毛袋。行動之處，以脂蘇塗，或繫之竿上，四時祀之。」

《唐書·西域傳·疏勒》〔註17〕：「俗祠祆〔註18〕神。」又云：「朱俱波亦名朱俱槃，漢子合國也。並有西夜、蒲犂、依耐、得若四種地，直于闐西千里，蔥嶺北三百里。尚浮屠法，文字同婆羅門。」

又《天竺傳》云〔註19〕：「戎言中國為摩訶震旦。」震旦蓋即真丹之轉音。《太平廣記》四百八十三引《玉谿編事》載南詔驃信詩云：「自我居震旦」，注謂「天子為震旦」。

又《康國傳》云〔註20〕：「習旁行書。以十二月為歲首。尚浮圖法，祠祆〔註21〕神。出機巧伎。」

〔註12〕見《通典》卷一百九十七《邊防十三·突厥上》。
〔註13〕見《新唐書》卷二百一十七下《回鶻列傳》。
〔註14〕見《新唐書》卷二百一十七下《回鶻列傳》。
〔註15〕見唐·段成式《唐段少卿酉陽雜俎》前集卷四《境異》。又見《太平廣記》卷四百八十《蠻夷一·突厥》。
〔註16〕「祆」，原作「祅」，據稿本改。
〔註17〕見《新唐書》卷二百二十一上《西域列傳》。
〔註18〕「祆」，原作「祅」，據《新唐書》改。
〔註19〕見《新唐書》卷二百二十一上《西域列傳》。
〔註20〕見《新唐書》卷二百二十一下《西域列傳》。
〔註21〕「祆」，原作「祅」，據《新唐書》改。

又云〔註22〕：「俱蘭與吐火羅接。貞觀二十年，其王忽提摩遣使者來獻書，辭類浮屠語。」

又云〔註23〕：「摩訶末者勇而智，眾立為王，闢地三千里，克夏臘城。」摩訶末即穆罕默德之轉音，夏臘即阿喇之轉音。

《後漢書·西域傳》〔註24〕：「論曰：佛道神化，興自身毒，而二漢方志莫有稱焉。張騫但著地多暑溼，乘象而戰，班勇雖列其奉浮屠，不殺伐，而精文善法導達之功靡所傳述。」〔註25〕

《松漠紀聞》〔註26〕：「回鶻居四郡外地者，頗自為國。奉釋氏最甚，誦經則衣袈裟，作西竺語。」〔註27〕

《宋史·藝文志》小學類有劉溫潤《羌爾雅》一卷，蓋釋羌語〔註28〕，惜無傳本。

《三輔黃圖》卷四云：「高祖七月七日臨百子池，作于闐樂。」是西域之樂漢初已入中國矣。〔註29〕

《古教彙參·埃及紀略》云：「埃及例每有死亡，各以其書殉葬。」最古中有二三卷，約在中華陶唐以上。

《印度紀略》云：「印度古詩篇名《費大》。費大者，猶言智慧也。《費大》有四部：一名《理蛤費大》，二名《雅古費大》，三名《薩馬費大》，四名《阿大法費大》。四部總名曰《四韋馱》〔註30〕。」按：即佛書之四韋陀，《輔

〔註22〕見《新唐書》卷二百二十一下《西域列傳·吐火羅》。
〔註23〕見《新唐書》卷二百二十一下《西域列傳·大食》。
〔註24〕見《後漢書》卷八十八。
〔註25〕眉批：「宗教」、「佛學」、「夷情」。
〔註26〕見宋·洪皓《松漠記聞》卷上。
〔註27〕眉批：「又。」
〔註28〕宋·章如愚《山堂考索》前集卷十《諸子百家門·爾雅》：「劉溫潤採摭羌虜之言，以華音釋之，為《羌爾雅》。」
元·馬端臨《文獻通考》卷二百《經籍考二十七》：
《蕃爾雅》一卷
晁氏曰：「不載著人姓名，以夏人語依《爾雅》體譯以華言。」
清·方以智《浮山集》文集前編卷《七嶺外稿上·書〈通雅綴集〉後》：
《蕃爾雅》一卷，不載姓名。而別條又有《羌爾雅》。元瑞亦竝載之，不知其即《蕃爾雅》也。按：《宋史·藝文志》直載劉溫潤《蕃爾雅》，此應據《崇文目》也。
〔註29〕眉批：「音律。」
〔註30〕即四吠陀：《梨俱吠陀》、《娑摩吠陀》、《夜柔吠陀》、《阿達婆吠陀》。

行記》〔註31〕詳列之。又按費大蓋即韋陀之音轉，皆為古書之傑出。

《續印度紀略》云：「印度又有一書，名《膽大拉》。於鳥獸之語，無所不曉；家雞野鶩，洞悉其言；乾馬坤牛，咸通其意。印度以此書為《費大》之第五部，惜不知著在何代。有謂在漢以前者。」按：《高僧傳》：「漢安清，安息國之太子。尅意好學，外國典籍及七曜五行醫方異術乃至鳥獸之聲，無不綜達。」疑即習費大之第五部矣。唐參寥子《闕史》云〔註32〕：「咸通初，有渤海僧薩多羅，能通鳥獸之言。」《仙傳》云：「白龜年因入仙洞，得一軸素書，遂能辨九天禽語、九地獸言，則道家之異聞也。」〔註33〕李昌齡《感應篇集注》卷四。〔註34〕回教書亦記蘇喇媽納能通鳥獸語。〔註35〕

又云〔註36〕：「印度書本名山西吉，中國謂之梵語，其字形無幾，但有字母而已。然字數雖少，而關係匪輕。希利尼、臘丁、英國、法國等文，皆以印度為權輿。」故諸國言語不通，文字不等，而溯其源流，則如出一轍也。鄒代鈞《西征紀程》云〔註37〕：「泰西人記載謂虞舜時，印度始興婆羅門教，造梵字，著肥大司此士書。」按：「肥大」即「費大」。

又云：「費大之書，所以教婆羅門。拉馬呀那與馬呷巴拉大拉馬二部詩篇，所以教剎帝力。」

《佛教源流》〔註38〕云：「佛書原用山西吉文，第一譯經者自錫蘭島中始

〔註31〕唐‧釋湛然撰，清‧張心泰節錄《唐釋湛然輔行記》四十卷，有清光緒十一年（1885）江都張心泰潮郡官舍刻本。

〔註32〕見唐‧高彥休《唐闕史》卷下《渤海僧通鳥獸言》。

〔註33〕見宋‧李昌齡《太上感應篇》卷十二。

〔註34〕按：自「唐參寥子」至此，係天頭插補文字。此前，另有兩則插補文字，刻本未錄，曰：
《書鈔》七十三、《御覽》三百四十五□（按：殘，疑為引）《桂陽先賢贊傳》云：「武丁（按：兩字殘，據《書鈔》補）能達鳥語。」
《隋書‧經籍志》五行類《鳥情雜占禽獸語》一卷。又梁有王喬《解鳥語》一卷。

〔註35〕唐參寥子《闕史》、《仙傳》兩則係天頭文字。此二則前，另有兩則文字，云：
《書鈔》七十三、《御覽》三百四十五：「《桂陽先賢贊傳》云：『武丁能達鳥語。』」
《隋書‧經籍志》五行類：「《鳥情雜占禽獸語》一卷。」又梁有王喬《解鳥語》一卷。
按：《御覽》三百四十五並無所引文字。

〔註36〕此語又見清‧吳汝綸《吳汝綸全集》第4冊《日記‧西學下卷第九》。

〔註37〕見清‧鄒代鈞《西征紀程》卷二。

〔註38〕不詳。

用巴里文義，後錫蘭和尚東去到緬甸、暹羅、安南等處，亦用巴里文理譯經。既而罽賓、難兜、烏弋、山離、內豹、西藏、蒙古、滿洲譯經，俱用山西吉文。」

　　宋芸子《采風記》曰〔註39〕：「埃及為泰西文教最古之國，盛在周末至秦漢之際，文直行，類鍾鼎，而每書皆分數格，如史表。考《墨子‧經說》『釋文』、『釋名』、『釋言』、『釋實』諸條，大意是改定名實語言文字。其經上、下篇篇末云『此書旁行正無非』，謂書義旁行而直讀亦通也。埃及文直讀而兼旁行，正與相合。」

　　丁韙良《西學考略》〔註40〕云：「泰西各國書院，每設席以課東土古文，至講求東土今文。惟法國有專館，館自嘉慶年間那波倫第一建。印度、亞喇伯、土耳其、日本、安南、緬甸、滿洲、蒙古各文，均有教習。至中華之語言文字，亦設席以訓迪之。留心東土學問，不遺餘力。」

　　又云：「各國學業所異者，首見於文字。諸國各有方言，雖多借羅馬字體，而文則各殊。數百年前，拉丁文即羅馬古文。尚通行，彼時雖俗務用土語，而律例、格致、星學諸書，各國仍以拉丁文傳之，意在廣行，不圖於一隅也。迨明末時，印書機始興於西國，因而刊在〔註41〕方言，學校以方言授讀，衙署以方言理訟，而習拉丁文者漸少，即士人撰述亦印以本國之文。及其成名既久，鄰邦無不爭譯之。文之最佳者，如義、日、法、德、英五國皆相繼而起，義文自宋代而始興，日國當明末之時為歐洲最強之國，其文亦特著。迨兩國式微，其文雖有，不過碩果僅存。近來均有復興之象，則其文亦必同甦。至法、德、英三國，數百年來未見陵替，故其文有進而無退。雖書院仍習希臘、羅馬古文，而三國今文亦莫不設席以為課焉。」〔註42〕

　　《古教彙參‧腓尼基紀略》云：「其國之文學，用字母二十有六，運用最便。初，埃及、中華諸國群尚六書，點畫繁雜，學之固甚難。即巴比倫之尖柎文，亦然。自腓尼基文行世，省工亦復省心，巧妙異常，始行於以色列、希利尼、羅馬，繼而傳徧西方。故英、法、美諸國至今無異文。」〔註43〕

〔註39〕見清‧宋育仁《泰西各國采風記》第四《教門》。此語又見清‧杞廬主人《時
　　　　務通考》卷十八《教務五‧論說》。
〔註40〕美‧丁韙良《西學考略》，收入嶽麓書社 2016 年版《走向世界叢書》。
〔註41〕「在」，《西學考略》作「布」。
〔註42〕按：此條又見稿本第二十五。
〔註43〕按：此條又見稿本第二十五。

陶宗儀《書史會要》卷八〔註44〕：「天竺字，梵僧所作。顏師古云：『西域僧能以十四字貫一切音，文省而義廣，謂之婆羅門。』蓋梵者不囉麻也，合而言之為梵。此云光音天也，其字之母凡五十，曰悉曇章。此云能成諸義也，其中十六字為轉聲之範，三十四字為五音之祖，或一，或二，或三，至於聯載互合而有輕、重、清、濁、非清、非濁等聲。其詳見於《天竺字源》。其土有五，天竺文字稍異，獨以中天竺為正。其書廣有六十四種，名載釋書。諸蕃文字雖變遷各殊，然其音韻莫不祖述梵音。」〔註45〕

《後周書・異域・高昌傳》曰〔註46〕：「文字亦同華夏，兼用胡書。有《毛詩》、《論語》、《孝經》，置學官弟子，以相教授。雖習讀之，而皆為胡語。」按：不經翻譯而以胡語讀華書，其例當與高麗、日本各有異同，惜不可考耳。〔註47〕

《欽定康熙字典》曰〔註48〕：「等韻者，梵語悉曇，此云字母，所謂迦佉乃至劣蒸是也。梵語毘佉囉，此云切韻，岡康乃至玃犖是也。」予按：悉曇章其五十音，中國僅用其三十六，蓋此土音少，得此已足矣。

《列國政教考略〔註49〕・商務門》云：「腓尼基有二十六字母，相聯成文，並有天平、升斗、尺丈、權量諸器，各事俱早於希人。因腓人殫心勵學，各種技能無不精究，或得諸他國相傳，或由意造。」〔註50〕

《明史・外國・浡泥傳》云〔註51〕：「萬曆時，紅毛番強商其境，築土庫以居。其入澎湖互市者，所攜乃大泥國文也。」〔註52〕

《明史・外國傳》云〔註53〕：「默德那，回回祖國也，地近天方。其初國王謨罕驀德生而神靈，盡臣服西域諸國，諸國尊為別諳拔爾，猶言天使也。國中有經三十本，凡三千六百餘段。其書旁行，兼篆、草、楷三體，西洋諸國皆用之。」〔註54〕

〔註44〕見元・陶宗儀《書史會要》卷八《外域》。

〔註45〕按：此條又見稿本第二十五。

〔註46〕見《周書》卷五十《異域列傳下》。

〔註47〕按：此條又見稿本第二十五。

〔註48〕見《康熙字典》卷首《切韻》。

〔註49〕不詳。

〔註50〕按：此條又見稿本第二十五。

〔註51〕見《明史》卷三百二十五《外國列傳六》。

〔註52〕按：又見稿本第二十五。

〔註53〕見《明史》卷三百三十二《西域列傳四》。

〔註54〕按：又見稿本第二十五。

明夏茂卿《奇姓通》卷三云〔註55〕：「阿畸，馬龍州人。隱巖谷。撰爨字，字如科斗，三年始成，字母一千八百四十號〔註56〕。」〔註57〕

黃衷《海語》云〔註58〕：「暹羅王子始長，習梵字梵禮。若術數之類，皆從貴僧。」又云：「滿剌加文字皆梵書。」《大清一統志》云：「不通漢字，惟誦佛經，字皆橫寫。」〔註59〕

《海語》云〔註60〕：「暹羅阿昆猛齋，猶華言總兵。」余按：明人暹羅譯官語為握坤，即阿昆之轉音。又以譯語考之，暹羅文雖與中國異，而其名物多與中國同。如辦事為板細、叩頭為犒桃之類。大約閩廣人商彼者多，故音亦隨變。然則阿昆、握坤皆官字之對音也。《大清一統志》引《暹羅館志》云〔註61〕：「官制九等：一曰握亞往，二曰握步喇，三曰握莽，四曰掘坤。人皆有名無姓，為官者稱握某，民上者稱奈某，最下者稱隘某。」〔註62〕是握坤

〔註55〕按：《奇姓通》無此記載。
明·李賢《明一統志》卷八十七《曲靖軍民府》：
阿町〔馬龍州人。納垢酋之後，隱巖谷，撰爨字，字如科斗，三年始成字母一千八百四十，號曰韙書，爨人至今習之。〕
明·謝肇淛《滇略》卷六《獻略》：
阿町者，馬龍州人，納垢酋之後也。棄官職，隱山谷中，撰爨字，字如科斗，二年始成字母十千八百四十有奇，名曰韙書。爨人至今習之，為書祖云。
明·陸應陽《廣輿記》卷二十一《雲南》：
阿呵，馬龍州人。隱巖谷，撰爨字，字如科斗，三年始成字母一千八百四十，號曰韙書，爨人至今習之。
明·凌迪知《萬姓統譜》卷三十五：
阿畸。〔馬龍州人。納垢酋之後。隱巖谷，撰爨字，字如科斗，三年始成字母一千八百四十，號曰韙書，爨人至今習之。〕
清·俞樾《茶香室叢鈔》茶香室四鈔卷十五《爨字》：
《雲南通志》云：「唐阿呵隱居山谷，撰爨字，如科斗，二年始成字母一千八百四十，號曰韙書，爨人至今習之。」按：此則云南別有一種文字。
《書史會要》云：「爨率子小草妍媚，評者謂如細草浮春，閑花浮竹。」爨率子不知何人，或即傳阿呵之書者乎？
〔註56〕「號」字屬下讀，當刪。
〔註57〕按：又見稿本第二十五。
〔註58〕見明·黃衷《海語》卷上《風俗·暹羅》。
〔註59〕按：又見稿本第二十五。
〔註60〕見明·黃衷《海語》卷上《風俗·暹羅》。
〔註61〕見清·穆彰阿《嘉慶大清一統志》卷五百五十二《暹羅》。
〔註62〕明·羅日褧《咸賓錄》南夷志卷六《暹羅》：
無姓有名，為官者稱偓某，為民上者稱奈某，最下稱隘某。

為四等官專稱，與譯語異。〔註63〕

《列國政教考略》云：「文字之興，埃及最古。亦有諧聲、會意、象形、數巧，各分字母，各從其類。凡喉齶舌脣，頗能講求。如寫鷗鷯，則繪一鳥，其字音為誠是之意。所用之紙，以蘆為之，今墳墓猶有存者。」〔註64〕

又云：「中古之世千年，西人分為三季。初季、中季凡六百餘年，謂之昏代。兵事既多，學術不講，一切廢弛，故民俗不能振起。至公曆九百年，回教興於土耳其，國極昌盛。穆罕默德既興，教化廣敷，聲名洋溢，各邦聞風歸附，朝貢稱臣。於是百姓紛紛皆尊穆罕默德，制度耕田鑿井製器用材商務又為一盛。後風行至阿非利加洲，並得葡萄牙、西班牙兩國。即在西班牙設官分治，教以務農，開溝洫，辨土宜，種五穀，以生以養，不數年而大治。」按：西書敘回人立國，具有規模，其後久而不振，則學術不講之故。然歐洲之商務農政工作，要皆本回人之教矣。〔註65〕

又按：回教盛時，猶太亦拱手稱臣。回人慫於猶太建設教堂，其民不悅。歐洲各邦助猶太，遂致釀成兵事。然則歐洲之耶穌教行之已數百年，絕無益於昏代，而一切製造技藝啟昏為明者，乃賴回人。今之格致家，可不必自託於天主矣。

《列國政教考略》又云：「回教人心思最巧，當昏代之始，阿喇伯人至西班牙國，教以重農敦族、仁義忠信為亟。循循善誘，草偃風行，人皆樂從。故西班牙風氣開啟獨先，以後日益講求，反出阿喇伯人之上。」

《泰西新史攬要》云：「突厥之教偏於不肯求新，其教中經卷曰《富爾干尼律例》，風俗備載於此。查此經中所定律例，大都出亞喇伯之蠢人。況已在一千二百年前，乃一成而不知易，其愚誠不可易矣。」此書為耶穌教人所撰，不免有輕詆之詞。然《攬要》又云：「回回雖以教為名，而全不以學校為重。里巷學塾寥寥無幾，塾中書籍捨回教中經典而外，幾於一字不留。此則其國之所以日衰，而其教之流弊為生人之大害也。」

艾儒略《職方外紀》云：「亞細亞西北之盡境有大國，曰莫哥斯末亞。惟國王許習文藝，余雖貴戚大臣，亦禁學，恐其聰明過王，為王辱也。故其

〔註63〕按：又見稿本第二十五。文末多「張成周《緬亡說》謂緬甸之亡由於根文猛齋。猛齋蓋稱其官，即猛齋也」。
〔註64〕按：又見稿本第二十五。
〔註65〕眉批：「宗教」、「夷情」。

國有「天主能知，國王能知」之諺。今亦稍信真教，國中亦流傳天主之經，或聖賢傳記，無禁矣。」余按：此俄羅斯二百年前之風氣，蓋頗沿回教之治法也。

洪鈞《元史譯文證補》「突厥回紇」條云〔註66〕：突厥文字，不復可考。回紇文字，至今猶存，所謂托忒字體也，與西里亞文字相仍，故泰西人謂唐時天主教人自西里亞東來傳教，唐人稱為景教。陝西之《景教碑》，碑旁字兩行，即西里亞字。此其確證。回紇之有文字，實由天主教人授以西里亞文字之故。此一說也。回紇人自元以後，大率入天方教，而天方文字本於西里亞，故信教之回人謂蒙古文出於回紇，回紇文出於天方，以歸功謨罕默德。此又一說也。〔註67〕

《英吉利國志》〔註68〕曰：「英國多波羅特士教，言誓不從加特力教中異說也。中又分門徑，如以比斯哥巴、不勒斯比得、因底本敦外，又有麥托的士、巴必的士等。其餘他教不甚悖理者，亦間有之。」又云：「蘇格蘭乃不勒斯比得教，法無有高下等級，惟長老及師傅俸食出於田畝。」〔註69〕

《西國近事彙編》云：「庚辰春季。土耳其回人某以回回文字繙譯耶穌書，即西國教士所謂聖經者，為怨家舉發，下獄論死。英駐使請其罪，土王曰：『畔教惑民，殺無赦。』於例應爾。」〔註70〕

鄭觀應《盛世危言》卷一云〔註71〕：「阿喇伯數目字，若中國號碼字之類，西洋各國因其便用，俱通行之。其數不過九字，然自小數至於億萬數，祇用此九字而無窮。」〔註72〕

李鳳苞《使德日記》云〔註73〕：「新報主筆愛字爾示以埃及文字，並講解其字典，不外象形、假借、轉注三類。其假借又多反用之字，如中國『擾兆民』作安字解，『亂臣十人』作治字解之類。愛君亦謂埃及與中國古文實

〔註66〕見清·洪鈞《元史譯文證補》二十七中《西域古地考二》。
〔註67〕按：又見稿本第二十五。
〔註68〕清·林則徐譯，清·魏源重輯《英吉利國志》三卷，有清光緒四馬路樂善堂刻本。
〔註69〕眉批：「宗教。」
〔註70〕按：又見稿本第二十五。
〔註71〕見清·鄭觀應《盛世危言新編》卷一《富國一·附錄華人宜通西文說》。
〔註72〕按：又見稿本第二十五。文末多「余按：西洋號碼有兩種，亦有用羅馬記號者，而不如阿喇伯之簡」。
〔註73〕見李鳳苞《使德日記》光緒四年十一月二十三日。

為同源。」〔註74〕

《墨洲雜記》〔註75〕云:「墨西哥有象形文字。」〔註76〕

《法蘭西記》〔註77〕:「法國文書,先時多用拉丁語,與平生言語不同,徒勞學者。至王佛朗西斯時,學士始用國語,改定文法,使人易曉。自是兵法、律令、政治、學術俱大進。」〔註78〕

《西國近事彙編》云:「丙子閏五月。布國議事上院議允布屬波蘭境內悉用布國語言文字。」按:會議時,上院中有波蘭世爵某作色而言曰:「眾議如是,如《維也訥約》何?去我儀文,易我語言,與滅族何異?」眾竊笑之。又按:《維也訥約》載各國封疆,悉如其舊,則波蘭八部分隸俄、布、奧者,宜歸侵地,建國如初。三國以為歐洲大國皆得諸兼併,若悉歸侵地,其無立錐乎?於是侵地之歸,斷自拏破侖弟一,云所併各國語言從其舊,世爵之爭以此也。又戊寅十月。云:「布加利亞即保該力阿新立為自主國,政務皆有俄員主之。現定地方文武教事,悉用俄國語言文字。」余謂古人分名教聲教兩種,名教即文字,聲教即語言。其行用之廣狹,關係種族之盛衰,不可不留意也。〔註79〕

無文字則語言不能留。周秦之言,今日猶能通之者,賴文字以傳之也。無學問則文字不能留。契丹女真之文字,今日遂無能識之者,無學問以永之也。然則天地間,種族之盛衰,悉關諸學問矣。〔註80〕

《金史‧選舉志》〔註81〕:「大定十一年,創設女直進士科。初但試策,後贈試論,用女直文字為程文。又行國字,使通習而不廢。」又云:「大定十三年,詔京師設女直國子學,諸路設女直府學,以新進士充教授,教士民子弟之願學者。」宋樓鑰《北行日錄》卷上云〔註82〕:「聞彼中有三等官:漢官、契丹、女直。三者雜居,省部文移、官司榜示,各用其字。吏人及教學者,亦

〔註74〕按:又見稿本第二十五。
〔註75〕清‧佚名《墨洲雜記》,見《小方壺齋輿地叢鈔》第十二帙。
〔註76〕按:又見稿本第二十五。
〔註77〕日本‧岡本監輔《萬國史記》卷九為《法蘭西記上》,卷十為《法蘭西記中》,卷十一為《法蘭西記下》。恐即出此書。
〔註78〕按:又見稿本第二十五。
〔註79〕按:又見稿本第二十五。
〔註80〕按:又見稿本第二十五。
〔註81〕見《金史》卷五十一。
〔註82〕見宋‧樓鑰《攻媿集》卷一百十一《北行日錄上》乾道五年十二月十六日。

以此為別。」又於〔註83〕金臺驛西見有小門，榜曰教女直學。〔註84〕當時金人務行國字如此。今則契丹、女直文字雖有流傳，無能辨識者矣。〔註85〕

《松漠紀聞》云〔註86〕：「女真酋長乃新羅人。」苗耀《神麓記》亦云金始祖揩浦出自新羅。〔註87〕《欽定滿洲源流考》卷七云〔註88〕：「《金史》〔註89〕：『金之始祖函普，初從高麗來。』按：《通考》及《大金國志》皆云本自新羅來，姓完顏氏。新羅與高麗舊地相錯，遼金史中往往互稱。以史傳按之，新羅王金姓相傳數十世，則金之自新羅來無疑。建國之名，亦應取此。《金史・地理志》乃云『以國有金水源為名』，實附會之詞。」《宣和遺事》卷上云：「女真阿骨打姓王，名旻，本新羅人，號完顏氏。以其國產金，故國號大金。宣和二年遣使，詐作新羅人來朝。」是金人確為新羅之後無疑。又「王」字乃「完顏」二字之合音，今完顏氏亦曰言姓王。《遺事》所書不為誤也。唐段成式《支諾皋》云〔註90〕：「新羅有第一貴族金哥。」余嘗疑本朝國姓愛新覺羅乃新羅之詳文。唐人凡譯西方國名，皆省稱一二字，以便文體。新羅亦猶是也。又按《唐書》，新羅王姓金，而國語愛新覺羅亦譯金字，尤為顯證。是以國初定號，亦先稱金。東方王氣如此，宜高麗賀金表言「帝出乎震」也。

《梁書》〔註91〕：辰韓始有六國，稍分為十二，新羅其一也。〔註92〕

《東國史略》〔註93〕卷一云：「新羅王得閼智養為子，姓金氏。」注云：「初，王夜聞金城西始林間有雞聲，遣瓠公視之，有小金櫝掛樹梢，白雞鳴

〔註83〕「於」，稿本第二十五作「有」，旁又有「雲」字。

〔註84〕《攻媿集》卷一百十一《北行日錄上》乾道五年十二月二十三日：
又七十里宿保州。城壕、甕城皆三里。城約厚十餘丈，門曰雞川。負郭為保塞縣，驛曰金臺，燕昭王遺跡也。驛西城上有亭，曰富覽。御莊聞在西上四十里。過鴻福院三門，有樓崇積倉。道西有小門，榜曰教女直學。

〔註85〕按：又見稿本第二十五，分作「《金史・選舉志》」、「又云」、「宋樓鑰《北行日錄》卷上云」三條。

〔註86〕見宋・洪皓《松漠記聞》卷上。

〔註87〕清・李有棠《金史紀事本末》卷一《帝基肇造》：「苗耀《神麓記》云：『始揩浦出自新羅』。」

〔註88〕見清・阿桂《滿洲源流考》卷七《部族七・完顏・五代》。

〔註89〕見《金史》卷一《本紀第一・世紀》。

〔註90〕見《酉陽雜俎》續集卷一《支諾皐上》。

〔註91〕見《梁書》卷五十四《諸夷列傳・東夷》。

〔註92〕眉批：「此條應與十冊廿七頁參合。」
按：又見稿本第二十五。

〔註93〕朝鮮・佚名《東國史略》六卷，有清光緒十九年（1893）景蘇園刻本。

於下。開櫝視之，有小兒，王喜，養為子，名閼智，姓金氏。改始林為雞林，因以為國號。」據此，則金稱雞林為吉林，實音變之譌，當仍作雞林也。《北史》云新羅文字同於中國〔註94〕，故無煩譯讀矣。〔註95〕

　　《欽定滿洲源流考》云〔註96〕：「新羅之境，東南兼有今朝鮮慶尚、江原二道，西北直至今吉林、烏拉，又西近開原〔註97〕、鐵嶺，出高麗、百濟之間。」又云〔註98〕：「新羅所保，據《毋丘儉傳》〔註99〕，在肅慎界南千餘里，則當在吉林、烏拉之南，近長白山，殆納沁、庫呀訥、納嚕諸窩集之地歟？」

　　《滿洲源流考》卷十八云：「《通考》〔註100〕：『新羅語言待百濟而後通。事與眾議，號和白。』按：滿洲語赫伯，商議也，與此音義俱相合。」又《契丹國志》云〔註101〕：「新羅言語名物有似中國。」《遼史》〔註102〕：「聖宗開泰元年，歸州言居民本新羅所遷，未習文字，請設學以教之。」蓋契丹之言語，固與新羅迥異矣。〔註103〕

　　沈文恪《西清筆記》云〔註104〕：「佛經有名雙譯者，乃印度所著，唐古

〔註94〕《北史》卷九十四《新羅列傳》：「其言語名物有似中國人。」
　　　　按：《滿洲源流考》卷十七《國俗二·政教·南北朝》：「《北史》：新羅文字同於中國。」
〔註95〕按：又見稿本第二十五。
〔註96〕見《滿洲源流考》卷四《部族四·新羅·元》。
〔註97〕「原」，《滿洲源流考》作「元」。
〔註98〕見《滿洲源流考》卷四《部族四·新羅·元》。
〔註99〕《三國志》卷二十八《魏書二十八·毋丘儉傳》：
　　　　六年，復徵之，宮遂奔買溝。儉遣玄菟太守王頎追之，過沃沮千有餘里，至肅慎氏南界，刻石紀功，刊丸都之山，銘不耐之城。
〔註100〕見《文獻通考》卷三百二十六《四裔考三·新羅》。
　　　　又《南史》卷七十九《夷貊列傳下·東夷》、《梁書》卷五十四《諸夷列傳·東夷》：「語言待百濟而後通焉。」
　　　　《新唐書》卷二百二十《東夷列傳·新羅》：「事必與眾議，號和白。」
〔註101〕見宋·葉隆禮《契丹國志》卷二十六《新羅國》。
　　　　按：此語早見《北史》卷九十四《新羅列傳》、《梁書》卷五十四《諸夷列傳·東夷》。
〔註102〕見《遼史》卷十五《聖宗本紀六》。
　　　　眉批：「此條下應接廿九冊四十二頁《契丹國志》一條」，即卷二十八「《契丹國志》云」一條。
〔註103〕按：又見稿本第二十五。
〔註104〕見清·沈初《西清筆記》卷二《紀職志》。

忒所譯，而此土重譯之。本有名單譯者則譯。唐古忒所著之本，惟《楞嚴經》為此土所著，從未入西域。上命以滿洲字、蒙古字、漢字、唐古忒字四體書於羊腦箋，以付西土流傳。」按：《楞嚴經》文義與《華嚴》及《妙法蓮花》略分醲薄。自元人法寶勘同後，頗有疑其非天竺原本者。余嘗欲託西人求印度佛藏全目，考其古帙之存亡、義解之同異，然後震旦釋教可得而理也。又按：高麗及宋元藏本《楞嚴經》，經題下夾註云：「一名《中印度那蘭陀大道場經》，於灌頂部錄出別行。」明藏本始無夾註，章嘉國師蓋未能詳考，非天竺本無也。唐以前所譯《楞嚴經》，與般刺密諦所譯別本不同。〔註105〕

今釋藏靡字函尚有《首楞嚴經》三卷。梁釋慧皎《高僧傳》：「晉長安帛遠常〔註106〕注《首楞嚴經》。」又云：「有李通死而復蘇，云見祖帛遠字法祖。法師在閻羅王處，為王講《首楞嚴經》。」又《漢支婁迦讖傳》云〔註107〕：「以光和中平之間，傳譯梵文，出《般若》、《道行般舟》、《首楞嚴》等三經。」帛遠所注，未知即支讖所譯否。《放光般若經‧僧那僧涅品》云：「何等為首棱嚴三昧？諸三昧門之所趣聚，皆來入其中，是故名首棱嚴。」《大唐內典錄》卷一：「《首楞嚴經》二卷。後漢中平三年二月八初出，見朱士行寶祐二錄。吳錄云三卷。」又卷二：「魏高貴鄉公世，支彊梁樓譯《首楞嚴經》二卷。第二齣。漢支讖所出本同，文少異。」又有《蜀首楞嚴經》二卷，注云「見舊錄」，似蜀土所出。據此則蜀亦譯經，未詳其故。後出《首楞嚴經》二卷，注云「見舊錄」，云有千偈。又西晉聶道真譯《首楞嚴經》二卷，是第五譯。《合首楞嚴經》五本八卷，支法敏集譯，第六齣。然《涅槃經‧四相品》云：「種種示現，如《首楞嚴經》中廣說。」又云：「二十五有如《首楞嚴經》中廣說。」【則合本似未有其文也。】〔註108〕此皆指舊譯本，與寶叉爛陀所譯《般剌蜜帝》〔註109〕迴別。〔註110〕

弱水，古有其名，蓋水質輕重，古人亦嘗考之。余閱西人書籍，如康固國中之康固河長一千六百五十英里，其間有二百里水力甚弱，不能載重，大

〔註105〕眉批：「佛經」、「此條與廿九冊第卅五頁合」。
〔註106〕「常」，疑作「嘗」。按：《高僧傳》卷一《帛遠傳》：「嘗譯惟逮弟子本五部僧等三部經，又注《首楞嚴經》。」
〔註107〕見《高僧傳》卷一。
〔註108〕【　】內文字，據稿本補。
〔註109〕「寶叉爛陀所譯《般剌蜜帝》」，底本作「《般剌蜜帝》所譯」，據稿本改。
〔註110〕眉批：「又。」

舟至此，多改遵陸。此亦弱水之類也。《魏志·東夷傳》〔註111〕，《注》引《魏略》曰：「前世謬以弱水在條支西，今弱水在大秦西。」豈謂是歟？〔註112〕

范成大《吳船錄》卷上云：「繼業三藏姓王氏。乾德二年，詔沙門三百人入天竺，求舍利及貝多葉書。業在遣中。至開寶九年始歸。寺藏《涅槃經》一函四十二卷，業於每卷後分記西域行程，雖不甚詳，然地里大略可考。」按：業自階州出塞，由瓜沙入伊吳、按：即伊吾。高昌、焉耆、于闐、疏勒、大石諸國，度雪嶺至布路州國。又度大曲嶺雪山至伽溼彌羅國，按：即今克什米爾地。西至犍陀羅國，謂之中印土。又西至庶流波國及左爛陀羅國，又西過四大國，至大麴女城，南臨陷牟河，北背洹河。又西至波羅奈國，又西北十許里至鹿野苑，南行十里渡洹河。宋時避「恒」字作「洹」。自鹿野苑西至摩羯提國，以鄒代鈞《西征紀程》所譯英吉利人恭寧翰所考《西域記》證之，犍陀羅即《西域記》之健馱羅。布路沙布羅城，其國都也。今阿富汗喀布爾之東南有乾陀彌城，是其地。庶流波當即《西域記》之屈露多，即今旁遮普部之庫爾魯。左爛陀羅當即《西域記》之闍爛達羅，即今旁遮普部之遮蘭達城。曲女城，《西域記》又作羯若鞠蘭，即《唐書》尸羅逸多所居之茶鏄和羅城，今在西北部科尼普爾之西北一百四十里。東北臨乾吉思河。按：乾吉思河別源為闍牟那河，自西北流來，至阿拉哈巴之南與乾吉思河合，即此書之陷牟河也。波羅奈即《西域記》之波羅疪斯，今西北部之班拿勒斯城是其地。摩羯提當即《西域記》之摩揭陀，今在孟加拉部乾吉思河南跨桑河兩岸地。館於漢寺。又西北百里有菩提寶座城，金剛座在其中東向。又東至尼連禪河，金剛座之北門外有師子國。又北五里至伽耶城。自金剛座東北至骨磨城，謂之南印土。又東北至王舍城，又東北至伽溼彌羅漢寺。自漢寺東又西北有支那西寺，古漢寺也。西北百里至花氏城，育王故都也。自此渡河，北至毘耶離城，又至拘尸那城。踰大山數重，至泥波羅國。又至磨逾里，過雪嶺，由故道，自此入階州。按業所行，惟南上出唐玄〔註113〕奘之外，而所稱漢寺甚多，知中國人遊印度者不少。蔣湘南所記〔註114〕，未得十一也。〔註115〕

〔註111〕見《三國志》卷三十。

〔註112〕眉批：「輿地。」

〔註113〕「玄」，底本作「元」。

〔註114〕似指清·蔣湘南《七經樓文鈔》卷六《西征述》。

〔註115〕眉批：「又」、「佛經」、「此節當錄全文，以《唐西域記》□近付西人□參證之」。

劉繼莊《廣陽雜記》卷三云：「康繼武言：『安福之西六十餘里，袁州之界有武功山，按：此在吾鄉界內，一名瀘瀟山。山有洞曰石城。先朝郡人劉孔當字喜聞者，讀書於此。孔當後為名進士，著有《五經難字》、《五經葉韻》，共若干卷，上附紅夷琉球字，甲夫家有其書，曾見之。』余聞驚歎。前在甲夫家，不知有此書。《難字》、《葉韻》不關有無，若紅夷琉球，正余所懸金而求者，乃面失之於康甲夫也。紅夷文字，必用蠟底諾語以合其土音，必稍有異同；琉球字又不知宗何國矣。」按：繼莊能知英吉利文字出臘頂，在當時殊不易得。其弟子黃瑚注云：「開石城洞者，乃劉瀘瀟，非劉喜聞也。瀘瀟諱元當，見先師日記。」此吾鄉方聞之士。按：張簣山《庸書》有《武功筆記》十篇〔註116〕，言「釋大朔姓劉，字平田，高安人，為名進士四十年〔註117〕」。蓋即獻廷所記簣山。又嘗為其作《懷薄土詩序》，喜聞固精於佛學，國變後，遂隱於浮屠。簣山之遊武功，即訪其人也。〔註118〕

《澹生堂書目》十四江西諸公詩文集內有劉喜聞先生集四冊，注云：「十二卷。劉孔當。」是喜聞之書同時人已重之。

明祁承㸁《澹生堂藏書目》三有《四夷館字譯》八冊、八卷。韃靼館、女真館、回回館、八百館、高昌館、緬甸館、百夷館、西天館。余按：當時女真之文字已廢，疑此書不過《金史》國語解之類耳。《夷語音義》二冊。四卷。陳士元。《歸雲外集》本。余按：此書特錄各史中譯語，未能得其音也。〔註119〕

衛宏《漢舊儀》：「太僕牧師三十六苑分布北邊西邊，以郎為苑監，官奴婢三萬人。分養馬三十萬頭，擇取教習給六廄。牛羊無數，以給犧牲。」此據漢學堂集本。古人畜牧有教習，蓋當時尚有此專門之學。《三輔黃圖》卷四引《漢儀注》云：「宦官奴婢三萬人，養馬三十萬匹。養鳥獸者通名為苑。」是此苑兼養牛羊鳥獸。《荀子・儒效篇》曰：「曾不如相雞狗之可以為名。」郝蘭皋《補注》曰〔註120〕：「古人重畜，問富數焉，鬥材與焉。不獨相牛馬之有經也，後世蔑如矣。」「百里奚飯牛而牛肥，出《說苑》。〔註121〕卜式牧羊而羊息

〔註116〕見清・張貞生《庸書》卷六《武功筆記第三》。
〔註117〕「為名進士四十年」，《武功筆記第三》作「作名進士四十七年」。
〔註118〕眉批：「偶忘之，俟檢。○忽憶□朔字當不誤。」
〔註119〕眉批：「此與上前條為連類。否則，應入著述類。」
〔註120〕見清・郝懿行《荀子補注》卷上。
〔註121〕漢・劉向《說苑》卷二《臣術》：
　　秦穆公使賈人載鹽，征諸賈人，賈人買百里奚以五羖羊之皮，使將車之秦，秦穆公觀鹽，見百里奚牛肥，曰：「任重道遠以險，而牛何以肥也？」對曰：

〔註122〕，金日磾監馬而馬蕃」〔註123〕，見《漢書》。以上三語用明何孟春《餘冬錄》〔註124〕。非獨其才異，人蓋亦通專門之學也。王船山《噩夢》云：「國以馬為強弱。秦之強，肇於非子。而趙唯騎射，乃能以一國抗。初張之匈奴，漢、唐之所以能強者，皆唯畜牧之盛。」豈不然哉？〔註125〕

中國文字，若以各國之文譯之，亦有不能譯其音義，而必寫其形者。《說文》、《字林》等書專言形聲者，不在此例。如《爾雅·釋魚》云：「魚枕謂之丁，魚腸謂之乙，魚尾謂之丙。」郭《注》云：「此皆似篆書字，因以名焉。」則既不取天干之名，亦無關丁寧、乙軋之訓。〔註126〕蓋雖假文字之名，而實用圖繪之術也。梵文之卍、△等字，亦其例也。〔註127〕

佛書稱大梵天王受法，是以天為弟子；耶穌則稱天之所生，是以天為父；回教則稱上帝欽差，是以天為主。惟《中庸》稱孔子之德，曰「可以贊天地之化育」，曰「凡有血氣，莫不尊親，故曰配天」。曰「贊」、曰「配」，不求諸杳冥，而實得先天不違、後天奉時之理。洵乎誼純而道大也。〔註128〕

錢辛楣先生〔註129〕文集謂近日三教之外，別有一教曰小說。〔註130〕劉

「臣飲食以時，使之不以暴；有險，先後之以身，是以肥也。」
又，《莊子·外篇·田子方第二十一》：「百里奚爵祿不入於心，故飯牛而牛肥，使秦穆公忘其賤，與之政也。」

〔註122〕《漢書》卷五十八《卜式傳》：
初，式不願為郎，上曰：「吾有羊在上林中，欲令子牧之。」式既為郎，布衣草蹻而牧羊。歲餘，羊肥息。上過其羊所，善之。式曰：「非獨羊也，治民亦猶是矣。以時起居，惡者輒去，毋令敗群。」上奇其言，欲試使治民。

〔註123〕《漢書》卷六十八《金日磾傳》：
日磾以父不降見殺，與母閼氏、弟倫俱沒入官，輸黃門養馬，時年十四矣。久之，武帝遊宴見馬，後宮滿側。日磾等數十人牽馬過殿下，莫不竊視，至日磾獨不敢。日磾長八尺二寸，容貌甚嚴，馬又肥好，上異而問之，具以本狀對。上奇焉，即日賜湯沐衣冠，拜為馬監，遷侍中、駙馬都尉、光祿大夫。

〔註124〕見明·何孟春《餘冬錄》卷十三《人品》。

〔註125〕眉批：「鳥獸」、「畜牧」。

〔註126〕眉批：「丁寧云云，參照《說文》。」

〔註127〕按：又見稿本第二十五。

〔註128〕眉批：「宗教」、「儒術」。

〔註129〕「先生」，稿本第二十五無。

〔註130〕《潛研堂集》文集卷十七《正俗》：「古有儒釋道三教，自明以來，又多一教曰小說。」

繼莊《廣陽雜記》亦以小說為易於感人。〔註131〕余謂清初譯《三國演義》以講兵法，譯明人穢褻之書以觀風氣，則且求之實用矣。是以繼莊平生佩服金聖歎，至為全謝山所不解。〔註132〕倭人著書，稱許施耐菴，至列諸聖哲之中，皆以其有關風氣故也。後世學術愈多，中國文字辭縟理奧，閭里婦孺習解為難，則必有求便易之法者。或以音統一切字，或以記號代一切文法，均未可知。近日造捷法寫字者，已有數家，尚未能施行。要之，小說之體必將盛行，而故書雅記恐太半束之高閣矣。〔註133〕

《廣陽雜記》卷一云：「滇南玀玀，俗無文書。官徵其賦，先與官刻木為符，以一畫當一數，百十兩錢分，以長短為差。畫訖，中分之，官執其半。屆期，持而徵之。符合，不少遲欠也。」《史記・匈奴列傳》云〔註134〕：「無文書，以言語為約束。」玀玀乃知刻木為符，則勝於言語矣。〔註135〕

又按《鹽鐵論・論功篇》云〔註136〕：「匈奴雖無禮義之書，刻骨卷衣，一作「木」。百官有以相記，而君臣上下有以相使。」然則匈奴之約束，亦不僅用言語也。〔註137〕

〔註131〕清・劉獻廷《廣陽雜記》卷二：

余觀世之小人，未有不好唱歌看戲者，此性天中之《詩》與樂也；未有不看小說、聽說書者，此性天中之《書》與《春秋》也；未有不信占卜、祀鬼神者，此性天中之《易》與《禮》也。聖人六經之教，原本人情，而後之儒者乃不能因其勢而利導之，百計禁止遏抑，務以成周之芻狗茅塞人心，是何異壅川使之不流，無怪其決裂潰敗也。夫今之儒者之心為芻狗之所塞也久矣，而以天下大器使之為之，爰以圖治，不亦難乎？

又：

余嘗與韓圖麟論今世之戲文、小說，圖老以為敗壞人心，莫此為甚，最宜嚴禁者。余曰：「先生莫作此說。戲文、小說乃明王轉移世界之大樞機，聖人復起，不能捨此而為治也。」圖麟大駴，余為之痛言其故，反覆數千言，圖麟抵掌掀髯，歎未曾有。彼時只及戲文、小說耳，今更悟得卜筮、祠祀為《易》、《禮》之原則。六經之作，果非徒爾已也。

〔註132〕清・全祖望《鮚埼亭集》卷二十八《劉繼莊傳》：

繼莊之才極矣，顧有一大不可解者，其生平極口許可金聖歎，故吳人不甚知繼莊。間有知之者，則以繼莊與聖歎並稱，又呫呫怪事也。聖歎小才耳，學無根柢，繼莊何所取而許可之？乃以萬季野尚有未滿，而心折於聖歎，則吾無以知之。然繼莊終非聖歎一流，吾不得不為別白也。

〔註133〕按：又見稿本第二十五。

〔註134〕見《史記》卷一百十。

〔註135〕按：又見稿本第二十五。

〔註136〕見《鹽鐵論》卷九《論功第五十二》。

〔註137〕按：又見稿本第二十五。

劉錫鴻《英軺私記》曰：「英國刊卜吏支地名。十書院，以光、化、電學為主。岳斯笏亦地名。三十餘書院，以各國語言文字為主。」〔註138〕

波蘭之既分也，則俄羅斯、日耳曼並禁其本國言語。希臘之將復也，則自本邦至突厥結社曰希的里阿，而以希臘語教子弟。蓋種族之分，由於言語。言語不亡，則其種族未為漸滅也。〔註139〕

西國論教者，多以國教人教為分別。如儒、釋、老及猶太、耶蘇、回回、波斯之屬，有古籍流傳者，則謂之人教。如婆羅門、希臘、羅馬、丟登、斯拉夫、開勒德等，無書籍流傳者，按《高僧釋·道融傳》云〔註140〕：密令人寫婆羅門所讀經目，一披即誦。又《隋書·經籍志》載婆羅書頗多。而西人謂無書籍流傳，不甚可解。則謂之國教。近有人論之，謂此等分別，昧設教之原意。蓋從古無一人獨闢之教。新教必由舊約而出，與人之於言語相同，若能盡換一國言語，則亦能特設一新教。乃各國設極大教之人，從不言其教為己一人所創。每謂本於舊教，且非欲滅舊教。余按：禮俗所存即教法所寓，原不必憑文字，亦不能分人國也。凡教之得行，必因其國俗之本然與人心之同然，其事與立政無異。若考歷代之因革損益、列國之異同離合，表而出之，各師所長，不攻所短，親如兄弟，和如友朋，其諸持世者亦有樂於此乎！〔註141〕

術數之學，足以通天地之祕奧，亦足以塞天下之聰明。〔註142〕

立教者不言前知，不足動天下之耳目。而既言前知，則〔註143〕適以愚天下之耳目。是以《老子》曰「前識者，道之華而愚之首〔註144〕」也。嚴君平《道德指歸論》卷一云：「先識來事，以明得失。此道之華而德之末。一時之法，一隅之術，非所以當無窮之世，通異方之俗者也。是故禍亂之所由生，愚惑之所由作也。」〔註145〕

傳音之器，能使前人之言後人聞之。傳影之器，能使萬里之影咫尺見之。此即「靈山一會，儼然未散」〔註146〕之旨也。佛言唯此一事實，豈妄

〔註138〕按：又見稿本第二十五。
〔註139〕按：又見稿本第二十五。
〔註140〕見《高僧傳》卷六。
〔註141〕眉批：「宗教。」
〔註142〕眉批：「術數。」
〔註143〕刻本衍一「則」字，據稿本刪。
〔註144〕「首」，《老子》作「始」。
〔註145〕眉批：「宗教。」
〔註146〕見宋·釋普濟《五燈會元》卷二。

語哉！〔註147〕

　　曹樹翹《滇南雜志》卷十八云〔註148〕：「緬甸國好佛法，有國師以緬字寫經。用回回曆，不置閏。」按：緬甸行佛法，疑當用梵曆。曹君謂其用回曆者，蓋回曆出於梵曆，十同八九故也。說詳《佛國曆象考》。〔註149〕

　　《抱朴子〔註150〕・譏惑篇》云：「余謂廢已習之法，更勤苦以學中國之書，尚可不須也。況乃轉易其聲音，以傚北語，既不能便，良似可恥可笑。昔鍾儀、莊舄不忘本聲，古人韙之。」

　　《通志・藝文略一》云〔註151〕：「後魏初定中原，軍容號令皆以夷語。後染華俗，多不能通。故錄其本言，相傳教習，謂之國語。」余按：魏、周、齊三朝雖頗重其本語，固未嘗設學以教人也。

　　劉融齋《藝概》卷五云〔註152〕：「由大篆而小篆，由小篆而隸，皆是寖趨簡捷。獨隸之於八分不然。蕭子良謂王次仲飾隸為八分，飾字有整飭矜嚴之意。」余按：八分之解，人人異詞。以今之楷法當之，亦未甚繁於隸書也。蓋由倉頡造書，至於史籀，皆日趨於繁。由大篆以至於行草，皆日趨於簡。繁者文治之極，簡者民用之便也。〔註153〕

　　薛榕培《東藩紀要》〔註154〕卷十二云：「高麗國有方音，通於婦孺。如「담뫄명지，팅졍치잎」，即「淡泊明志，寧靜致遠」八字。餘皆類此。農每知書，戶皆安讀。」余謂國家欲使婦孺惷愚皆知文字，必宜求一簡易之法無疑也。

　　中國字不用餘音，不傳語中襯字。其語氣之順逆、詞意之輕重，以十數虛字代之，而灼然可知。即最簡易之法，惟流傳既久，今事必託以古言，涉筆即殊於俗語，遂使語言文字不啻重譯而通。此議禮制度，考文之君所宜鄭重加之意也。

〔註147〕眉批：「佛學。」

〔註148〕見清・曹樹翹《滇南雜志》卷十八《殊方中・緬甸國》。

〔註149〕眉批：「夷情」、「佛學」、「曆學」。

〔註150〕即《抱朴子外篇》。

〔註151〕見《通志》卷六十三。
　　　　按：此語原見《隋書》卷三十二《經籍志一》。

〔註152〕見《藝概》卷五《書概》。

〔註153〕眉批：「論書。」

〔註154〕清・薛培榕《東藩紀要》十二卷補錄一卷，有清光緒八年（1882）申報館鉛印申報館叢書本。

各省案牘之字，均多妄造。即通行之字，亦有用之與本義懸殊者。若夫名稱之舛異、言語之譌謬，尤難悉數。同文之治，豈宜如是哉！

陸務觀《老學庵筆記》卷六云：「四方之訛者，則一韻盡訛。如閩人訛高字，則謂高為歌，勞為羅。秦人訛青字，則謂青為妻，經為稽。蜀人訛登字，則一韻皆合口。吳人訛魚字，則一韻皆開口。他放此。中原惟洛陽得天地之中，語音最正。然謂弦為玄、謂玄為弦、謂犬為遣、謂遣為犬之類，亦是不少。」余按：中國之官音，大抵本之《廣韻》，而失其讀者又十之三四。今時當以何處之方言為準，蓋茫無以應也。《顏氏家訓・音辭篇》謂「生民以來，言語不同，各有土風，遞相非笑。以帝王都邑參校方俗，考核古今，為之折衷，權而量之，獨金陵與洛下耳」。然則今日通行之官音，獨略近南北朝之都會歟？〔註155〕

日本字與語同，凡四十八字母，一字一音，聚音成言，就言見義。或兩三字成一言，或五六字成一義，間有七八字至十數字者，與西文拼字之法略近。視我國每字各具其義者，判然不同。余友人黃公度《日本國志・學術志》云〔註156〕：「日本古時文字，或曰有，或曰無，紛如聚訟。考漢籍未來之先，固無文字，然亦有造作形體以記事者。世傳有肥人書，有薩人書，如一、二、五作｜、川、丗之類。蝦夷之地，今尚沿用。五字之外，或亦有變換點畫。如羅馬數字，或畫作〇□，或作鳥獸草木形之類。近世倡神學說者，謂神代自有文字，所據鎌倉八幡寺、河內國平岡寺、和州三輪寺額，亦僅粗具字形，不可辨讀。自王仁齎《論語》、《千文》來，甫立文字，然僅行於官府。天武之世，嘗造新字四十四卷，體如梵書，蓋佛教盛行，其徒借梵語以傳國音，創為新體。然其書不傳，蓋不便於用也。其後遣唐學生吉備、朝臣真備始作假名，名即字也，取字之偏旁以假其音，故謂之片假名，片之言偏也。僧空海又就草書作平假名，即今之伊呂波是也。其字全本於草書，以假其音，故謂之平假名，平之言全也。假名既作，於是有漢字雜假名以成文者，有專用假名以成文字者。其用漢字之例有二。一則取其義而不用其音，一則用其音而不取其義。漢字、假名相雜成文者，今上至官府，下至商賈，通行之文是也。專用假名以成文者，今市井細民、閭巷婦女通用之文是也。日本方言不出四十七字，此四十七字雖一字一音，又有音有字而無義，然以數字聯屬而成語，則

〔註155〕眉批：「卅一冊廿二頁中國通行之語音一條應錄此條後。」
〔註156〕見清・黃遵憲《日本國志・學術志二・文字》。

一切方言統攝於是，而義在其中。蓋語言文字合一，是以用之便而行之廣也。四十七字之外，有五十母字譜，不出支微歌麻二韻，亦有二字合音之法，惟三合則不能成音。」余按：無三合音，則與西字拼法不甚相合。其用支微歌麻部字，則仍出於梵學也。按：日本語三合成音者，多用ㇰ字，亦間有不用者。黃說似誤。

卷十三

日本國名為倭，近又以倭非美名，稱國曰和，其史不知所出。《漢書·地理志》如淳讀為委，顏監音一戈反。余疑倭字乃華字之轉音。《禹貢》「和夷底績」，鄭讀和為洹。李誡《營造法式》引《漢書注》，云〔註1〕：「桓表，陳宋之俗言桓聲和，今人猶謂之和表。顏師古曰即華表也。」徐鍇《說文繫傳》云：「華本音和，故今人謂華表為和表。」此和、華音轉之證。蓋日本族種多由中國遷徙，故冒是稱。重譯而來，遂蒙倭號，猶秦音既變，爰作支那；竺語非遙，俄書印度矣。友人沈子培刑部又嘗疑中國自稱華夏，華字未知所從來，疑為虞之轉音。〔註2〕然則孔子刪書，斷自虞夏，即以錫中國之土姓，傳之方來者乎？親暱勿棄〔註3〕，管仲之言，百世所宜誦也。子培又以倭為濊之轉音，亦足備一說。〔註4〕

《通志·六書略·論華梵》〔註5〕云：「華書有重二之義，《石鼓文》、《嶧山碑》重字皆作二。梵書凡疊句重言，則小作𠃋。」今日本凡重文皆作々，實用梵體，蓋日本字學固傳自釋家也。

〔註1〕見宋·李誡《營造法式》卷二《華表》。

〔註2〕眉批：「余記『虞』古文作𧆭，與華字字形亦近，疑太本一字。」

〔註3〕《左傳·閔公元年》：

狄人伐邢。管敬仲言於齊侯曰：「戎狄豺狼，不可厭也；諸夏親暱，不可棄也；宴安酖毒，不可懷也。《詩》云：『豈不懷歸？畏此簡書。』簡書，同惡相恤之謂也。請救邢以從簡書。」齊人救邢。

〔註4〕眉批：「此條可與本冊四十三頁接。」

〔註5〕見《通志》卷三十五《六書略第五·論華梵上》。

　　《欽定皇輿西域圖志》卷四十八云〔註6〕：「回部語言凡三種。自今哈密闢展以西，至喀什、噶爾、葉爾羌、和闐大率相同，謂之圖爾奇語。外藩拔達克山、博爾羅諸部所習者，名帕爾西語。別有和爾盎語，則惟回回祖國墨克、默德那諸部習之，與圖爾奇、帕爾西語音又復迥異。」又云：「回語與準語各殊，亦間有同者。如稱萬為圖們，黑為哈拉，泉為布拉克之類。又有近似者，如準語稱水為烏蘇，回語謂蘇；準語謂雪為穆薩爾，回語謂穆素爾之類。」

　　程同文《跋長春西遊記》云〔註7〕：「伊列河之名，有元一代絕無稱述，蓋已無知之者。準人不解載藉，粗有托忒文字，但能記籍帳耳，何從遠稽突厥名稱耶？」

　　謝濟世《西北域記》〔註8〕云：「喀爾喀之西北曰烏蘭海。」其人衣毛飲血，有語言而無文字，蒙古亦鄙夷之。

　　李鳳苞《使德日記》云〔註9〕：「愛爾孛之女十三齡，通六國語，出示文字不同之報十餘種，羅明尼阿之文與義與俄、土、奧俱異，布爾噶亞則全用俄文而義迥異，女子曰：『此猶滿洲之用蒙古文也。』」

　　釋法顯行傳云〔註10〕：「至鄯鄯〔註11〕國，其國王奉法，有四千餘僧。諸國俗人及沙門盡行天竺法。從此西行，所經諸國，類皆如是。唯國國胡語不同。然出家人皆習天竺書、天竺語。」按：此天竺字母所以遍傳各國之故。

　　《皇輿西域圖志》卷四十七云〔註12〕：「準噶爾字書名托忒，共十五字頭。合十五字頭，共得一百五音。又有四外字頭。凡十五字頭有音短處，以此四字補之。其法直下右行，用木筆書。按：《史記》、《漢書》稱自安息行旁國，皆畫革旁行，以為書記。韋昭云：『外夷書皆旁行。』師古云：『橫行不直下也。』今托忒書雖右行而直下，是韋《注》不盡然矣。考準部北接布魯特回部，其字書即旁行，與今山南回部同。」廷式竊疑準部之字右行者，蒙古之舊；其直下者乃襲用中國之法。漢時未必如此也。準噶爾本蒙古苗裔，語言與蒙古略同，亦見《圖志》本卷。

〔註6〕清·褚廷璋《乾隆皇輿西域圖志》卷四十八《雜錄二·語言》。
〔註7〕見徐世昌《清儒學案》卷一百四十一程同文《邱長春西遊記跋》。
〔註8〕清·謝濟世《西北域記》，有叢書集成初編本。
〔註9〕見李鳳苞《使德日記》光緒四年十二月二十五日。
〔註10〕見東晉·釋法顯《佛國記》。
〔註11〕「鄯鄯」，《佛國記》作「鄯善」。
〔註12〕見褚廷璋《乾隆皇輿西域圖志》卷四十七《雜錄一·準噶爾部·字書》。

又卷四十八云〔註13〕：「回部與準噶爾接壤，而其書特異。共二十九字頭，又六外字頭。按《唐書·西域傳》：龜茲旁行書，疏勒文字同婆羅門。龜茲，今山南回部，書法旁行，亦與今同，惟點畫孳生之法，史無可考。又《唐·西域傳》：天竺國有文字。天竺為今之烏斯藏，字書與回部迴殊。有天竺字母五十字。其番俗通行之字，又與天竺字異別。有西番字母三十字。」蕭雄《西疆雜述詩》云〔註14〕：「新疆雖連蒙番各部，而語言文字概不與同。即如自一至十數目，一曰畢而，二曰易克，三入屈，四跳而迪，五伯什，六阿迪，七葉迪，八賽克斯，九托各斯，十曰溫其，字跡則如粥、勁等形也。」

曹樹翹《滇南雜志》卷十〔註15〕引《委宛餘篇》云：「甲戌，予從典屬國所，以旅獒全文合象胥譯而書之。爨蠻亦字形如科斗，阿町所制也。昔滇有緬字，生凡徼外貢夷，至則譯其文，有緬字館在布政司東南，今已亡矣。騰越州牧吳鍇曰：『緬文形如科斗，通事緐譯多不能通其義。蓋緬字與玀夷字不同。以識玀夷字之人緐緬字，輕重迴殊。並以寫玀夷字之通事夷人，用漢文令譯緬，音義俱不可曉，不如寫漢文檄之，彼地有熟漢文者能通其說也。』」

唐樊綽《蠻書》云〔註16〕：「言語音，白蠻最正，蒙舍蠻次之，諸部落不如也。但名物或與漢不同，及四聲訛重。大事多不與面言，必使人往來，達其詞意。以此取定，謂之行諾。」

孫蘭《輿地隅說》云〔註17〕：「大約極北者，其聲在喉而音不斷；極南者，其聲在脣齒而音飄忽。磧北，北音也。正月豁必撒剌，二月豁者兒撒剌，三月兀格勒陳撒剌，四月可可亦撒剌，五月兀剌魯撒剌，六月兀赤魯撒剌，七月古蘭撒剌，八月卜忽撒剌，九月勿察撒剌，十月客勒不禿兒撒剌，十一月亦得勒撒剌，十二月可可勒兒撒剌。其音在喉，音於其中繚繞而出，以字譯之，不得已有數字數聲，其實數聲氤氳於喉，一氣而出也。百譯、高昌、緬甸、暹羅、八百息婦，南音也。百譯呼天曰法，日曰扛，月曰楞，河曰喃，海曰百喃剌浪浪，孔雀曰如永，鳳皇曰如浪哈法，鴛鴦曰必剌法，燕子曰如煙。緬甸呼天曰某呼，日曰膩呼，月曰剌，江曰木列馬，山曰擋，父曰阿帕，母曰阿米。暹羅呼天曰筏，日曰踢亞喇婆，月曰趨剌婆，君曰雅剌婆，臣曰禮朵滿。八百

〔註13〕見《乾隆皇輿西域圖志》卷四十八《雜錄二·回部·字書》。
〔註14〕見清·蕭雄《聽園西疆雜述詩》卷三《文字》自注。
〔註15〕《滇南雜志》卷十《軼事四》未見此語。
〔註16〕唐·樊綽《蠻書》卷八《蠻夷風俗第八》。
〔註17〕見清·孫蘭《柳庭輿地隅記》卷下。

息婦呼天曰筱，君曰普刺拓，臣曰僕混。其聲在脣齒，而止及舌尖，故字少而音短。其聲翻篾於脣齒，疾速而不及聽，譯者不得已而寫。其影響其實飄散而難定也。」

艾約瑟《華語考原》〔註18〕云：「中國言語，或可謂始創於前此七八千年，不然則恐不足有此諸多變更。緣自古音變至今音，古語變至今語，要非幾世幾年所能完備。是以考中國語言之源者，既不知本於何一族人；方言之確證，又難舉何一類方言。創於中國有語之先，則莫若視為開闢時人自創之一家言。」

又云：「古音首見於脣，嗣乃漸有牙音、齶音、喉音。自外而內，音皆依次而發。喉音全後，漸備有四聲。今之中國，固可謂分有四聲之世。至中國之創有言語，實可謂先於倉帝造字之世，幾千百年，且必自北而南，以次傳播。」

又云：「當由舊語之轉有去聲時，業多增有一番新語，是即近上下二千年內增有新語之確理。」余按：段懋堂《音均表》謂古無去聲，艾氏之說本之。

又《唐韻末音互變舉例後》云：「即此有以知中國言語之音聲變易，閱歲雖多，仍皆尚存而不廢，非如泰西之拉丁語與印度梵語，皆遺棄無餘也。今天下作中國語者，較作諸他國方言之人尤眾。是中國計有文字閱四千年，其間變易至今尤未能已。若中國言語之興，本之諧聲，尚在四千年之前。於此可略推知黃帝時及黃帝前，其言語音聲何如，及大概如何變易之理也。」余按：黃帝正名百物，名即字也。此以黃帝時及黃帝前分為兩節，即據倉頡造字而言。至聲音先於文字，而心意又先於聲音，此必然之理。如言天者聲必高，言地者聲必低，稱已者聲必自外而內，稱人者聲必自內而外，言大者聲大，言小者聲小。推之各國言語，無不皆然。此即艾氏即天地萬物而逞其五官四肢之用成諸語言者，雖閱百世，知其變而不能離宗者也。

又云：「今交趾人讀中國心字，音如點字。蓋中國人當漢世流寓交趾者甚多，故交趾言語今尚有存中國漢時音者。」余按：汪大淵《島夷志略》云：「交趾誦詩讀書，談性理，為文章，皆與中國同。惟言語差異耳。」三國之亂，士大夫多避地交州。唐末之亂，中原舊族亦相從度嶺。故今廣東土音頗合《唐韻》。考方言者，正宜博採參，稽毋囿一隅之見也。

又云：「中國之有四聲，閱時甚久，始能完備。今中國又有數省，本四聲又分支聲。凡音聲之變，非倉猝即可成就，又非人之先有成心強為造就也，故完備甚遲。再四聲非古，因知今無四聲之他國方言未可遽謂與中國方言確

〔註18〕傅蘭雅輯《格致彙編》第四冊為《華語考原》，俟訪。

非一本，緣四聲晚出，固不礙大地方言同出一本之論也。」又云：「中國四聲晚出，有與泰西方言近似者，如泰西作問詞，語末其音上轉，即幾讀如中國上聲，故自創有此上轉音，後其前此特取作問語諸虛字漸皆衰廢。」茲考希臘、拉丁文中，時備作問語之虛字甚多，非若今之以音上轉語作虛字也。

又云：「希臘語有三聲。即此而論，是其方言與中國近似，而較之泰西諸國，則判然不同。希臘人自謂當中國漢高帝時，已別得具有三聲。緣是時其國人有遵雅典城官話，著書旁加三聲號志，各加於書向羊皮之文字上。茲考其所謂三聲，一輕利聲，一遲重聲，一抑揚聲。在希臘人一語中，分有多節，以上三聲即惟一節。得一聲，他節皆不得也。至三聲之流入希臘，不知何時，惟雅典人甚重此聲學，實非他城人所能企及。」余按：輕利、遲重、抑揚三聲，實與中國周時所謂長言、短言、內言、外言相近。各國語言同出一源，此其證也。西書每言分音塔事，回書亦言之，雖未必實然，然可為言語同源之證。

又云：「若以朝鮮、日本二國之方言與中國較其同異，皆當溯考其古音為正。如日本人名泉曰伊仔米，而朝鮮人名井曰碎末，是皆與中國井字古音為 Tsim 相近。蓋朝、日兩國語皆長，加有多節，中國語獨否，是以知此井字原音存於中國。」《方言記》：「朝鮮洌水之言多同於燕。」《三國志·東夷傳》云：「陳勝等起天下叛秦，燕、齊、趙民避地朝鮮數萬口，燕人衛滿復來王之。」按：此朝鮮語所以多出於中國也。

段懋堂《六書音韻表·古一字異體說》云：「凡一字異體者，即可徵合韻之條理。以第十六部言之，魖或為鴺，逖古為邊，兒聲、鬲聲、狄聲、易聲同在本部也。芰或為多，髳或為髦，鞨或為鮘，輓或為輡，弛或為虒，支聲、易聲、兒聲在十六部，多聲、也聲、宜聲在十七部。此可見合用之理。」余謂聲音既改，則字體隨變，如循理推求，可以知古今聲韻之殊，不獨明於合用之理而已。

又按：近人箸書，言《爾雅》十二歲名，西人考之，謂與猶太古語同。未知信否，俟詳考之通西學者。

《莊子·天運篇》：「巫咸袑按：袑蓋即「招魂」之「招」。曰：來！吾語女。天有六極五常，帝王順之則治，逆之則凶。九洛之事，治成德備，監照下土，天下載之，此謂上皇。」《楚辭》：「帝告巫陽曰：『有人在下，我欲輔之。』」王逸《注》云：「帝謂天也。」又曰：「上帝其命難從。」按：《楚辭》言「帝」與「上帝」，即《莊子》所謂「上皇」；言欲輔下人，即《莊子》所謂「監照下

土」。又招魂於四方上下，即《莊子》所謂「天有六極」。《釋文》引司馬彪《注》，云：「六極，四方上下也。」此巫家之古說。西教言天主，大半同之，亦巫家之支流餘裔也。《楚辭》又言魂魄離散，招其來歸恒幹，〔註19〕亦近於耶穌書所言末日判斷時之事矣。又按：景差《大招》「察篤天隱」以下，即《莊子》所謂「治成德備」也，朱子以為略知體國經野之術矣。〔註20〕

《晏子春秋·內篇·諫上》曰〔註21〕：「祝直言情則謗吾君也，隱匿過則欺上帝也。上帝神，則不可欺。上帝不神，祝亦無益。」是祝亦稱上帝。又，「楚巫微見景公曰：『請致五帝，以明君德。』」〔註22〕孫淵如曰〔註23〕：「五帝，五方之帝。」愚案：此即《莊子》所謂「天有五常」也。

《呂氏春秋·順民篇》〔註24〕：「湯禱桑林，曰：『無以一人之不敏，使上帝鬼神傷民之命。』」高誘《注》曰：「上帝，天也。」此巫禱稱上帝之證。

王夫之《讀通鑑論》卷三云：「魏晉以下，佛老盛，而鬼神之說託佛老以行，非佛老也，巫之依附於佛老者也。東漢以前，佛未入中國，老未淫巫者，鬼神之說，依附於先王之禮樂詩書以惑天下。」

蔣良騏《東華錄》卷一：「己亥年二月，將蒙古字制為國語，創立滿文。」卷二：「天聰六年三月，以國書十二字頭向無圈點，上下字雷同無別，命巴克什達海酌加圈點，以分析之。」按：國書用蒙古字為底本，猶日本文字用中國為底本也。凡造新字，行用必依舊文，始易通曉也。

《荀子·正名篇》曰：「後王之成名：刑名從商，爵名從周，文名從禮，散名之加於萬物者，則從諸夏之成俗曲期。楊倞注：「成俗，舊俗方言也。」「曲期」者，即下文所謂「共其約名以相期也」。遠方異俗之鄉，則因之而為通。」又云：「若

〔註19〕《楚辭·招魂》：
帝告巫陽曰：「有人在下，我欲輔之。魂魄離散，汝筮予之。」巫陽對曰：「掌夢上帝其難從。若必筮予之，恐後之謝，不能復用巫陽焉。」乃下招曰：魂兮歸來！去君之恒幹，何為乎四方些？
〔註20〕眉批：「宗教」、「巫醫」。
另，宋·朱熹《楚辭集注》卷七《招魂》：
戰國時，此禮已廢久矣，故景差特於卒章言此，以招屈原之魂，欲其來歸而尚此三王之道，以矯衰世之失也。不特此耳，其他若云察幽隱，存孤寡，治田邑，阜人民，禁苛暴，流德澤，舉賢能，退罷劣，亦三王之政也。
〔註21〕見《晏子春秋·內篇·諫上第一·景公病久不愈欲誅祝史以謝晏子諫第十二》。
〔註22〕見《晏子春秋·內篇·諫上第一·景公欲使楚巫致五帝以明惪晏子諫第十四》。
〔註23〕見清·孫星衍《晏子春秋音義》卷上。
〔註24〕見《呂氏春秋》第八卷《仲秋紀第八》。

有王者起，必將有循於舊名，有作於新名。」案：「正名」二字，本之《論語》。名，字也。此荀子述孔子改正文字，以《春秋》當新王之意。

《呂氏春秋・察今篇》云〔註25〕：「古之命多不通乎今之言者，按：命猶名也。今之法多不合乎古之法者。」《樂成篇》云〔註26〕：「舟車之始見也，三世然後安之。夫開善豈易哉！」凡欲為法於後世者，當知此意。〔註27〕

《漢書・地理志》云：「昔在黃帝，作舟車以濟不通，旁行天下。」《世本》可證。按：《老子》終篇「欲民老死不相往來」，然則黃老之說，正不必同。特後世道家之言，託始軒轅耳。〔註28〕

康熙四十一年十一月〔註29〕，大學士等以鄂羅斯貿易來使齎至原文繙譯

〔註25〕見《呂氏春秋》第十五卷《慎大覽第三》。
〔註26〕見《呂氏春秋》第十六卷《先職覽第四》。
〔註27〕眉批：「又。」
〔註28〕眉批：「學術」、「道流」。
〔註29〕按：此處時間有誤。
　　　清・余金《熙朝新語》卷五：
　　　康熙四十四年十一月，大學士等以鄂羅斯貿易來使齎至原文繙譯進呈，上閱之，曰：「此乃喇提諾、托多烏祖克、鄂羅斯三種文也。外國文亦有三十六字母者，亦有三十字五十字母者。朕交喇嘛詳考視之，其來源與中國同，但不分平上去聲，而尚有入聲，其兩字合音甚明。中國平上去入四韻極精，兩字合音不甚緊要，是以學者少，漸至棄之。問翰林院四聲無不知者，問兩字合音則不能知。中國所有之字，外國亦知之，特不全耳。」
　　　清・蔣良騏《東華錄》卷二十：
　　　（康熙四十四年）十一月，大學士等以鄂羅斯貿易來使負至原文繙繹之文進呈，上閱之，諭曰：「此乃喇提諾、托多烏祖克、鄂羅斯三種文也。外國文亦三十六字母者，亦有三十字五十字母。朕交喇嘛詳考視之，其來源與中國同，但不分平上去聲，而尚有入聲，其兩字合音甚明。中國平上去入四韻極精，兩字合音不甚緊要，是以學之者少，漸至棄之。問翰林院四聲無不知者，問兩字合音則不能知。中國所有之字，外國亦知之，特不全耳。」
　　　清・王先謙《東華錄・康熙七十六》：
　　　（康熙四十四年十一月）壬申，大學士等以鄂羅斯貿易來使齎至原文及翻譯之文進呈，上諭大學士等：「此乃喇提諾、託多烏祖克、鄂羅斯三種文也。外國之文亦有三十六字母者，亦有三十字五十字母者。朕交喇嘛詳考視之，其來源與中國同，但不分平聲上聲去聲，而尚有入聲，其兩字合音甚明。中國平上去入四韻極精，兩字合音不甚緊要，是以學者少，漸至棄之。問翰林官四聲無不知者，問兩字合音則不能知。中國所有之字，外國亦有之，特不全耳。」
　　　清・何秋濤《朔方備乘》卷首一：
　　　康熙四十四年乙酉十一月壬申，大學士等以鄂羅斯貿易來使齎至原文及譯出之文進呈，上閱之，諭大學士等曰：「此乃喇提諾、托多烏祖克、鄂羅斯三種

之文進呈。上閱之，諭曰：「此乃喇提諾、按：即臘頂。一作喇第納。札多烏祖克、俄羅斯三種文也外國文亦有三十字母者，亦有三十字五十字母者。朕交喇嘛詳考視之，其來源與中國同，但不分平上去聲，而尚有入聲，其兩字合音甚明。中國平上去入四韻極精，兩字合音不甚緊要。是以學者漸少〔註30〕，至棄之。」又云：「中國所有之字，外國亦知之，特不全耳。」《東華錄》卷十。謹案：中國四聲為各國所無，近西人艾約瑟尤極言之。至中國文字一字為一言，合音乃翻切之學，故知之者鮮也。

李鳳苞《使德日記》云〔註31〕：「德國書樓正監督里白休士，言北方無入聲，各國古音皆然。美利堅土番亦然。諒是天地元音。知其於東方學問確有心得。」余按：此說非也。中國古音，四聲俱備。段茂堂諸人言無去聲者，或未可知。入聲則必有之。即如《說文》開卷之「一」字，則自古無平上去三聲讀法也。北方之無入聲，蓋慕容、苻、姚、鮮卑、氐、羌之倫，迭主中夏，衣冠南渡，夏語猶存，而大河南北漸變夷言，故與各國土番之音居然相近矣。

劉融齋《說文疊韻》〔註32〕云：「南方有入聲，北方亦有入聲。北音入與去難辨而可辨，蓋以短去聲為入聲，且以為近雅。」亦可謂好為新說而不顧其安者矣。又云：「北音入聲有讀似平聲者，其意中仍是入聲。與其讀入似上去，意中仍是入聲同。」余謂此北人知其為入聲字，恐或誤用，故強識之，以為分別耳。且審音不求之於耳，而求之於他人之意乎？

《史記·齊悼惠王世家》〔註33〕：「高祖立肥為齊王，諸民能齊言者皆予齊王。」按：此以言語分國，蓋三代之遺制。

魏源《聖武記》〔註34〕：「天聰八年，太宗論征黑龍江諸將曰：『茲地人民，語言騎射與我國同，撫而有之，即皆可為我用。攻略時，宜告以爾我先

文也。外國之文亦有三十六字母者，亦有三十字五十字母者。朕交喇嘛詳考視之，其來源與中國同，但不分平聲上聲去聲，而尚有入聲，其兩字合音甚明。中國平上去入四韻極精，兩字合音不甚緊要，是以學者少，漸至棄之。問翰林官四聲無不知者，問兩字合音則不能知。中國所有之字，外國亦有之，特不全耳。」

〔註30〕「漸少」，上引諸書均作「少漸」。
〔註31〕見李鳳苞《使德日記》光緒四年十月二十六日。
〔註32〕清·劉熙載《說文疊韻》二卷首一卷末一卷，有清光緒刻本。已收入《劉熙載集》。
〔註33〕見《史記》卷五十二。
〔註34〕見清·魏源《聖武記》卷一《開國龍興記一》。又見清·何秋濤《朔方備乘》卷一《聖武述略一·東海諸部內屬述略》。

世本一國人。載籍甚明，毋甘自外。』」開國規模，先集同族，固至要之道
也。

　　方言之例，有稱通語者，有稱古雅之別語者，有稱凡語者，有稱凡通語
者，有別其地而言，若陳楚之間，通語楚通語者，有稱齊趙之總語者，有稱四
方通語者，有稱異方醜稱者，有稱楚轉語者，有稱南楚江湘之間代語者，有
稱通名者，有稱四方異語而通者，有稱語之轉者，有引燕記者，有引傳者。近
人顧亭林、劉繼莊皆欲齊天下之聲音，或又以為迂論。余謂印度惟言語不通，
故為英吉利所蠶食。中國則言語雖略有隔礙，而尚易相通，又加以文字畫一，
故尚能自立。然宜及今廣遣輶軒，校其同異，證驗古今，整齊風俗，名物不正
則改之，醜稱惡語則革之，勒為成書，行之庠序，使其語簡而易明，其情同而
能達，亦固圉之要道也。《史記・李斯列傳》〔註35〕：「始皇使天下同文書。」
蓋平六國之後，此固其急務矣。

　　譯音無定字，自古已然。然及今，通商之國遍及寰區，文字既殊，語音
尤變，則凡地理、名物、度量，皆當定畫一之字，以便翻譯而無歧誤。此當以
令甲行之者也。

　　《荀子・王制篇》云〔註36〕：「王者之制：聲則凡非雅聲者皆廢，色則凡
非舊文者舉息，是之謂復古。」此以聲與染彩畫繪之色對舉，蓋不專指音樂，
是顧亭林欲盡用古音之所本也。

　　《論語》〔註37〕：「子所雅言，詩書執禮，皆雅言也。」鄭《注》曰：「讀
先王典法，必正言其音，然後義全。」劉端臨《論語駢枝》曰〔註38〕：「夫子生
長於魯，不能不魯語。惟誦詩讀書執禮，必正言其音，所以重先王之訓典，謹
末學之遺失。」又云：「昔周公著《爾雅》一篇，釋古今之異言，通方俗之殊語。
劉熙《釋名》曰〔註39〕：『爾，昵也。昵，近也。雅，義也。義，正也。五方之
音不同，以近正為主也。』上古聖人，正名百物，以顯法象，別品類，統人情，
壹道術，名定而實辨，言愜而志通，其後事為踵起，象數滋生，積漸增加，隨
時遷變。王者就一世之所宜，斟酌損益，以為憲法，所謂雅也。然五方之俗，
不能強同，或意同而言異，或言同而聲異，綜集謠俗，釋以雅言，比物連類，

〔註35〕見《史記》卷八十七。
〔註36〕見《荀子・王制篇第九》。
〔註37〕見《論語・述而第七》。
〔註38〕見清・劉台拱《論語駢枝》。
〔註39〕見漢・劉熙《釋名》卷七《釋典藝第二十》。

使相附近，故曰《爾雅》。王之所以撫邦國諸侯者，七歲屬象胥，諭言語，協辭命。九歲屬瞽史，諭書名，聽聲音，正於王朝，達於諸侯之國，是謂雅言。雅之為言夏也。《孫卿・榮辱篇》云：『越人安越，楚人安楚，君子安雅。』又《儒俗篇》云：『居楚而楚，居越而越，居夏而夏。』」王引之曰〔註40〕：「古夏、雅二字互通。《左傳》『齊大夫子雅』，《韓子・外儲說・右篇》作『子夏』。」是其證。劉寶楠《論語正義》云〔註41〕：「後世人作詩用官韻，居官臨民必說官話，即雅言矣。」余按：有訓詁而後古今之文義雖變而仍通，有反切而後古今之音韻雖移而可考。不然，則古書必譯以方言，而先王之訓典不能存其原本矣。此雅言之功所以大也。又按：劉端臨以為「詩之有風雅，王都之音最正，故以雅名。列國之音不盡正，故以風名」〔註42〕。《論語正義》因之，遂謂「周室西都，當以西都音為正。平王東遷，下同列國，不能以其音正乎列國，故降而為風」。此說則近於太泥。《詩》之風、雅，自以體言。既同被乎樂章，豈得殊其音讀，故《國風》諸什用韻多同。謂非雅言，且與本經不合，非通論也。且先王訓典，何獨西周，即唐虞故都、夏殷舊壤，豈其質文既改，雅俗遂殊，故知雅與夏通，所賅者廣。元公《爾雅》非據周言，後世官話非本都人之語，有自來矣。《方言》有中夏言，蓋即漢時之官話也。惟又有東夏、西夏，則不知以何地而分耳。

《管子・侈靡篇》曰：「周、鄭之禮移，周律之廢，則中國之草木有移於不通之野者。然則人君聲服變矣。」蓋禮樂崩壞則人心風俗變，人心風俗變則地氣亦因之而變。於是鸜鵒來巢、李梅冬實、而杞用夷禮、公薨楚宮，遂迭見於《春秋》矣。以聲服別人類，而其本在於禮樂。六代能行鄭學，而衣冠之俗賴以不亡，亦其證也。

彭紹升《二林居集・沈起元事狀》云〔註43〕：「世宗詔以閩人不善官音，

〔註40〕清・王念孫《讀書雜志・荀子第一・君子安雅》。

〔註41〕見清・劉寶楠《論語正義》卷八《述而第七》。

〔註42〕見劉台拱《論語駢枝》。

〔註43〕見清・彭紹升《二林居集》卷十八《事狀七・故中大夫光祿寺卿加二級沈公事狀》。
又，清・俞樾《茶香室叢鈔》茶香室續鈔卷十五《正音書院》：
國朝施鴻保《閩雜記》云：「閩中各縣，從前皆有正音書院，所以訓習官音也。雍正六年欽奉上諭：凡官員有蒞民之責，其言語必使人人共曉，然後可以通達民情，熟悉地方事宜而辦理無誤。是以古者六書之訓，必使諧聲會意，嫻習語音，皆所以成遵道之風，著同文之治也。朕每引見大小臣工，凡陳奏履歷之時，惟有閩、廣兩省之人仍繫鄉音，不可通曉。夫伊等以現登仕籍之人，經赴部演禮之後，其敷奏對揚，仍有不可通曉之語。則赴任他省，又安能宣

令督撫教之學習。興化土音尤詘屈，讀書了不可辨。公建正音書院，擇閩人通官音者為之師，集諸生以四聲教正經書，俾轉相教授。上官採其法，頒行諸府。」然至今閩人讀書尚不易辨，豈當時雖有此舉，未收其效歟？整齊風俗，帝王大政。廣東瓊州各縣，至今頗有官音。問之土人，以為傳自東坡。蓋風行草偃，固賢有司之事也。

《新譯佐治芻言》第百五十六節云〔註44〕：「此章所用伊哥挪謎字樣，係希臘古時人語。按：是字希人訓為治家之法，近人則以節省之意釋之。其見解不無小異，然細參希人語意，亦以節儉為治家之本。是近人之訓仍本古義。」按：古今語意遞變，及以訓詁代正字之法，固中西所同也。

《方言》卷一云：「秦、晉之間，凡人之大謂之奘，或謂之壯。燕之北鄙，齊楚之郊，或曰京，或曰將，皆古今語也。郭《注》云：「語聲轉耳。」初別國不相往來之言也，今或同。而舊書雅記故俗語不失其方，而後人不知，故為之作釋也。」按：別國既相往來，則故俗之語或失古今之變，恒必由斯，學者所當謹記也。

《抱朴子〔註45〕·鈞世篇》云：「古書之隱，未必昔人故欲難曉，或世異語變，或方言不同。」世異語變，故有「古今語」矣。方言不同，則「別國不相往來之語」也。一縱一橫，而聲音之變盡此矣。

朱子《韓集考異》卷二：「芳荼。方崧卿《舉正》云：『大抵荼與茶古音相近。』今案：荼與茶，今人語不相近，而方云近者，莆田語音然也。雖出俚俗，亦由音本相近，故與古暗合耳。今建人謂口為苦，走為祖，亦此類。方言多如此云。」余謂古今音變，多由雙聲。朱子蓋深明其故。

讀訓諭、審斷詞訟，皆歷歷清楚，使小民共曉乎？官民上下言語不通，必使胥吏從中代為傳遞，於是添設假借，百病叢生，而事理之貽誤多矣。且此兩省之人，其言語既不可通曉，不但伊等歷任他省，不能深悉下民之情；即伊等身為編氓，亦不能明白官長之言。是上下之情，扞格不通，其為不便實甚。但語言自幼習成，驟難更改，故必徐加訓導，庶幾歷久可通。應令福建、廣東兩省督撫，轉飭所屬府州縣有司及教官，徧為傳示，多方訓導，務使語言明白，使人通曉，不得仍前習為鄉音。則伊等將來履歷奏對，可得詳明，而出仕他方，民情亦易於通達矣。各處正音書院，蓋當時督撫遵奉上諭飭屬所建。無如地方官皆視為不急之務，任其墮廢。以予所見，惟邵武郡城尚有正音書院，亦改課詩文矣。」按：南蠻鴃舌，自古病之。至我朝有正音書院之設，亦《周官·大行人》諭言語、協辭命之遺意也。然今知有此事者，鮮矣。

〔註44〕見清·應祖錫《佐治芻言》第十四章論財用。
〔註45〕即《抱朴子外篇》。

　　《大廣益會玉篇》三十六字母切韻法有「嫐」字，釋音云：「此不是字，有聲無形，借用女聯為形，又借女聯為切。吶字平聲。」按：國朝修《西域同文志》，每以兩音合寫成字，即用此例，實即西人之拼字法也。

　　《史記・鄒陽傳》云〔註46〕：「秦用戎人由余而霸中國，齊用越人蒙而彊威宣。」《索隱》云：「越人蒙，未見所出。《漢書》作子臧。張晏曰：『子臧或是越人蒙字也。』」王符《潛夫論・論榮篇》云〔註47〕：「由余生於五狄，越象產於八蠻，而功施齊秦，德立諸夏，令名美譽，載於圖書，至今不滅。」「越象」蓋「越蒙」之誤。其云「載於圖書，至今不滅」，則東漢時其事猶可考也。「產於八蠻」，蠻即閩，是越蒙為閩越先賢之最古者。又桓寬《鹽鐵論・相刺篇》云〔註48〕：「越人夷吾，戎人由余，待譯而後通，而並顯齊秦。」張敦仁校云：「夷吾或子臧之誤。」余按：張說是也。後人不知越蒙，而但知管仲，故妄改為夷吾。若管子則潁上之人，與齊壤地相近，何必待譯而通乎？《管子・小匡篇》云〔註49〕：「使遊士八千人奉之以車馬衣裘，多其資糧財幣，周遊四方，以號召收求天下之賢士。」宜其兼蓄海外之英才矣。〔註50〕

　　明張燧《千百年眼》卷四云〔註51〕：「七國爭天下，莫不招致四方遊士。然六國所用相，皆其宗族及國人。獨秦則不然。始與謀國開伯業者，魏人公孫鞅也。其他若樓緩，趙人；張儀、魏冉、范睢，皆魏人；蔡澤，燕人；呂不韋，韓人；李斯，楚人。皆委國而聽之不疑，卒之所以有天下者，諸人之力也。」

　　《呂氏春秋・功名篇》〔註52〕：「善為君者，蠻夷反舌殊俗異習皆服之，德厚也。」高誘《注》云：「戎狄言語與中國相反，因謂反舌。一說南方有反

〔註46〕見《史記》卷八十三。
〔註47〕見《潛夫論》卷一《論榮第四》。
〔註48〕見《鹽鐵論》卷第五《相刺第二十》。
〔註49〕見《管子》卷八《小匡第二十》。
〔註50〕眉批：「人物。」
〔註51〕見明・張燧《千百年眼》卷四《秦用客之功》。
　　　　按：朱志先先生考證此則源於宋・洪邁《容齋隨筆》卷二《秦用他國人》：七國虎爭天下，莫不招致四方遊士。然六國所用相，皆其宗族及國人，如齊之田忌、田嬰、田文，韓之公仲、公叔，趙之奉陽、平原君，魏王至以太子為相。獨秦不然，其始與之謀國以開霸業者，魏人公孫鞅也。其他若樓緩趙人，張儀、魏冉、范睢皆魏人，蔡澤燕人，呂不韋韓人，李斯楚人。皆委國而聽之不疑，卒之所以兼天下者，諸人之力也。燕昭王任郭隗、劇辛、樂毅，幾滅強齊，辛、毅皆趙人也。楚悼王任吳起為相，諸侯患楚之強，蓋衛人也。
〔註52〕見《呂氏春秋》第二卷《仲春紀第二》。

舌國，舌本在前，末倒向喉，故曰反舌。」〔註53〕《慎勢篇》曰〔註54〕：「凡冠帶之國，舟車之所通，不用象譯狄鞮，方三千里。古之王者，擇天下之中而立國。」《金樓子・立言篇》〔註55〕：「堯問舜：『紫舌之民不可與語，若何？』舜曰：『君若遠鑒，必知通塞。紫舌之民何難合同？』」紫舌蓋即反舌。

　　《大般涅槃經・菩薩品》云〔註56〕：「譬如大王告諸群臣，先陀婆來。先陀婆者，一名四實。一者鹽，二者器，三者水，四者馬，如是四物共同一名。」按：四物雖同一名，若以天竺文寫之，自當有異。蓋拼音之法，音雖無窮，而要不能不復。今英法之文，亦頗有似此者，不得譏中國文字聲音太少也。

　　《肇論・涅槃無名論》云〔註57〕：「泥曰泥洹、涅槃，此三名前後異出，蓋是楚夏不同耳。云涅槃，音正也。」明釋德清《略注》云〔註58〕：「五竺梵音不同，如此方之楚夏。」按：僧肇以涅槃為音正，不知屬天竺何處之音。又梵文音讀雖殊，字體未知有異否。《翻譯名義集》云梵書伊字，「西域有新舊兩伊」，如此方古文今文之類。舊伊三點相離，即∴字。新伊細畫相連，即Ａ字。〔註59〕然考之《悉曇字記》〔註60〕、《天竺字源》〔註61〕，則伊字又作ഗ、ॐ。聞古印度文字字字離寫，與中國同。近世則連屬為字，略同歐土。是佛國文字亦屢有變遷矣。又《涅槃經・文字品》：「十四音名字本」〔註62〕，而阿、伊等字，每字皆含數義。又云〔註63〕：「吸氣舌根隨鼻之聲，長短超聲隨音解義，皆因舌齒而有差別。」按：阿、伊、憂字皆有長呼短呼，伽、闍、茶、陀字皆有重音，按：重音既特注，則前一義當為輕音。此即差別之顯見者。故讀譯本之書，當知與原書音義神理斷難吻合，通其大意可矣，不可更執中國文義，駁難於一字一句之間也。《高僧傳・鳩摩羅什傳》云〔註64〕：「什云：『天竺國俗甚重文，制其宮商體韻，以入弦為善。凡覲國王必有贊德，見佛之儀。以歌歎為貴，經中偈頌，

〔註53〕眉批：「《為欲篇》注云：『反舌夷，語與中國相反。』」
〔註54〕見《呂氏春秋》第十七卷《審分覽第五》。
〔註55〕見《金樓子》卷四《立言篇九下》。
〔註56〕見北朝・曇無讖《大般涅槃經》卷九《如來性品第四之六》。
〔註57〕見晉・釋僧肇《肇論・涅槃無名論第四・表上秦主姚興》。
〔註58〕見明・釋德清《肇論略注》卷五《涅槃無名論第四》。
〔註59〕見釋法雲《翻譯名義集》六《唐梵字體篇第五十五》。
〔註60〕清・楊守敬《日本訪書志》卷十五著錄：「《悉曇字記》一卷，唐智廣撰。」
〔註61〕《日本訪書志》卷四著錄：「《景祐天竺字源》七卷，宋沙門惟淨撰。」
〔註62〕《大般涅槃經》卷八《如來性品第四之五》：「十四音名曰字本。」
〔註63〕見《大般涅槃經》卷八《如來性品第四之五》。
〔註64〕見《高僧傳》卷二。

皆其式也。但改梵為秦，失其藻蔚，雖得大意，殊隔文體，有似嚼飯與人，非徒失味，乃令嘔噦也。』」以華文譯竺語，羅什猶言「失其藻蔚」，則今以英、法文譯中國詩書者，其失味更可知。即今中國之從天主、耶蘇者，大半村鄙之民，其譯新、舊《約》等書，亦斷不能得其真意。覽者乃由譯本輒生論義，互相詆訾，此亦文字之劫海矣。

《景德傳燈錄》卷六〔註65〕：「大智曰：『祖道豈與諸部阿笈摩教為隨行邪？』」原注：舊梵語。阿含新云：『阿笈摩即小乘教也。』」是梵語有新舊，唐、宋人皆知之。凡各國皆有新舊語，然則遼、金、元《史》及《大藏全呪》輒煩改譯者，是以新語易舊語耳，非前人竟誤也。

《漢書‧地理志》〔註66〕：「樂浪海中有倭人，分為百餘國，以時獻見。」陸璣《毛詩草木鳥獸蟲魚疏》「樹之榛栗」條云〔註67〕：「倭、韓國諸島上栗大如雞子，亦短味不美。」《魏志‧東夷傳》〔註68〕：「弁辰國出鐵，韓、濊、倭皆從取之。」又云：「倭國有市，交易有無，使大倭監之。」蓋是時，吳、魏皆亟通海道，是以東方物產，世所共知。互市之端，莫先於此。又《淮南子》卷二〔註69〕：「塵垢弗能薶。」高誘《注》云：「薶讀倭語之倭。」「倭語」二字未詳，豈當時東方之言久通中國乎？〔註70〕

《論衡‧儒增篇》〔註71〕：「周時天下太平，越裳獻白雉，倭人貢鬯草。」《恢國篇》〔註72〕：「成王之時，越裳獻雉，倭人貢暢。」《超奇篇》又云〔註73〕：「白雉貢於越，暢草獻於苑。」「倭」、「苑」雙聲字。宋陳葆光《三洞群仙錄》〔註74〕引《廣異記》云：「秦始皇時，大苑中多枉死者橫道，有鳥銜草覆死人，皆活。始皇遣問鬼谷先生，曰：『此東海祖洲上不死之草，生溪田中，一名養神芝。葉似菰，一株可活千人。』乃遣徐福入海尋祖洲，採芝草。」〔註75〕蓋即因暢草而附會也。

〔註65〕見宋‧釋道原《景德傳燈錄》卷六《禪門規式》。
〔註66〕見《漢書》卷二十八下《地理志下》。
〔註67〕見唐‧陸璣《毛詩草木鳥獸蟲魚疏》卷上。
〔註68〕見《三國志》卷三十。
〔註69〕見《淮南子》卷二《俶真訓》。
〔註70〕眉批：「此下兩條可與本冊第廿六頁相接。」
〔註71〕見漢‧王充《論衡》卷八《儒增篇》。
〔註72〕見《論衡》卷十九。
〔註73〕見《論衡》卷十三。
〔註74〕見宋‧陳葆光《三洞群仙錄》卷十六。
〔註75〕宋‧李昉《太平廣記》卷四《神仙四》：
　　　　《鬼谷先生》：

　　梁釋慧皎《高僧傳》〔註76〕：「吳康僧會，其先康居人，世居天竺。其父因商賈移於交趾。」按：交趾時屬中國，則不獨通市，且許外人占籍矣。蘇子由《龍川略志》卷五曰〔註77〕：「蕃商辛押拖羅者居廣州數十年，家貲數百萬。獲一童奴，遂養為子。」是蕃商有久居廣州者，宋時例所不禁也。岳倦翁《桯史》記占城蒲氏一條〔註78〕，尤可互證。〔註79〕

　　唐釋道宣《續高僧傳・譯經篇》云〔註80〕：「新平林邑所獲佛經，合五百六十四夾，一千三百五十餘部，悉崑崙書，多梨樹葉。」釋義淨《南海寄歸內法傳》〔註81〕第一云：「南海諸洲有十餘國，初至交、廣，遂使總喚崑崙國焉。唯此崑崙，頭卷體黑。唐人說部奴稱崑崙，即此。南至占波，即是臨邑。按：即林邑。此國多是正量，少兼有部。」按：崑崙書當即今巫來由書。余曾得巫來由字母，乃與阿剌伯同。《島夷志略》云〔註82〕：「古者，崑崙山又名軍屯山。山高而方，根盤幾百里，截乎瀛海之中，與占城、西竺鼎峙而相望，下有崑崙洋，因是名也。」

　　徐大椿《樂府傳聲》云〔註83〕：「字之分陰陽，從古有之。宋人填詞，極

秦皇時，大宛中多枉死者橫道，有鳥銜草以覆死人面，遂活。有司上聞，始皇遣使賫草以問先生。先生曰：「巨海之中有十洲，曰祖洲、瀛洲、玄洲、炎洲、長洲、元洲、流洲、光生洲、鳳麟洲、聚窟洲，此草是祖洲不死草也。生在瓊田中，亦名養神芝。其葉似菰，不叢生，一株可活千人耳。〔出《仙傳拾遺》。〕又，《徐福》

徐福，字君房，不知何許人也。秦始皇時，大宛中多枉死者橫道，數有鳥銜草，覆死人面，皆登時活。有司奏聞始皇，始皇使使者賫此草，以問北郭鬼谷先生。云是東海中祖洲上不死之草，生瓊田中，一名養神芝，其葉似菰，生不叢，一株可活千人。始皇於是謂可索得，因遣福及童男童女各三千人，乘樓船入海。尋祖洲不返，後不知所之。〔出《仙傳拾遺》及《廣異記》。〕

〔註76〕見《高僧傳》卷一。
〔註77〕見宋・蘇轍《龍川略志》卷五《辨人告戶絕事》。
〔註78〕宋・岳珂《桯史》卷十一《番禺海獠》：
番禺有海獠雜居，其最豪者蒲姓，號白番人，本占城之貴人也。既浮海而遇風濤，憚於復反，乃請於其主，願留中國，以通往來之貨。主許焉，舶事定賴給其家。歲益久，定居城中，屋室稍侈靡逾禁。使者方務招徠，以阜國計，且以其非吾國人，不之問，故其宏麗奇偉，益張而大，富盛甲一時。紹熙壬子，先君帥廣，余年甫十歲，嘗遊焉。今尚識其故處，層棲傑觀，晃蕩綿亙，不能悉舉矣。然稍異而可紀者，亦不一，因錄之以示傳奇。（下略）
〔註79〕眉批：「氏族。」
〔註80〕見唐・釋道宣《續高僧傳》卷二。
〔註81〕唐・義淨《南海寄歸內法傳》四卷，有大正新修大藏經本。
〔註82〕見《島夷志略・崑崙》。
〔註83〕見清・徐大椿《樂府傳聲・四聲各有陰陽》。

重《中原音韻》，分各韻最詳。但只平聲有陰陽，而餘三聲皆不分。不知以三聲本無分乎？抑難分乎？又或以為去入有陰陽而上聲獨無，此更悖理之極。蓋四聲之陰陽，皆從平聲起。平聲一出，則四呼皆來，一貫到底，不容勉強，亦不可移易，豈有平聲有陰陽而三聲無之者，亦豈有平去入有陰陽而上聲獨無者。此等皆極荒唐之說。」按：四聲皆有清濁，以《廣韻》求之，義例昭然。惟四聲皆分於未出喉以前，上聲音促，其清濁較難審別，故上聲之濁音往往即轉為去聲。然靈胎精於讀曲，遂能確知音學，其識殊不易及也。焦里堂《易餘籥錄》但知陰陽上去入，鄒叔績《五均論》亦然〔註84〕。而不知上去入之亦有陰陽，所見太陋，乃轉以譏靈胎〔註85〕，不亦誤乎？〔註86〕

〔註84〕清‧鄒漢勳《五均論‧五音二十五論》有「四、論陰陽上去人大小之次」，「五、論陰陽上去人大小之次二」，「六、論陰陽上去人大小之次三」，「七、論陰陽上去人大小之次四」，「八、論徐景安平上去入配宮商角徵羽所由誤」，「九、論陰陽上去入可約為三音」。

〔註85〕清‧焦循《易餘籥錄》卷五：
吳人徐靈胎，名大椿，工於醫者也，亦善唱曲，有《樂府傳聲》一卷。謂曰聲各有陰陽，《中原音韻》只平聲有陰陽，餘三聲皆不分陰陽。或又以為去入有陰陽，上聲獨無陰陽。此更悖理之極者。蓋四聲之陰陽，皆從平聲起，平聲一出，則四呼皆來，一貫到底，不容勉強，亦不可移易。豈有平聲有陰陽，而三聲無陰陽者？亦豈有平去入有陰陽，而上聲獨無陰陽者？如宗字為陰，宗、總、縱、足皆陰也。戎字為陽，戎、尤、誦、族皆陽也。豈可以《中原音韻》四聲之陰陽每字皆為分定，尚未遑而有待。但作曲者能別平聲之陰陽，已屬難事。若並三聲而分之，則尤難於措筆。〔以上皆徐氏說。〕按：徐氏謂「平聲一出，則四呼皆來，一貫到底」，是也。既知此義，則不得謂上去入亦有陰陽。玩其舉宗、戎二字，蓋於平聲之有陰陽尚未了然，故云「作曲者能知平聲之陰陽屬難事」也。坐不知陰陽二字以聲明聲，以陰陽上去入為五聲，自於此義了然矣。宗字為陰聲，是矣。不知宗、總、縱、足，宗字下自有陽聲，有音無字，非無此聲也。戎字為陽聲，是矣。不知戎、尤、誦、族，戎字上有陰聲，亦有聲無字，非無此聲也。總、縱、足三聲共陰陽兩平，非單貫宗一字，尤、誦、族三聲亦共陰陽兩平，非單貫一戎字。試以陰陽二字言之。陰、吟、影、映、益，影、映、益三字貫陰，亦貫吟，則此影、映、益三字為陰乎？為陽乎？央、陽、養、漾、藥，養、漾、藥三字貫陽，亦貫央。則此養、漾、藥三字為陰乎？為陽乎？所以「艱於措筆」者，正於此未能了然也。宗之於融，猶烹之於同，烹為陰而其陽自有彭字，同為陽而其陰有自通字。貫之為烹、捧、拼、撲可也，為彭、捧、挺、撲亦可也。其實為烹、彭、捧、挺、撲之五聲也。貫之為同、統、痛、禿可也，為通、統、痛、禿亦可也。其實為通、同、統、痛、禿之五聲也。陰陽如春夏，去入如秋冬，上如中央土，不可減一，不可增一者也。

〔註86〕眉批：「音均。」

劉融齋《四音定切》云〔註87〕：「陰聲陽聲之名，自元人定曲韻始有之，其實非有他也。彼所謂陰者類即清，所謂陽者類即濁而已。馮班《鈍吟雜錄》不信周德清之論陰陽，而曰字音乃有可陰可陽者，今製詞者都不知。」余按：張叔夏《詞源・謳曲旨要》云〔註88〕：「哩字引濁囉字清，住乃哩囉頓唛喩。」又云：「清濁高下縈縷比。」是宋人歌詞已分清濁矣。

《三國志・東夷傳》〔註89〕：「辰韓在馬韓之東，其耆老傳世，自言古之亡人避秦役來適韓國，馬韓割東界地與之。有城柵。其言語不與馬韓同，名國為邦，弓為弧，賊為寇，行酒為行觴。相呼皆為徒，有似秦人，非但燕、齊之名物。也今有名之秦韓者。」按：「辰」、「秦」一音之轉。據此，則東方兼有秦音。又知逃人苟能相保聚以立國，則言語尚能存其故俗也。《劉子・隨時篇》云〔註90〕：「老聃至西戎而效夷言，夏禹入裸國忻然而解裳，非欲忘禮，隨俗宜也。」此則北齊之時，鮮卑之語、裸裎之俗，充塞朝野，中國言服且將盡變，雜而不越，明哲以之。然不若保抱扶持，共集於偏壤以待時矣。

干令升《搜神記》卷七云：「胡牀貊槃，翟之器也。羌煮貊炙，翟之食也。自泰始以來，中國〔註91〕之貴人富室必畜其器，吉享嘉賓，皆以為先。」然則中國舊俗不移於外人者，渠有幾哉？〔註92〕

《遼史》：天冊五年正月，始制契丹大字頒行之。〔註93〕《耶律圖魯卜傳》云〔註94〕：「太祖製契丹大字，圖魯卜贊成為多。」陶宗儀《書史會要》

〔註87〕已收入《劉熙載集》。

〔註88〕見宋・張炎《詞源》卷上《謳曲旨要》。

〔註89〕見《三國志》卷三十《魏書三十》。

〔註90〕北齊・劉晝《劉子》卷九《隨時第四十五》。

〔註91〕「國」下，《搜神記》原有「尚」字。

又，《宋書》卷三十《五行志》：

晉武帝泰始後，中國相尚用胡牀、貊盤，及為羌煮、貊炙，貴人富室，必置其器。吉享嘉會，皆此為先。太康中，天下又以氈為絈頭及絡帶衿口。百姓相戲曰：「中國必為胡所破也。」

《晉書》卷二十七《五行志》：

泰始之後，中國相尚用胡牀貊槃，及為羌煮、貊炙，貴人富室，必畜其器。吉享嘉會，皆以為先。太康中，又以氈為絈頭及絡帶袴口。百姓相戲曰：「中國必為胡所破。」

〔註92〕按：此條下稿本有「《顏氏家訓・教子篇》」一條，眉批：「記此條已見某冊」、「已檢得與十冊廿六頁重複」。

〔註93〕《遼史》卷二《太祖本紀下》：「五年春正月乙丑，始製契丹大字。」

〔註94〕見《遼史》卷七十五。

云〔註95〕：「遼太祖用漢人，以隸書之半增損之，製契丹字數千，以代刻木之約。」按：遼是時已建孔子廟，故頗知文字之重。其以隸書為本，疑不盡用拼聲之法矣。

《金史》〔註96〕：章宗明昌二年四月，「諭有司：自今女直字直譯為漢字，國史院專寫契丹字者罷之」。

《金史·完顏希尹傳》〔註97〕：「太祖命撰本國字，備制度。希尹乃依倣漢人楷字，因契丹字制度，合本國語，製女直字。天輔三年八月，書成，太祖命頒行之。後熙宗亦製女直字，與希尹所製字俱行用。希尹所撰謂之女直大字，熙宗所撰謂之小字。」

《欽定滿洲源流考》云〔註98〕：「字書則百濟、新羅、渤海沿用漢字，金初尚用契丹字，至太祖始製女直字，熙宗又製女直小字，用以譯經史，試科舉。至蒙古字行，而女直字遂中輟。明《祕閣書目》尚載有《女直字母》一書。我太祖高皇帝創制國書，雖語言與舊俗不殊，而文字實不相沿襲云。」

畢沅《漢魏音說》云：「宮商之音，肇自血氣，故劉勰謂『吐納律呂，脣吻為先』。就余所及於音近讀若二端而外，復有緩氣、急氣、長言、短言、橫口、踧口、閉口、籠口、在舌諸法。緩氣、急氣，《呂覽·慎行篇》、《〈淮南·地形訓〉注》中有之，已載作者自序。此說坿洪稚存《漢魏音》後，故云。至長言、短言，見何休《公羊傳注》；橫口合脣，踧口開脣，並見劉熙《釋名》。又《淮南·俶真訓》云：『牛蹏之湾。』高誘注：『湾讀延祜曷問，急氣閉口言也。』又《地形訓》云：『其人惷愚。』高誘注〔註99〕：『惷讀惷然無知之惷。』籠口言迺得，至緩氣又有在舌者〔註100〕，互見《淮南·脩務訓》。是皆漢儒故訓，所當充類，以俟反隅。」〔註101〕

王筠《菉友肊說》云：「《輟耕錄》〔註102〕引宋張文潛《明道雜志》曰：『經傳中無『嬸』、『妗』二字。嬸字乃世母字二合呼，妗字乃舅母字二合呼也。二合如真言中合兩字音為一。』筠作《說文釋例》，曾以經典證儒書，本

〔註95〕見元·陶宗儀《書史會要》卷八《遼》。
〔註96〕見《金史》卷九《章宗本紀一》。
〔註97〕見《金史》卷七十三。
〔註98〕見《滿洲源流考》卷十七《國俗二》。
〔註99〕高《注》：「『惷』讀『人謂惷然無知』之『惷』也。」
〔註100〕高《注》：「緩氣言之者，在舌頭乃得。」
〔註101〕眉批：「音均。」
〔註102〕見《南村輟耕錄》卷十七《嬸妗》。

有二合音。今見此以俗語證之，則又有可言者。吾鄉奴僕佃戶稱其主為準家，乃主人二字急呼而為準也。都中稱所尊敬者曰你那，即是你老人家，則那者又老人家三字之合音也。」陳蘭甫師評《白石詞集》云：「怎字乃作麼二字合音。」李石《續博物志》卷四曰：「不可為叵，如是為爾，而已為耳，之乎為諸。西域二合之音，切字之始也。」〔註103〕錢辛楣《養新錄》又以壽夢為乘，為切音之始〔註104〕。

《說苑・善說篇》〔註105〕：「越人擁楫而歌，歌辭曰：『濫兮抃草濫予昌枑澤予昌州州䭾州焉乎秦胥胥縵予乎昭澶秦踰滲惿隨河湖。』召越譯，楚說之曰：『今夕何夕兮，搴中洲流。今日何日兮，得與王子同舟。蒙羞被好兮，不訾詬恥。心幾頑而不絕兮，知得王子。山有木兮木有枝，心說君兮君不知。』」此譯詩歌之始，蓋本原意而文飾之。然原歌乃無一字之可通，是當時之越人與華夏迥殊。其後通於中原，遂失其故有之語言矣。《後漢書・西南夷傳》：白狼王唐菆作詩三章，譯以漢語。〔註106〕然其原文亦無可解，且疑其別有文字，未必如《後漢書》所寫也。《日本近古史談》卷二記豐臣秀吉之歌曰：「露止置露止消奴，留我身哉？奈仁波乃事，波夢乃世。」乃中譯曰：「露生露滅是吾躬，浪速榮華一夢中。」然以和文寫之，則尚非「露止置」等字也。蓋由和文譯漢文，又重譯為漢文詩句，真所謂重譯而通之。凡古譯歌詩者，蓋皆如此〔註107〕。

後世之琴譜，即合數字為一字之法。宋人之工尺等字譜，見於沈存中《筆談》、姜白石歌曲者，即省一字為一二畫之法，特行之一事一時而未遍耳。陳

〔註103〕清・阮葵生《茶餘客話》卷十六：
《續博物志》：「不可為叵，如是為爾，而已為耳，之乎為諸。西域二合之音，切字之原也。」唐人已有二合之語。唐武宗廟號曔，改兩火相重之字，改談為譚，改淡為澹。

〔註104〕錢大昕《十駕齋養新錄》卷二《乘》：
襄十二年，「吳子乘卒」，即壽夢也。服虔以「壽夢」為發聲。「壽夢」一言也，經言乘，傳言壽夢，欲使學者知之也。予謂「乘」、「壽」皆齒音，「壽」當讀如「疇」，與「乘」為雙聲，「夢」古音莫登切，與「乘」疊韻，併兩字為一言，孫炎製反切蓋萌芽於此。

〔註105〕見《說苑》卷十一《善說》。

〔註106〕《後漢書》卷八十六《西南夷列傳》：
今白狼王唐菆等慕化歸義，作詩三章。……遠夷之語，辭意難正。草木異種，鳥獸殊類。有犍為郡掾田恭與之習狎，頗曉其言，臣輒令訊其風俗，譯其辭語。

〔註107〕「《日本近古史談》」至此，稿本原為小字注文，眉批：「注改大字。」

蘭甫師評《白石道人歌曲》云：「由此等字而知其工尺，由工尺而知其律呂，由律呂而知其宮商，由宮商而轉為今之工尺。縱使盡識，亦不啻重譯而通。故余屢欲為之而輒止也。」案：此由律呂失傳，字譜亦不行於後，故有考訂之難。若倭人伊呂波之類，婦孺皆知，則但覺其便矣。《通志·六書略五》云〔註108〕：「三合、四合之字，華書惟琴譜有之。蓋琴尚音一音，難可一字該，必合數字之理，以取數音之文。」余謂琴譜之字，乃記號之類，與音理無涉。笛色之類，乃記音耳。

明何孟春《餘冬序錄》卷四十五云〔註109〕：「天竺妙語，多由於音，中國之人有所未知。元有天下，裔夷之言，尤非中國字之所該。世祖時，巴思八得佛氏遺教，製蒙古字平上去入四聲之韻，分脣齒舌牙喉七音之母，字甚簡約，而凡人之言語，苟有其音者，一無所遺。蓋自有書契以來，大率以形為主，人以手傳而目視者也。而蒙古字一皆以聲為主，人以口傳而耳聽者也。論者謂元盛時，此字為一代之文，而通行乎天下者，與蒼頡、史籀、斯、邈凡四矣。」按：蒙古語不分四聲，孟春所言略誤。熊克忠《韻會舉要》於開篇特書云「蒙古字韻音同」〔註110〕，足知當時之盛行矣。

顧亭林《日知錄之餘》卷四《華夷譯語》：「洪武十五年正月丙戌，命編類《華夷譯語》，上以前元素無文字號令，但借高昌書制為蒙古字以道〔註111〕天下語，乃命翰林侍講火原潔與編修馬沙亦黑等，以華言譯其語。復取《元祕史》參考，紐切以諧其聲。自是使臣往來朔漠，皆能通達其情。」

《元史·順帝紀》〔註112〕：「至元三年四月，禁漢人、南人不得習學蒙古、色目文字。」然則至元以前，蓋頗有通元人國語者矣。

《大唐內典錄》卷四〔註113〕：「案梁湘東王繹貢職當作職貢。圖云：元魏本姓托跋，鮮卑胡人也。西晉之亂，有托跋盧出居晉樓煩地，晉即封為代王。

〔註108〕見《通志》卷三十五《六書略第五·論華梵中》。

〔註109〕見《餘冬錄》卷四十五《考古》。

〔註110〕清·耿文光《萬卷精華樓藏書記》卷十九著錄《古今韻會舉要》三十卷，稱：元熊忠撰。

元本。陳棐原刻。每葉十六行，黑口板。前有劉辰翁序、熊忠自序、陳棐木記，〔方格十行，行十五字。〕次凡例，〔韻例七條，音例六條，字例十四條，義例五條。〕次《禮部韻略三十六母通考》。〔次行題「蒙古字韻音同」，陰文。〕

〔註111〕「道」，《日知錄之餘》作「通」。

〔註112〕見《元史》卷三十九《順帝本紀二》。

〔註113〕見唐·釋道宣《大唐內典錄》卷四下《後魏元氏翻傳佛經錄第十三》。

於後部落分散，經六十餘年，至盧孫捨翼鞬，或言涉珪。」〔註114〕

又云〔註115〕：「魏孝文帝絕虜語，尊華風。」

《尚書大傳》云〔註116〕：「雖禽獸之聲，猶悉關於律。樂者，人性之所自有也。故聖人巡十有二州，觀其風俗，習其性情，因論十有二俗，定以六律、五聲、八音、七始，著其素簇以為八，此八伯之事也；分定於五□〔註117〕，此五嶽之事也。五聲，天音也。八音，天化也。七始，天統也。」《通鑑前編》。《周官·大司樂》〔註118〕：「以六律、六同、五聲、八音、六舞、大合樂，以致鬼神，示以和邦國，以諧萬民，以安賓客，以說遠人，以作動物。」鄭《注》云：「動物羽嬴之屬。」《虞書》曰〔註119〕：「鳥獸蹌蹌，鳳皇來儀。」夔又曰〔註120〕：「擊石拊石，百獸率舞。」愚案：六經所言，後世無不通解，惟言樂之效，至於神祇來格，鳥獸應聲，幾於玄妙冥感，不可意測。注家隨文生解，未知其所由然。蓋古人聲樂卓絕，後來律度既同，精神遂合。夫道流符籙、釋家禁呪，猶或奇效，出人意表，況於六代聖王聲教之所存哉！若精求乎度數之微，詳察乎聲音之故，百年之後，樂理尤精，庶乎黃帝鈞天、師曠清角接墜緒於三千年以上也。〔註121〕

英國文字，如風之字為 wind，旋轉之字亦為 wind；弓之字為 bow，抱揖之字亦為 bow。但略異其讀耳。此等以中國字比例之，為引申義。其讀雖異，而仍為雙聲，亦與中國義轉而音變者相似也。

德意志文字ㄘ字讀如猜，有軟硬二音。按《天竺字源》，ㄘ字音嘶，陟轄切。《悉曇字記》音吒，卓下反。又ㄥ字，《字源》音詫，《悉曇字記》音詫，疑即德國文字之所本。又ㄅ字，德語讀如哈猜合音，《悉曇字記》有ㄅ字，音車，《字源》音擦，亦極相近也。

〔註114〕眉批：「種族」、「《通志》『後魏初定中原』一條錄此下」。
〔註115〕同上。
〔註116〕見漢·伏勝《尚書大傳》卷一下《虞夏傳》。
〔註117〕「□」，《尚書大傳》作「分定于五」。
〔註118〕見《周禮·春官宗伯下》。
〔註119〕見《尚書·益稷》。
〔註120〕見《尚書·益稷》、《舜典》。
〔註121〕眉批：「音律。」

卷十四〔註1〕

　　余校書甚多，往往寫書眉間，不錄於冊。今略撿錄行篋所存及新校者，備列此卷，為開書者取焉。〔註2〕

　　《元史・五行志・序論》，見《胡仲子集》卷一〔註3〕，今取以校之。

　　「其初一陰陽耳，陰陽一太極耳。」　《集》作「其初一陰陽耳，太極耳」。

　　「身為神人之主。」　《集》無「身」字。

　　「而心範圍天地之妙。」　《集》無「而心」二字。

　　自「身而推之」至「備矣」。　《集》作「厥功既成，有洛書之瑞，是為洪範九疇，箕子因而演之，其言天人之際備矣」。

　　「生之大傳。」　《集》無「生」字。

　　「顧乃執其類而求之。」　《集》作「顧乃拘拘然類求其應」。

　　「會大風吹海，水盡涸。」　《集》疊「水」字，無「會」字。

　　「濟師大捷，憲宗以為天導我也。」　《集》二句先後互易。

　　「五方不殊性。」　《集》無「不」字。

　　「其餘畏天。」　《集》無「於」字。

　　「郡邑災變。」　《集》作「災異」。

　　「深自謹焉。」　《集》「謹」作「警」。

　　「作《五行志》。」　《集》作「為《五行志》云」。

〔註1〕按：稿本乙封題「純常子枝語　第十三冊」。
〔註2〕眉批：「校讎。」
〔註3〕即明・胡翰《胡仲子集》卷一《五行志序論》。

「及凡霜雹之變。」　《集》作「及淫雨傷稼穡」。

「燼炎。」　《集》作「濫炎」。

「中央生萬物者也」。　《集》無「萬」字。

按：以上同異，或由宋景濂點定。然胡氏之識，能知史法，非景濂所及。故特錄原文，備校勘《元史》者閱焉。

又《胡仲子集》中錄《元憲宗諭功臣誥》〔註4〕，自題其後云：「此誥見《元史‧忙可今作「哥」。撒爾傳》中。方北庭草創，其言爾雅有如此者，中統、至元諸公未之或逮也。因表而出之，加筆削焉。」今以《忙哥撒爾傳》校之。

「斡羅思阿速隱兒別里欽察之域。」　《集》作「斡羅思阿速別里欽察吾之域」。按：此略有誤。

「伐山。」　《集》作「伐木」。

「欲得之心」。　《集》「之」作「於」。

「勤勞。」　《集》作「勳勞」。

「治朕皇考。」　《集》「治」作「迨」。按：此《元史》刊本誤字。

「察哈臺阿哈之孫，太宗之裔。」　《集》「察哈臺」下衍「以」字，無「太宗之裔」四字。

「克薛傑。」　《集》「傑」作「格」。

「汝父肅將大旅。」　《集》作「忙可撒爾肅將大旅」。

「按赤臺等謀是用潰。」　《集》作「石烈門按赤臺謀是用潰」。

「使辨治之。」　《集》作「俾訊治之」。

「汝父體朕之公。」　《集》作「忙可撒爾將朕之公」。

「又使治。」　《集》「使」作「俾」。

「脫歡脫兒赤。」　《集》作「脫歡赤」。

「罔不怨。」　《集》「怨」作「懟」。

「人則雖死。」　《集》作「爾父雖死」。

「朕將寵之如生。」　《集》作「朕篤不忘」，下有「亦惟汝圖厥終」句。

「如是而有福，不如是而有禍。」　《集》無此二句。

「立身正直，制行貞潔，是汝之福；反是勿思也。」此句《元史》本有誤字。《集》作「省厥身，罔弗克，正時乃之福。反是弗思，時汝之咎」。

「怨汝父者。」　《集》「怨」作「懟」。

〔註4〕見《胡仲子集》卷三。

「朕言。」　《集》作「朕志」。

「弗慎繹之。」　《集》「弗」作「勿」。

「怨汝。」　《集》「怨」作「憝」。

「又而母而婦」至「則盡善矣」。　《集》作「汝亦永建乃家，汝祖汝父無替厥祀」。

按：胡氏點定處，多摹偽《古文尚書》，是其一失。然文義亦有較《元史》詳備之處。合觀之，庶可知未譯蒙文之本意矣。

《唐史論斷》，余得一舊鈔本，以福建新刻本校之，字句異同，篇目詳略，皆足以資考證。今摘其較勝新本者，錄於左方。其無關出入者，不悉載。

《目錄》「責封倫舉賢」。　原作「責封倫不舉賢」。篇目不同至多，皆勝今本，茲不悉出。刊本錯誤顯然者亦不錄。

「張柬之遂廢武后」。　原無「張柬之遂」四字。　按：孫氏所論是史家書法，與張柬之絕不相涉。此篇目，舊本較勝，當從之。

「帝王細務。」　原作「傳位皇太子使主細務」，是，當從之。

「崔損卒。」　原作「崔損便僻固位」。

卷上

「復置十二軍」條。　「乃謀遷都以避」，舊本「避」下有「之」字。

「中書門下議事」條。　「天下親覷。」　「親」作「但」。

「定朝廷之制」條。　「貞觀之治。」　「貞」作「正」。全書皆然。

「房杜相業」條。　「各有著法。」　「有」作「省」。

「追尊祖宗」條。　「治與古同。」　作「與治古同」。　按：「治古」二字見《荀子》。此校書者妄改，當從原本。

「狄仁傑薦張柬之」條。　「一婦僭天下大號。」　「婦」下有「人」字。

「韋后、安樂公主進鴆帝。」　原無「進」字。

「昏昏然平等人爾。」　「平」作「何」，是。

卷中

「開元尊號」條。　「千萬世罵與笑耳。」　「罵」作「罪」。

「刑罰幾措」條。　「人道盡喪也。」　「也」作「矣」。

「冊忠王」條。　「明皇以林甫之言。」　「以」作「於」。

「用王鉷」條。　「今乃恣奢曰廣徧賜嬖寵之家」云云。　原「日」作「逸」，「徧」作「偏」。乃「逸」字、「賜」字斷句，文義較合，當從之。

「李光弼斬崔眾」條。 「將帥尊朝廷威。」 原作「將法威朝廷尊」。

「李峴降蜀州」條。 「若虛附會，輔國亦言其冤。」 原作「不言其冤」，是。

「開陵陽渠」條。 「謂天下利害。」 「謂」作「繫」。

「陸贄論吐蕃」條。 「不可假夷狄明矣。」 「假」下有「力」字。

卷下

「用裴度相」條。 「太宗之土宇。」 原作「太宗之業」。

「失河北」條。 「止四年。」 原作「至十四年」。

「不可得爾。」 「爾」作「矣」。

「貶杜元穎」條。 「至於名亦未必失。」 「名」下有「位」字。

「辨朋黨」條。 「助成治平之業以此所謂」云云。 「以」作「矣」。

「不能制其黨。」 「制」作「誅」。

「制內臣」條。 「此內寵臣之尤盛者。」 無「寵」字。

「今狐綯縱賊」條。 「罷太子為太保。」 原作「罷為太子太保」。

「鄭畋罷相」條。 「何至成大亂。」 原句末有「哉」字。

《湛然居士集》，余所得影元鈔本，與李仲約侍郎藏本字句異同極多，大抵勝李本者十之七八。袁爽秋觀察所刊，即據李本而間加案語，不關考證，尤失真矣。今錄其得失之顯見者，列之左方，其兩通者不悉出焉。校語在書眉，此不具錄。〔註5〕

北宋士大夫多篤守漢、唐《注疏》之學，如聶崇義、邢昺、杜鎬、孫奭，以至丁度、宋祁、賈昌朝、楊安國、彭乘之徒，載在史籍，源流可稽也。至劉原父始好為新說，而歐陽文忠欲刪讖緯，又推重孫明復之流，而學術始一大變。〔註6〕

〔註5〕眉批：「可□□為綠字，不誤，寄□本。」

〔註6〕皮錫瑞《經學歷史》八《經學變古時代》（第1186～1187頁）：

經學自唐以至宋初，已陵夷衰微矣。然篤守古義，無取新奇；各承師傳，不憑胸臆，猶漢、唐注疏之遺也。宋王旦作試官，題為「當仁不讓於師」，不取賈邊解師為眾之新說，可見宋初篤實之風。乃不久而風氣遂變。《困學紀聞》云：「自漢儒至於慶曆間，談經者守訓故而不鑿。《七經小傳》出而稍尚新奇矣。至《三經義》行，視漢儒之學若土梗。」據王應麟說，是經學自漢至宋初未嘗大變，至慶曆始一大變也。《七經小傳》，劉敞作，《三經新義》，王安石作，或謂《新義》多劉敞說。元祐諸公，排斥王學；而伊川《易傳》專明義理，東坡《書傳》橫生議論，雖皆傳世，亦各標新。司馬光《論風俗札子》曰：「新進後生，口傳耳剽，讀《易》未識卦爻，已謂《十翼》非孔子之言；

按《伊川語錄》云〔註7〕：「學者多蔽於解釋《注疏》，不須用功深。」是程學不重注疏，而《朱子語類》教學者讀《注疏》不下十數條。又卷一百二十九云：「祖宗以來，學者但守《注疏》，其後便論道。但《注疏》如何棄得？」朱子在南宋特重注疏如此。故朱子道問學之功，非濂洛之所能及也。〔註8〕

讀《禮》未知篇數，已謂《周官》為戰國之書，讀《詩》未盡《周南》、《召南》，已謂毛、鄭為章句之學；讀《春秋》未知十二公，已謂《三傳》可束之高閣。」陸游曰：「唐及國初，學者不敢議孔安國、鄭康成，況聖人乎！自慶曆後，諸儒發明經旨，非前人所及；然排《繫辭》，毀《周禮》，疑《孟子》，譏《書》之《胤征》、《顧命》，黜《詩》之序，不難於議經，況傳注乎！」案宋儒撥棄傳注，遂不難於議經。排《繫辭》謂歐陽修，毀《周禮》謂修與蘇軾、蘇轍，疑《孟子》謂李覯、司馬光，譏《書》謂蘇軾，黜《詩序》謂晁說之。此皆慶曆及慶曆稍後人，可見其時風氣實然，亦不獨咎劉敞、王安石矣。
又，朱子語類卷八十《詩一·解詩》：
理義大本復明於世，固自周、程，然此諸儒亦多有助。舊來儒者不越注疏而已，至永叔、原父、孫明復諸公，始自出議論，如李泰伯文字亦自好。此是運數將開，理義漸欲復明於世故也。
另，《困學紀聞》卷八《經說》：
自漢儒至於慶曆間，談經者守訓故而不鑿。《七經小傳》出，而稍尚新奇矣。至三經義行，視漢儒之學若土梗。古之講經者，執卷而口說，未嘗有講義也。元豐間，陸農師在經筵，始進講義。自時厥後，上而經筵，下而學校，皆為支離曼衍之詞，說者徒以資口耳，聽者不復相問難，道愈散而習愈薄矣！陸務觀曰：「唐及國初，學者不敢議孔安國、鄭康成，況聖人乎！自慶曆後，諸儒發明經旨，非前人所及，然排《繫辭》，毀《周禮》，疑《孟子》，譏《書》之《胤征》、《顧命》，黜《詩》之《序》。不難於議經，況傳注乎！」斯言可以箴談經者之膏肓。
《十駕齋養新錄》卷十八《宋儒經學》：
王伯厚曰：「自漢儒至於慶曆間，談經者守訓故而不鑿。《七經小傳》出，而稍尚新奇矣。至三經義行，視漢儒之學若土梗。古之講經者，執卷而口說，未嘗有講義也。元豐間，陸農師在經筵，始進講義。自時厥後，上而經筵，下而學校，皆為支離曼衍之詞，說者徒以資口耳，聽者不復相問難，道愈散而習愈薄矣！」〔予嘗見《景定建康志》，有明道書院講義一卷，皆王氏所謂支離曼衍之詞也。〕
宋初儒者，皆遵守古訓，不敢妄作聰明。宋景文《唐書·儒學傳》於《啖助贊》深致貶斥。蓋其時孫復、石介輩已有此等議論，而歐陽公頗好之，故於此傳微示異趣，以防蔑古之漸。其後王安石以意說經，詆毀先儒，略無忌憚。而輕薄之徒，聞風效尤，競為詭異之解。如孫奕說《詩》「黽勉」，以「黽」為「蛙」。說《論語》「老彭」，以「彭」為「旁」。〔《示兒編》。〕羅璧謂公羊、穀梁皆姜姓。〔《識遺》。〕真可入《笑林》矣。

〔註7〕見明·呂柟《二程子鈔釋》卷之七《朱光庭錄第十九》。
〔註8〕眉批：「經義。總。」

《墨子‧非命中篇》：「今夫有命者言曰：『我非作之後世也，自昔三代有若言以流傳矣。今故先生對之。』」畢秋帆云：「『生』當作『王』。」孫仲容《閒詁》云〔註9〕：「顧校、季本、吳鈔本並作『王』。俞樾云：『此子墨子託為先生之言，以折執有命者之說。』畢謂『生當為王』，非是。詒讓案：疑當作『今』。胡先生非之，諸校並未得其義。」案：畢說是也。〔註10〕《墨子》以執有命者據三代為言，故即以先王之說對之。故下文引《仲虺》之告、《太誓》之言，皆先王之書也。今「故」下或脫「以」字。〔註11〕

近時外侮迭至，內治不修，士心慘然，乃知民散之弊至於如此。於是立會立社之風稍稍復起。蓋自國初用閹黨之餘論，以馮銓、劉正宗輩定一切法，宜有此弊矣。乾、嘉慶間，法禁尤嚴。然當時士夫亦頗有知之者。吳江張海珊《小安樂窩文集‧書魏叔子續續朋黨論後》云〔註12〕：「舉天下之人渙焉各不相屬，於是國家之事無一可為者矣。」又云：「今天下非無事也，自公卿以至布衣，自一鄉一邑以至四海九州之大，各懷其私，各顧其隱，泛泛然若秦越人之相值於中途，皆將解攜以去者。一事之來，壟斷而望，可左可右也；踦閭而語，可出可入也。極其陰陽向背、進退語默之術，以幸苟免於斯世。蓋以漢、唐、宋、明之所謂朋黨者，至今而廓然清焉，而國家亦究何賴哉！鄉曲之士，苟有以道義相切劘相稱引者，皆將加以標榜之，行朋黨之目。然則士之處此世者，豈不難與？」鐵甫之言，固見幾於早者也。夫積力以求勝於民，而豈知環伺之敵之不易求勝也哉？〔註13〕

王阮亭《香祖筆記》卷七云：「予奉使祭告西嶽，於玉泉院見無憂樹四株。後閱內典，頻頭婆羅王立瞻婆國婆羅門女為第一夫人，生子名無憂，又生子名離憂。其無憂即阿育王也。後王出外園遊戲，見一無憂樹，華極敷盛。王見已，此華樹與我同名，心大歡喜。蓋此樹與青柯坪婆羅樹皆西域種。」〔註14〕

《穀梁》莊三十一年《傳》：「齊侯來獻戎捷。軍得曰捷。戎，菽也。」楊《疏》：「案《管子》云：『出戎菽及冬蔥，布之天下』，則以戎為豆也。故徐邈

〔註 9〕見清‧孫詒讓《墨子閒詁》卷九《非命中第三十六》。
〔註10〕眉批：「《墨子書‧公孟》無『先生』字。」
〔註11〕眉批：「諸子。」
〔註12〕見清‧張海珊《小安樂窩文集》卷二《書魏叔子續續朋黨論後》。
〔註13〕眉批：「治略。」
〔註14〕眉批：「□□」，殘，疑是「草木」；「歸入中國草木等自外域移植條」，即卷三十二「中國物產自外國來者」一條。

云：『今之胡豆也。』」周穆既取嘉禾，齊桓復頒戎菽，《泂酌》〔註15〕之義，「挹彼注茲」，帝王之大法也。〔註16〕

《齊民要術》卷三〔註17〕：「陸機《與弟書》曰：『張騫使外國十八年，得苜蓿歸。』」按：事見《漢書》。卷四〔註18〕：「陸機曰：『張騫為漢使外國十八年，得塗林。塗林，安石榴也。』」又引《廣志》曰：「胡椒出西域。」卷三〔註19〕：「《博物志》：『張騫使西域，得大蒜、胡荽。』延篤曰：張騫，大宛之蒜。」卷二〔註20〕：「《漢書》云：『張騫外國得胡麻。』」

梵語調伏曰毘奈那，已調伏曰毘膩多。見《華嚴玄談》卷三。今歐邏巴語凡現作與已作異名，蓋本之印度也。

《尚書·洪範》正義》引《尚書大傳》云：「水火者，百姓之求飲食也。金木者，百姓之所興作也。土者，萬物之所資生也，是為人用。」蓋言五行，不言四大，皆指人用而言。余謂四大為出世法，五行為入世法，此可證也。《國語·鄭語》曰：「先王以土與金、木、水、火雜以成百物」，此化學、農學之所始。〔註21〕

楊雄《太玄經·玄測》曰〔註22〕：「盛哉日乎！炳明離章，五色淳光。」今西人言日有七色，與此義同。褚先生補《史記·龜策列傳》〔註23〕：「衛平曰：『天出五色，以辨白黑』」，亦言色出於天。〔註24〕

《宗鏡錄》卷二十七引《法華·方便品·偈》云：「『正直捨方便，但說無上道。』此正不指世間為正，不指螢火析智為正，不指燈炬體法炬為正，不指星月道種智為正，乃指日光一切種智為正。」按：此雖譬喻語，然一切光皆出於日，一切種智亦生於日，可由此而悟也。

《荀子·王制篇》云〔註25〕：「五疾，上收而養之，材而事之。」楊注：

〔註15〕見《詩經·大雅·泂酌》。
〔註16〕眉批：「又」、「《史記》封」。
〔註17〕見北朝·賈思勰《齊民要術》卷三《種苜蓿第二十九》。
〔註18〕見《齊民要術》卷四《安石榴第四十一》。
〔註19〕見《齊民要術》卷三《種蒜第十九》。
〔註20〕見《齊民要術》卷二《胡蒜第十三》。
〔註21〕眉批：「五行」、「此條錄入第　冊之五行四行一條內」，不言冊數。
〔註22〕見《太玄經》卷一。
〔註23〕見《史記》卷一百二十八。
〔註24〕眉批：「天文。」
〔註25〕見《荀子·王制篇第九》。

「五疾：瘖、聾、跛、躄、斷者。各當其材使之，謂若蒙瞽脩聲，聾聵司火之屬。」《管子・入國篇》云〔註 26〕：「所謂養疾者，凡國都皆有掌養疾。聾、盲、喑啞、跛躄、偏枯、握遞、注云：兩手拱著不申者謂之握遞。不耐按：通作「能」。自生者，上收而養之疾，官而衣食之，按：「官而衣食之」即《荀子》所謂「材而事之」。注謂「官給衣食」，非是。殊身而後止。」蓋收養之外，猶必因材而用之。其使之成材者，又必有教之之法。此三代所以無棄人，而王道之所以大備也。

辛稼軒乾道乙酉進《美芹十論》，其《審勢篇》云：「虜兵如中原所簽，謂之『大漢軍』者，皆其父祖殘於蹂踐之餘，田宅罄於搜剝之酷。」據此，則國朝漢軍之名亦源於金也。〔註 27〕

禮親王昭槤《嘯亭雜錄》「漢軍初制」一條云〔註 28〕：「國初俘掠遼瀋之民，悉為滿臣奴隸。文皇帝憫之，拔其少壯者為兵，設左右兩翼。入關後，明降將踵至，遂設八旗。康熙中，平三逆，其藩下部落亦分隸旗籍。雍正中，定上三旗每旗佐領四十，下五旗每旗佐領三十，其不足者，撥內務府包衣人隸焉。蓋雖曰旗籍，皆遼瀋邊氓及明之潰軍敗卒。今生齒日繁，豐沛舊臣尚不能富饒，而聚若輩數萬人於京華，又無以令其謀生之道，當軸者宜有遠略歟？」禮王之意，蓋欲以漢軍盡占民籍也。然今日之漢軍與滿洲蒙古多通婚姻，仕宦之家，禮俗並同。其隸內務府者，顯貴之易，尤非外旗滿蒙所及。故京師之中，內城風氣議論與外城迥異，而滿、蒙、漢之分，則外城士大夫多有無從揣測者矣。〔註 29〕

韓泰華《無事為福齋隨筆》云〔註 30〕：「予性好讀史，幼病《元史》蕪陋，欲做《五代史記注》，凡有關元一代典章制度、名臣碑版墓誌，無不詳細錄載。更訪求各家之文，搜羅十餘年，得百數十家，半繫傳鈔精本，或四庫中所無而元刊尚在者，擬先為《元文選》，以十家作一集，陸續刊刻。道光庚戌，首集既成，尚未散佈，即燬於亂。嗟乎！文之顯晦，數也。余心緒衰耗，無能為役矣。僅存《元文選目》，留待後者。」泰華字小亭，仁和人。官潼商道。為余友人沈子培刑部、曾植。子封編修曾桐。之母舅。聞小亭晚年落拓京師，其所

〔註 26〕見《管子》卷十八《入國第五十四》。
〔註 27〕眉批：「掌故。」
〔註 28〕見《嘯亭雜錄》卷二。
〔註 29〕眉批：「又。」
〔註 30〕見清・韓泰華《無事為福齋隨筆》卷上。

藏金石書籍悉為人所盜賣。其所見元人舊集，距今不過三四十年，而海內藏書家有不及見者矣。其所選目猶存，惜未及借鈔也。〔註31〕

　　世之說《春秋》者，多言攘夷。然問之以華夷之分，則不知也。夫杞用夷禮，公薨楚宮，此中國之淪為夷狄也。左史陳詩，季札論樂，此夷狄之進於中國也。劉獻廷《廣陽雜記》云〔註32〕：「吳、越在夏，皆中國地。其後習於用夷，故商、周之間變而為夷，豈真夷狄也哉？六合之大，自開闢以來，迭為華夷，不知其幾變。如幽、燕故壤，淪陷不滿二百年，已不復名為中國矣。而閩、廣、隴、蜀列為郡縣者，亦安知秦、漢之間皆夷狄邪？」余謂繼莊之言，「迭為華夷」，信矣。而其舉「幽、燕、閩、廣」為說，則猶似以地斷也。華夷之分在於政教而已。遼、晉之政教無以大異，不得謂石敬瑭為華，阿保機為夷也。閩、廣之盜賊縱橫，賄賂狼籍，不得謂今日華而昔日夷也。神明之冑，被服禮教，洽習仁義，則黃、虞三代亙古存矣，《春秋》之大義，不在斯乎？〔註33〕

　　《說苑・君道篇》曰〔註34〕：「天之生人也，非以為君也。天之立君也，非以為位也。夫為人君，行其私欲而不顧其人，人當作民。唐人避諱改。是不承天意，忘其位之所宜事也。如此者，《春秋》不予能君而夷狄之。鄭伯惡一人而兼棄其師，故有夷狄不君之辭。」按：子政說《春秋》大義如此。夷夏之分，了然可見矣。不僅用夷禮而後降貶也。

　　《史記》有《秦楚之際月表》，以楚繼秦，故列項籍於本紀，此不刊之典。漢武猶能容之，後人不當復有所議者也。班孟堅作《漢書》，斷代為史，故前不紀項籍，後不紀王莽，所以尊本朝，與史遷作通史之例異。宋司馬溫公修《通鑑》，乃不宗《史記》而宗《漢書》，殆失之矣。羅泌《路史・禪通紀》云〔註35〕：「方秦之亡也，籍既自立，割漢中以王高祖。漢中之地，非惟偏也；

〔註31〕眉批：「目錄。」
〔註32〕見《廣陽雜記》卷五。
　　　　按：此論非劉氏首創。檢宋・葉夢得《避暑錄話》卷下載：
　　　　越王句踐本禹之後，蓋吳、越在夏，皆中國地。其後習於用夷，故商、周之間變而為夷，豈真夷狄也哉？六合之大，自開闢以來，迭為華夷，不知其幾變。如幽、燕故壤淪陷，不滿二百年，已不復名為中國矣。而閩、廣、隴、蜀列為郡縣者，亦安知秦、漢之前皆夷狄耶？
〔註33〕眉批：「論史」、「治略」。
〔註34〕見《說苑》卷一。
〔註35〕見宋・羅泌《路史》卷十一《後紀二》。

高祖之王，又出於籍。籍方分王諸侯，而高祖固出其下，是天下之勢在籍也。烏乎而不紀之？故必待天下之一，而後紀還於漢，是編年之法也。」此所言深合史例。錢辛楣乃謂與楚並列，是不以正統予秦，尤恐求之太深，非史遷之意矣〔註36〕。〔註37〕

《鹽鐵論・散不足篇》〔註38〕：「羊淹雞寒。」孫仲容《札迻》云〔註39〕：「淹、醃假借字。《釋名・釋飲食》云：『韓羊，韓兔，韓雞，本法出韓國所為也。』『雞寒』當即『韓雞』。『韓』、『寒』聲近，古多通用。」余按：《唐語林》卷二〔註40〕：「《文選》曹植《樂府》：『寒鱉炙熊蹯。』李氏云：『今之臘肉謂之寒。蓋韓國事饌尚此法。』復引《鹽鐵論》『羊淹雞寒』、劉熙《釋名》『韓雞』為證，『寒』與『韓』同。又子建《七啟》云：『寒芳苓之巢龜』，五臣改『寒』為『搴』，於理不安。」孫氏此書，自云不取前人成說，此條乃適用崇賢《〈選〉注》矣。《語林》此條云：「匡乂家有其書。」蓋《資暇集》之說。〔註41〕行篋中適無此書，俟檢。　　又按：《〈七啟〉注》〔註42〕：「寒，今胜肉也。」不作臘肉。〔註43〕

《莊子・齊物論》：「彼非所明而明之，故以堅白之昧終。」郭象《注》云：「是猶對牛鼓簧耳。」俗語對牛彈琴，蓋出於此。又《牟子理惑論》云〔註44〕：

〔註36〕錢大昕《十駕齋養新錄》餘錄卷中《太史公李延壽》：
太史公作《十二本紀》，以秦、項列於周、漢之閒，後人於秦始皇無異言，而於項羽本紀則怪之。劉知幾謂羽僭盜，不當稱王，此未達乎史公之旨者也。秦以暴併天下，雖自稱帝，非人心所歸向。史公初不欲以秦承周，以漢承秦，特以六國既滅，秦王命者十有餘年。秦既滅，項氏主命又四、五年。沛公之為漢王，亦項羽所立也。秦、項雖非共主，而業為天下主命，不得不紀其興廢之跡。秦之稱帝與項之稱霸王，均不得與五德之數，黜秦所以尊漢也。於何見之？於表見之。三代之後繼以十二諸侯，繼以六國，始皇雖併天下，仍附之《六國表》。及陳涉起事，即稱秦楚之際。秦、楚皆周舊國，是秦未嘗有天下也。班氏《漢書》始降陳勝、項籍為傳，孟堅漢臣，故有意抑項。然較之史公之直筆，則相去遠矣。隋亦以不仁得天下，雖兼併江南，而李延壽猶列之《北史》，不少分別其義例，正大有太史公之風焉。後儒尊紫陽《綱目》，然於秦、隋猶以正統予之，若太史公、李延壽之例，較之《綱目》，實勝一籌。
〔註37〕眉批：「論史。」
〔註38〕見漢・桓寬《鹽鐵論》卷六《散不足第二十九》。
〔註39〕見清・孫詒讓《札迻》卷八《鹽鐵論》。
〔註40〕見宋・王讜《唐語林》卷二《文學》。
〔註41〕見唐・李匡乂《資暇集》卷上《非五臣》。
〔註42〕見《文選》卷三十四。
〔註43〕眉批：「考證。」
〔註44〕見南朝梁・釋僧祐《弘明集》卷一。

「公明儀為牛彈清角之操，伏食如故，非牛不聞，不合其耳矣。轉為蚊虻之聲，孤犢之鳴，即掉尾奮耳，蹀躞而聽。」亦俗語之所本。〔註45〕

《文中子・立命篇》〔註46〕：「薛收問地祇，子曰：『至哉！百物生焉，萬類形焉。示之以民，斯其義也。』」以示民釋地祇，蓋知示即祇字。文中子固精小學也。「以民」疑當作「於民」。

顏習齋質性粗，故持論每有過激之處。然其重六藝，求實用，不可非也。又深見明末國亂民窮，而士大夫高談性命，無補世變，循至滅亡。深推其弊，歸咎宋儒。與王船山、顧亭林大概有相合處。其著《宋史評》，為王荊公、韓平原辯，論博而篤，〔註47〕則習齋於史學考究亦深。又其言曰

〔註45〕眉批：「諸子」、「考證」。
〔註46〕見隋・王通《中說》卷九。
〔註47〕《顏元集・宋史評佚文》（第799～801頁）：

著《宋史評》，為王安石、韓侂胄辯也。其辯安石略曰：「荊公晝夜誦讀，著書作文，立法以經義取士，亦宋室一書生耳。然較之當時則無其倫比，廉潔高尚，浩然有古人正己以正天下之意。及既出也，慨然欲堯、舜、三代其君，所行法如農田、保甲、保馬、雇役、方田、水利、更戍、置弓箭手於兩河，皆屬良法，後多踵行。即當時至元祐間，范純仁、李清臣、彭汝礪等，亦訟其法以為不可盡變。惟青苗、均輸、市易，行之不善，易滋弊竇。然人亦曾考當日之時勢乎？太宗北征中流矢，二歲創發而卒。神宗言之，慨焉流涕。夏本宋叛臣而稱帝，此皆臣子所不可與共戴天者也。宋歲輸遺，夏銀一百二十五萬五千兩，其他慶弔聘問、略遺近幸又倍是，宋何以為國？奉以歲幣，求其容我為君，宋何以為名？又臣子所不可一日安者也。而宋欲舉兵，則兵不足；欲足兵，餉又不足。荊公為此，豈得已哉！闞之仇讎戕吾父兄，吾急與之訟，遂至數責家貲，而豈得已哉！宋人苟安日久，聞北風而戰慄，於是牆堵而進，與荊公為難，極詬之曰奸曰邪，並不與之商榷可否，或更有大計焉，惟務使其一事不行，立見驅除而後已，而乃獨責公以執拗，可乎？且公之施為，亦彰彰有效矣，用薛向、張商英等辦國用，用王韶、熊本等治兵，西滅吐蕃，南平洞蠻，奪夏人五十二岩，高麗來朝，宋幾振矣！而韓琦、富弼等必欲沮壞之，毋乃荊公當念君父之仇，而韓、富、司馬等皆當惄置也乎！翹琦之劾荊公也，其言更可怪笑，曰：『致敵疑者近有七：一招高麗朝貢，一取吐蕃之地建熙河，一植榆柳樹於西山制其蕃騎，一創圍保甲，一築河北城池，一置都作院，頒弓矢新式，大作戰車，一置河北三十七將。皆宜罷之，以釋其疑。』嗟乎！敵惡吾備則去備，若敵惡吾有首，將去首乎？此韓節夫所以不保其元也。且此七事，皆荊公大計，而史半削之，幸琦誤以為罪狀遂傳耳，則其他削者何限！范祖禹、黃庭堅修《神宗實錄》，務詆荊公，陸佃曰：此謗書矣。』既而蔡卞重行刊定。元祐黨起，又行盡改。然則《宋史》尚可信邪！其指斥荊公者，是邪？非邪？雖然，一人是非何足辨，所恨誣此一人，而遂忘君父之仇也，而天下後世遂群以苟安頹靡為君子，而建功立業，欲撐挂乾坤者為小人也。豈獨荊公之不幸，宋之不幸也哉！」

〔註48〕：「宋人但見料理邊疆便指為多事，見理財便指為聚斂，見心計材武便憎惡，斥為小人。此風不變，乾坤無寧日矣。」此中國積弱之源，習齋痛切陳之，亦未可以為偏激也。

習齋「謂張文升曰：『如天不廢予，將以七字富天下，墾荒，均田，興水利；以六字強天下，人皆兵，官皆將；以九字安天下，舉人材，正大經，興禮樂』」〔註49〕。余謂但言舉人材而不言教人材，則不獨禮樂未可興，即農無農學，兵無兵學，所謂富強者亦不足恃也。王船山《黃書・慎選》一篇，亦但言及鄉舉里選而止。〔註50〕此皆為秦、漢以後制度錮蔽耳目，故雖豪傑之士莫能窺見本原。夫非庠序學校以育人材，而使士農工商盡出於學校，不足以見王化之成也。若待人材之自成而舉之，則愚民之術而苟且之制。即鄉舉里選與詩賦制藝，其得失相去幾何哉！

宋胡宏《知言》曰〔註51〕：「三代而後，漢、唐之盛，謂愛民而富民之君則有之，謂愛民而教民之君則未之有也。」五峯知三代以後之失教。然富民之術，秦、漢以後，亦偶不擾而民自富耳，非君之能富之也。

辯侻胄辯略曰：「南宋之金與北宋之遼，又不可同年而語也。乃累世知岳飛之忠，累世皆秦檜之智。獨韓平原毅然下詔伐金，可謂為祖宗雪恥地下者矣！仗義復仇，雖敗猶榮者矣！乃宋人必欲誅之以畀金也，尚有人心哉！然兵臨城下，宗社立墟，敵問戎首，無如何也！乃夷考當時葉適、丘密、辛棄疾等支吾於北，敵無勝計，而宋相之首已不保矣。異哉！有題朝門者曰：『晁錯既誅終叛漢，於期一入竟亡燕！』可見當時人即惜之，非誅平原而宋存，留平原而宋亡也。及金主見平原首，率群臣哭祭禮葬，曰：『此人忠於謀國，繆於謀身，諡曰忠繆。』則金非惡平原，而深笑宋室也可知矣。《宋史》乃入之《姦臣傳》，徒以貶道學曰『偽學』，犯文人之深惡耳。宋儒之學，平心論之，支離章句，沈錮釋、老，而自居於直接孔、孟，欲人不貶之，得乎？其時儒者如沈仲固、周密等，皆曰『今道學輩言行了不相顧』，其徒不已有偽乎？而遂深疾之也。至於指數其奸，除貶偽學外，實無左驗，徒曰姬媵盛，左右獻媚而已。郭汾陽猶窮奢極欲，張曲江猶喜軟美，而欲責平原以聖賢乎！且此等亦未必非珥筆文人媒糵之也，而七百年來，直視為宵小，無一察焉，不其冤哉！」

〔註48〕見清・戴望《顏氏學記》卷三《習齋三》。
〔註49〕同上。
〔註50〕《黃書・慎選第四》：
　　　　裁生徒，節貢舉，省進士，謹資格，持之以難，擇之以慎，天下乃曉然知上所尊尚之旨，其不容苟且如此。
〔註51〕見宋・胡宏《胡子知言》卷三《文王》。

釋玉琳語錄云〔註52〕:「順治庚子,奉詔到京,聞森首座為上淨髮,即命眾集薪燒森。上聞,遽許蓄髮,乃止。」玉琳居湖州報恩寺,俗姓楊。又寧波木陳道忞禪師,潮州林氏子。順治間亦屢得詔對。木陳性好結納,故當時頗有世譏矣。〔註53〕

《欽定清涼山志》卷之二聖祖仁皇帝《御製五臺有懷》詩云:「又到清涼境,巉巖卷復垂。勞心愧自省,瘦骨久鳴悲。膏雨隨春令,寒霜惜大時。文殊色相在,惟願鬼神知。」八極蒼茫,諸天縹緲。吳偉業贊佛之篇不能道其萬一也。〔註54〕

孔北海《雜詩》云:「幸託不肖軀,且當猛虎步。」又云:「呂望尚不希,夷齊安足慕。」此其志業素定,寧死於曹氏以殺身成仁,而不願引退避禍,所以比潔於秋霜琨玉也。張茂先《雜詩》乃云:「永思慮崇替,慨然獨拊膺。」夫當昏主孽後之朝,匪蚩逖以自全,即舍生以殉世,可兩言而決也。而茂先惟崇替之在慮,徒挾纆以如冰,此所以星坼中臺,卒莫逃殺身之禍歟?同一不免於亂世,其視北海之勇者不懼,相去遠矣。按:北海《雜詩》一篇,詞旨甚顯。其結四句云:「由不慎小節,庸夫笑我度。呂望尚不希,夷齊安足慕。」明知譆笑凌厲曹氏必不見容,然既不望為輔義討亂之賢,更不企羨遁世鳴高之彥,唯以此身橫當猛虎,任其噬啗而已。鍾、譚之流,謂此詩放言不測〔註55〕,固不得其解。陳沆《詩比興箋》乃云〔註56〕:「文舉志匡漢祚,不附奸雄,成則為呂望,不成則為夷、齊」,亦未得此詩之旨也。夷、齊之捨身殉義,乃避世之士。文舉則立朝不去,故云「夷齊安足慕」。吳姚信《士緯》云:《意林》卷四所引。「孔文舉金性太多,木性不足,背陰向陽,按:當作「背陽向陰」。雄倬孤立。」惟金性多,故忍於殺身而不悔矣。焦袁熹《此木軒雜著》〔註57〕云:「北海懷憤懣不平之心,讜言莊論,不能有所發攄,則託之嬉笑罵譏,時出乎倫理之外,固宜有之。」然不如此,亦自不免諒哉!

〔註52〕見清・聶先《續指月錄》卷十九《六祖下三十五世・臨濟宗・居湖州報恩玉琳通琇禪師》。

〔註53〕眉批:「掌故。」

〔註54〕按:此條刻本無,據稿本補。眉批:「又」、「同……(按:漫漶)」。此條與卷十「《欽定清涼山志》卷二」一條相近,但評論文字不同。

〔註55〕明・鍾惺《古詩歸》卷四:
文舉胸中別有曠,誠不落俗人管測耳。

〔註56〕見清・陳沆《詩比興箋》卷一《孔融詩箋》。
按:今人考定《詩比興箋》為魏源之作,故又見於《魏源全集》。

〔註57〕見焦袁熹《此木軒雜著》卷七《孔北海二則》。

細川廣世《日本形勢總覽》〔註58〕載全國寺院，分天台宗、法。真言宗、禪。淨土宗、律。臨濟宗、禪。曹洞宗、禪。黃檗宗、禪。明末劉琦隱元開派。真宗、始一向宗。近時僧親鸞開派。日蓮宗、文永間日蓮開派。時宗、正中間僧一遍開派。融通念佛宗、大治間良忍開派。法相宗，共教導職人總數尚過七萬人。雖維新後減少，而書中言爾來僧徒恢復，不虛也。至各教人數，書未開列。楊仁山云：「日本佛法尚有三論宗，其源出於鳩摩羅什。」至法眼宗，則高麗尚有傳派，俟再訪之。耶穌、天主二教，則舉國信從者甚多。《總覽》不載，未知其故也。〔註59〕

《南史·袁昂傳》〔註60〕：「梁武帝謂昂曰：『齊明帝用卿為黑頭尚書，我用卿為白頭尚書，良以多愧。』對曰：『臣生四十七年於茲矣，四十以前，臣之自有，七年以後，陛下所養。七歲尚書，未為晚達。』」是古人未盈五十已謂白頭，正在盛年即云晚達。蓋六朝政令苛煩，士大夫多橫罹罪罟，加以好服金石，致損天年。徐廣七十以壽為戚〔註61〕，褚淵四十或謂期頤〔註62〕，一時之言，未可以隋、唐以後例也。〔註63〕

《北齊書·杜弼傳》〔註64〕：「齊高祖曰：『江東復有一吳兒老翁蕭衍者，專事衣冠禮樂，中原士大夫望之，以為正朔所在。』」《酉陽雜俎續集》卷四〔註65〕引《開元禮疏》曰：「晉康獻褚後臨朝不坐，則宮人傳百僚拜。有虜中使者見之，歸國遂行此禮。」時禮樂盡在江南，北方舉動法之。以此推之，王

〔註58〕不詳。細川廣世有《日本國會紀原》，譯書彙編社譯，開明書局1903年版。

〔註59〕眉批：「宗教。」

〔註60〕見《南史》卷二十六。

〔註61〕不詳，俟考。

　　　　按：《南史》卷二十《王琨傳》：「順帝即位，進右光祿大夫。順帝遜位，百僚陪列，琨攀畫輪轞尾慟泣曰『人以壽為歡，老臣以壽為戚。既不能先驅螻蟻，頻見此事。』嗚噎不自勝，百官人人雨淚。」

〔註62〕《南史》卷二十八《褚炤傳》：

　　　　彥回拜司徒，賓客滿坐，炤歎曰：「彥回少立名行，何意披猖至此！門戶不幸，乃復有今日之拜。使彥回作中書郎而死，不當是一名士邪？名德不昌，遂有期頤之壽。」

　　　　清·姜宸英《湛園札記》卷一：

　　　　褚炤譏褚淵「名德不昌，遂有期頤之壽」。淵死於齊太祖建元四年，時年僅四十八。炤所云，尚在元年淵拜司徒時。計其年，纔得四十五歲耳。不忠不孝之人，人憎其壽。雖在壯盛，不當期頤。況於老而不死，如張禹、孔光之徒，久玷史冊，寧復可耐耶？

〔註63〕眉批：「掌故。」

〔註64〕見《北齊書》卷二十四。

〔註65〕見《酉陽雜俎》續集卷四《貶誤》。

猛存晉之說〔註66〕，蓋符公議。魏收島夷之傳，徒形輕薄而已。要之，據事直書，無庸設正統之名也。〔註67〕

太史公漢人，作《史記》稱漢諸帝為上，是其職也。司馬溫公作《通鑑》，乃通史之例，而於列代人主皆稱之為上，失史體甚矣。友人黃公度觀察嘗譏之。按：今之道員與唐觀察使迥異，今姑仍俗稱耳。〔註68〕

以地言之，則今萬國矣。以人言之，則古一族矣。遞興遞衰，遞微遞著，史家記其成敗之跡，為世法戒而已。《老子》曰：「道可道，非常道。名可名，非常名。」此太史氏之微言也乎？

衣冠禮樂非三代之遺法，制刑名踵百王之末，而佻然自稱為中國，詆人以夷狄，則適為萬國之所笑而已矣。《皇甫持正集》卷二《東晉元魏正閏論》云〔註69〕：「或曰：元之所據中國也。對曰：所以為中國者禮義也。所謂夷狄者，無禮義也，豈繫於地哉？杞用夷禮，杞即夷矣。予居九夷，夷不陋矣。沐紂之化，商士為頑人。因戎之遷，伊川為陸渾。非繫於地也。晉之南渡，人物攸歸，禮樂咸在，風流善政，史實存焉。魏氏恣其暴強，虐此中夏。斬伐之地，雞犬無餘。驅士女為肉籬，委之戕殺；指衣冠為剺狗，逞其屠刈。種落繁熾，歷年滋多。此而帝之，則天下之士有蹈海而死，天下之人有登山而餓，忍食其粟，而立於朝哉？至於孝文，始用夏變夷，而易姓更法，將無及矣。」此以禮義分夷夏，不易之論也。〔註70〕

《論語》一書，門弟子記孔子之言。其實夫子祖述憲章，中多古語，特書缺有間，不能盡知其出處耳。如「巧言令色，鮮矣仁」，此夫子說書語也。「敏而好學，不恥下問」，是夫子解諡法語也。以此推之，如「射不主皮，為力不同科」，「皮」、「科」韻語，必古之成言。「述而不作，信而好古」，「作」、「古」韻語，疑即出老彭之舊典。「祭如在，祭神如神在」，必禮典之舊文。夫子讀而論之，朱子以為記孔子之誠意，其說轉遠。「默而識之」，「學而不厭，誨人不倦」，「德之不修，學之不講」，「聞義不能徙，不善不能改」數語，皆有

〔註66〕《晉書》卷一百十四《苻堅載記下‧王猛》：
　　　　及疾篤，堅親臨省病，問以後事。猛曰：「晉雖僻陋吳、越，乃正朔相承。親仁善鄰，國之寶也。臣沒之後，願不以晉為圖。鮮卑、羌虜，我之仇也，終為人患，宜漸除之，以便社稷。」言終而死，時年五十一。
〔註67〕眉批：「論史。」
〔註68〕眉批：「又。」
〔註69〕見唐‧皇甫湜《皇甫持正集》卷二，原題為《東晉元魏帝正閏論》。
〔註70〕眉批：「又。」

韻之文。汪中《經義知新記》亦云：「『修』、『講』一韻。『徙』、『改』一韻。」〔註71〕余意「厭」、「倦」亦合韻也。必學制之遺說，夫子引而志之。鄭、孔之注，均未明言。「切切偲偲，怡怡如也」，此似《爾雅》句法，必古書之成語。夫子引之而釋之，曰「朋友切切偲偲，兄弟怡怡」。不然，子路問士，而夫子驟應，以形似之言，則文義不順矣。劉氏《正義》以「朋友」二句為記者釋之〔註72〕，其說非是。其他如「克己復禮」、「出門如賓，承事如祭」之見《左傳》，「以德報怨」之見《老子》，尤為顯證。此疏釋家不可不知之要義也。〔註73〕

　　朱駿聲《經史答問》云〔註74〕：「問：『使驕且吝，以擬周公，似不於倫。』曰：『《逸周書·寤儆篇》：『周公曰：不驕不吝，時乃無敵。』故孔子以為言。」又，「三分天下有其二，以服事殷」，亦用《逸周書·程典篇》之說。〔註75〕以此知《論語》之言必則古昔也。〔註76〕

　　《史記》趙武靈王之改胡服，秦昭王之用商鞅，往復辯論，乃後世議院之根本也。至《鹽鐵論》歷載丞相御史與文學賢良詰難數十篇，則今各國上議院、下議院之勢成矣。《洪範》「謀及卿士，謀及庶人」，協於大同，乃底元吉，立一代之制度將，損益於百王，非眾議而節中之，能無苟且之政乎？〔註77〕

　　西書言西國善法，大抵近百餘年創成。惟公議院之制，乃沿古時習俗，由公會而有公議，由公議而生律法。其初未嘗不與國君爭權，其後乃終能為國家立政。按：《漢書·西域傳》言大秦國「置三十六將，會議國事」〔註78〕，此西國議院之最古者。《管子·君臣篇》曰〔註79〕：「國之所以為國者，民體

〔註71〕清·劉寶楠《論語正義》卷八《述而第七》引。

〔註72〕《論語正義》卷十六《子路第十三》：

　　「切切偲偲，怡怡如也，可謂士矣」，夫子語止此。當時皆習見語，故夫子總言之。記者恐人不明，故釋之曰：「朋友切切偲偲，兄弟怡怡」，所謂七十子之大義也。

〔註73〕眉批：「經義。論語。」

〔註74〕見清·朱駿聲《經史答問》卷三。

〔註75〕《經史答問》卷三：

　　問：「三分天下有其二，以服事殷」，見於何書？曰：「《逸周書·程典篇》云：『文王合六州之侯，奉勤於商，商王用宗讒震怒無疆，諸侯不娛，逆諸文王，文王弗忍，乃作《程典》，以命三忠。』」按：此即紂二十年囚西伯羑里事。宗，眾也。娛，悅也。奏事上書曰逆，勸文王判商也。

〔註76〕眉批：「又。」

〔註77〕眉批：「治略」、「制度」。

〔註78〕見《後漢書》卷八十八《西域傳》，非《漢書》。

〔註79〕見《管子》卷十一《君臣下第三十一》。

以為國。」知以民體為國，則必不以一人之私害天下之公矣。〔註80〕

元余忠宣《青陽集・題宋顧主簿論朋黨書後》〔註81〕云：「天下之勢如操舟，舵師失利，豈特棹夫之患哉？凡同舟之人患也。故有憂天下之心者，無不有以盡其言。三代而下，宋猶近古，內而宰執、侍、從臺諫有奏疏，卿監有輪對，朝臣上殿有奏劄，皆與天子酬酢殿陛之間，如家人父子之相與；外而監司、郡守，凡所職事，皆得以疏聞若事大〔註82〕體重，言者不以言，則太學京學諸生與凡韋布之士皆得詣闕上書言之。其下與上同患如此，故能外捍強國，內修民事，傳緒三百餘年而後亡。」宋寶忠樂《跋陳諫議遺藁》云〔註83〕：「太學號賢士，關河嶽之靈，何往不異。負直節勁氣，於六館者為尤著，此學校之有益於人之國也。」余按：議院之設，宋太學已開其先聲。然正下與上同患之義，非下與上爭權之義也。宋、明兩代言論雖呶，而國祚得以永延，由不閉塞之故也。〔註84〕

《荀子・正論篇》曰〔註85〕：「殺人者死，傷人者刑，是百王之所同也。」《呂氏春秋・去私篇》〔註86〕：「腹䵍曰：『墨者之法曰殺人者死，傷人者刑，天下之大義也。』」然則漢高帝三章之法，乃用儒墨之舊說，遵百王之大義，而革秦人法家之弊，宜有天下者也。孟子曰「仁者無敵」，至是而始驗矣。尹文子亦有此語〔註87〕。〔註88〕

明太祖《道德經序》曰：「朕即位以來，罔知前代哲王之道。一日覽書，見《道德經》，云：『民不畏死，奈何以死懼之。』是時天下初定，民頑吏

〔註80〕眉批：「又。」
〔註81〕見元・余闕《青陽先生文集》卷八。
〔註82〕「大」，原作「犬」，據稿本改。
〔註83〕見宋・陳東《少陽集》卷十《附錄》。
〔註84〕眉批：「又。」
〔註85〕見《荀子・正論篇第十八》。
〔註86〕見《呂氏春秋》第一卷《孟春紀第一》。
〔註87〕《呂氏春秋》第十六卷《先職覽第四・正名》：
尹文曰：「今有人於此，將治其國，民有非則非之，民無非則非之，民有罪則罰之，民無罪則罰之，而惡民之難治可乎？」王曰：「不可。」尹文曰：「竊觀下吏之治齊也，方若此也。」王曰：「使寡人治信若是，則民雖不治，寡人弗怨也。意者未至然乎。」尹文曰：「言之不敢無說。請言其說。王之令曰：『殺人者死，傷人者刑。』民有畏王之令，深見侮而不敢鬥者，是全王之令也，而王曰『見侮而不敢鬥，是辱也』。夫謂之辱者，非此之謂也，以為臣不以為臣者罪之也，此無罪而王罰之也。」齊王無以應。
〔註88〕眉批：「又。」

弊，雖朝有十人棄市，暮有百人仍為之如此者，豈不應《經》之所云？朕乃罷極刑而囚役之，不逾年而朕心減。朕知斯《經》乃王者之上師，臣民之極寶也。」明之享國近三百年者，其端在此。不然，則為亡秦之續而已。〔註89〕

張輔字世偉，南陽人。張衡之後。官秦州刺史。《高僧傳·帛遠傳》。〔註90〕輔嘗論《史》、《漢》優劣。〔註91〕

帛遠常譯《惟逮》、《弟子本》、《起五部僧》等三部經，又注《首楞嚴經》，又別譯數部小經。值亂零失。同上。〔註92〕

《世說·汰侈門》，《注》引《王丞相德音記》。

《史記·周勃世家》，《集解》引晉灼曰：「《巴蜀異物志》謂頭上巾為冒絮。」又《趙世家》，《集解》引綦母邃曰：「陵苕之草，其花紫。」疑綦母邃有《史記注》。《史記·司馬相如傳》，《索隱》引摯虞《文章流別集》，《正義》引《晉徵祥記》。

唐人以詩賦為重，故《五經正義》既定，而經學遂荒。一代談經之人，寥

〔註89〕眉批：「又。」
〔註90〕見《高僧傳》卷一。
〔註91〕眉批：「輔嘗論《史》、《漢》優劣。」
　　　另，宋·鄭樵《通志》卷一百二十五列傳第三十八：
　　　張輔，字世偉，南陽西鄂人也。漢河間相衡之後。又論班固、司馬遷，云：遷之著述，辭約而事舉。敘三千年事，唯五十萬言。班固敘二百年事，乃八十萬言。煩省不同，不如遷一也。良史述事，善足以獎勸，惡足以鑒誡。人道之常，中流小事，亦無取焉。而班皆書之，不如二也。毀貶晁錯，傷忠臣之道，不如三也。遷既創造，固又因循，難易益不同矣。又遷為蘇秦、張儀、范雎、蔡澤作傳，逞辭流離，亦足以明其大才。故述辯士則詞藻華靡，敘實錄則隱核名檢，此所以遷稱良史也。
　　　宋·王楙《野客叢書》卷四《張輔妄論班史》：
　　　晉張輔嘗論班固不如司馬遷有三。其一毀貶晁錯，傷忠臣之道。僕取《史記》、《漢書》復之，知輔之言為甚妄。二史鋪敘錯事，大率相同，但班史加詳。錯之所陳，而遷史略而不載耳。其貶錯之詞，遷則有之。嘉錯之忠，固何嘗亡是？而張輔反云爾者，殆不可曉。傳文平敘，無可言者，只以贊驗之，可見其妄。太史公曰：「晁錯為家令時，數言事，不用。後擅權，多所變更。諸侯發難，不急正救，欲報私讎，反以亡軀。語曰：『變古亂常，不死則亡。』豈錯等謂邪？」班固曰：「晁錯銳於為國遠慮，而不免見害。悲夫！錯雖不終，世哀其忠，故論其施行之語著於篇。」觀此亦可以見二公之去取矣。張輔言此，無乃不考其故乎？
〔註92〕眉批：「此數條入《補晉書藝文志》」。

寥可數。〔註93〕《唐語林》卷二云〔註94〕：「大曆已後，專學者有蔡廣成《周易》，強蒙《論語》，啖助、趙匡、陸質《春秋》，施士匄《毛詩》，原彝、仲子陵、韋肜、裴茝講《禮》，章庭珪、薛伯高、徐潤並通經。」此可得其大概。然啖、趙之《春秋》，既為宋子京所譏，〔註95〕施士匄之說《毛詩》為劉禹錫所記者，亦絕無可採。亦見《唐語林》卷二。〔註96〕至於昌黎《論語筆解》〔註97〕，

〔註93〕皮錫瑞《經學歷史》七《經學統一時代》（《皮錫瑞集》，第1180～1181頁）：
　　唐太宗以「儒學多門，章句繁雜，詔國子祭酒孔穎達與諸儒撰定五經義疏，凡一百七十卷，名曰《五經正義》」。穎達既卒，博士馬嘉運駁其所定義疏之失，有詔更定，未就。永徽二年，詔諸臣復考證之，新加增損。永徽四年，頒孔穎達《五經正義》於天下，每年明經依此考試。自唐至宋，明經取士皆遵此本。夫漢帝稱制臨決，尚未定為全書；博士分門授徒，亦非止一家數。以歷史經學論，未有統一若此之大且久者。此經學之又一變也。
　　又，九《經學積衰時代》（《皮錫瑞集》，第1192頁）：
　　唐、宋明經取士，猶是漢人之遺，而唐不及漢、宋又不及唐者，何也？漢以經術造士，上自公卿，下逮掾史，莫不通經。其進用或由孝廉、茂才，或由賢良、對策。若射策中科，止補文學掌故、博士弟子員，非高選也。唐之帖經，猶漢之射策。其學既淺，而視之又不重。所重視者，詩賦之辭、時務之策，皆非經術。援經義對策者僅一劉蕡，引《春秋》正始之文，發宦侍無君之隱。以直言論，固屬朝陽之鳳；以經義論，亦同獨角之麟；而唐不能用。此其所以不及漢也。
〔註94〕見《唐語林》卷二《文學》。原出唐·李肇《唐國史補》卷下。
〔註95〕《新唐書》卷二百《儒學列傳下·啖助》：
　　贊曰：《春秋》、《詩》、《易》、《書》，由孔子時師弟子相傳，歷暴秦，不斷如繫。至漢興，劉挾書令，則儒者肆然講授，經典浸興。左氏與孔子同時，以《魯史》附《春秋》作《傳》，而公羊高、穀梁赤皆出子夏門人。三家言經，各有回舛，然猶悉本之聖人，其得與失蓋十五，義或繆誤，先儒畏聖人，不敢輒改也。啖助在唐，名治《春秋》，摭訕三家，不本所承，自用名學，憑私臆決，尊之曰孔子意也，趙、陸從而唱之，遂顯於時。嗚呼！孔子沒乃數千年，助所推著果其意乎？其未可必也。以未可必而必之，則固；持一己之固而倡茲世，則誣。誣與固，君子所不取。助果謂可乎？徒令後生穿鑿詭辨，詬前人，捨成說，而自為紛紛，助所階已。
〔註96〕《唐語林》卷二《文學》：
　　劉禹錫云：「與柳八、韓七詣施士匄聽《毛詩》，說『維鵜在梁』，梁，人取魚之梁也。言鵜自合求魚，不合於人梁上取其魚。譬之人自無善事，攘人之美者，如鵜在人之梁，毛《注》失之矣。又說『山無草木曰岵』，所以言『陟彼岵兮』，言無可怙也。以岵之無草木，故以譬之。」
〔註97〕晁公武《昭德先生郡齋讀書志》卷第五上：
　　《論語筆解》十卷
　　右唐昌黎先生韓文公之說也。其間翺曰者，李習之也。始愈筆大義以示翺，翺從而交相明辨，非獨文公製此書也。

既當時所不數，尤不足以名家。然皆輕蔑前人，好滋新說，上失六朝之舊法，下開兩宋之先聲矣。〔註98〕

宋初，柳開《河東集・補亡先生傳》云〔註99〕：「先生以諸家傳解箋注於經者多未窮其義理，常曰：『吾他日終悉別為注解矣。』大以鄭氏箋詩為不可，曰：『吾見玄之為心，務以異毛公也。徒欲強己一時之名，非能通先師之旨〔註100〕。且詩之立言，不執其體，幾與《易》象同奧。若玄之是箋，皆可削去之耳。』」按：康成箋《詩》，宗毛為主，如有不同，始下己意，何嘗務與毛異乎？仲塗欲於諸經悉別為解，斯為好異之甚。但於《詩》，猶知宗毛，則蔑棄前人之風猶未至耳。〔註101〕

崔豹《古今注》〔註102〕：「牛亨問曰：『草木生類乎？』曰：『生類也。』曰：『有識乎？』曰：『無識。』曰：『無識寧得為生類也？』曰：『物有生而有識者，有生而無識者，有不生而有識者，有不生而無識者。夫生而有識者，蟲類也。生而無識者，草木也。不生而無識者，水土也。不生而有識者，鬼神也。』」此所謂識，釋家謂之識神，西人謂之靈魂。此皆譯書者以中國相似之字名之，其原文之意未盡也。然草木有呼吸，則知識未必盡無；水土無滯積，則生理亦未盡絕。宇宙之間，各各不相知，各各不相到，知其可知者而已矣。〔註103〕

傅蘭雅《生物難判動植說》〔註104〕云：「如海絨、珊瑚類實為動物，而形乃與植物相似；酵質浮萍之類，以顯微鏡見之，時有移動，亦不能因此稱為動物。又有數種植物，如菌菇之類，均藉生物以養。又數種花草之類，尤賴動物為食。如嗜蠅草，葉張如口，蠅蚋誤入，即閉而吮其血，以養本花。菌菇生長，多賴養氣，故必生於動物腐爛之處，吸收養氣，與動物同。總之，欲判動物、植物，終難有定界限。夫動、植顯見，猶難區分，況其知與無知，果可以意識緣測哉？」丁韙良《格物入門》卷六云：「物本質之理，精微難測。知原質分為各類，能識其皮毛，不能悉其底蘊。如物之色臭味以及形狀，皆屬外相，人所能知者，即以此為限。」余謂物之才力，他日以電學考之，必有可

〔註98〕眉批：「經義。總。」
〔註99〕見宋・柳開《河東先生集》卷二。
〔註100〕「旨」，原作「詣」，據稿本改。
〔註101〕眉批：「經義。詩。」
〔註102〕見晉・崔豹《古今注》下。
〔註103〕眉批：「物理。」
〔註104〕載《格致彙編》1891年第一卷。

知，然未達一間之處，終有待於聖智也。〔註 105〕

劉伯山《通藝堂集・兼祧之禮合乎古義說》一篇〔註 106〕於經既無可證，於史又多臆度之詞。所謂「汰哉叔氏，專以禮許人」〔註 107〕也。古不二斬，故以母之親父在尚不為之三年，而謂可兼祧乎？張履《積石文稾》〔註 108〕云：「不貳斬之義，為特重大宗降其小宗而言，非今之為後及兼承者所得援。」然考之則例，大宗子兼祧小宗，小宗子兼祧大宗，均為大宗父母三年，為小宗父母期；小宗子兼祧小宗者，為所生父母三年，為兼祧父母期。又未嘗不比附不二斬之禮意也。〔註 109〕

梵為西域字，然《後漢書》名梵者有三人。斌為譌俗字，然魏晉間已有石斌、石虎子。劉斌。（《世說・賞譽門》注）。又《孔叢子・陳士義篇》：「魏王聘子順為相。」注云：「孔武后，名斌，字子順，子高之子。」此注不知何人所作，當是誤字。《隋・地理志》：雕陰郡統縣有大斌，西魏置。《元和郡縣志》云〔註 110〕：後縣神龜元年置名大斌者，取稽胡懷化，文武雜半之義。〔註 111〕

又按：《通典》〔註 112〕樂類載魏公卿奏曰：「於文，文武為斌。臣等謹製樂舞，為章斌之舞。」則斌字其來已久，特《說文》不載耳。〔註 113〕

章大來《俿陽雜錄》〔註 114〕：「賜字有解盡義者。阮亭先生詩『昨朝下成蹊，今日俄已賜』，云見古樂府。」余案：《方言》曰：「賜，盡也。」潘岳《西征賦》：「若循環之無賜。」皆阮亭之所本。〔註 115〕

王船山《讀通鑑論》明本及末，知人論世，奇偉之書也。其不滿於明太祖，亦時一見之。其論光武云〔註 116〕：「古無不學之天子，後世乃有不學之

〔註 105〕眉批：「又。」
〔註 106〕見清・劉毓崧《通義堂文集》卷三。
〔註 107〕見《禮記・檀弓上》。
〔註 108〕清・張履《積石文稿》十八卷《積石詩存》四卷《南池唱和詩存》一卷《鱠餘編》一卷，有清光緒二十年（1894）刻本。
〔註 109〕眉批：「經義。禮。」
〔註 110〕見《元和郡縣志》卷五。
〔註 111〕眉批：「小學。字體」、「《文選・魏都賦》注）有桓斌」。
〔註 112〕見《通典》卷一百四十一《樂一》。按：原出《宋書》卷十九《樂志一》。
〔註 113〕眉批：「又。」
〔註 114〕清・章大來《俿陽雜錄》，有《叢書集成初編》本。
〔註 115〕眉批：「又」、「訓詁」。
〔註 116〕見清・王夫之《讀通鑑論》卷六《光武》。

相臣。以不學之相臣，輔草澤之天子。」其論「唐以殷周漢為三恪」一條云〔註117〕：「及劉伯溫、宋景濂，不復知有乾坤之綱紀，弗能請求劉、李、趙氏之裔，以作賓王家，曾林甫之不若。」蓋明初諸臣之不學，船山所深恨也。「治之不古，自高帝始，非但秦也。秦以亡而漢以興，亡者為後戒，而興者且為後法。人紀之存，不亦難乎？」〔註118〕明人恒以太祖比漢高，而船山之言如此，則其驅除之功與其不學之咎各得其平。凡大儒者，非一世所得私，故持論不能取媚一時，貽譏千古也。船山近之矣。〔註119〕

其論「父在為母服齊，武氏改為斬衰」一條云〔註120〕：「何知仁義，以享其利者為有德。猶且自詡孝慈，以倡率天下。中國之不夷狄者幾何！」亦並譏明太祖之《孝慈錄》〔註121〕也。

論「尹翁歸卒，宣帝賜其子金」一條云〔註122〕：「唐、宋以前，詔祿賜予之豐，猶先王之遺意。至於蒙古，私利而削祿。洪武之初，無能改焉。祿不給於終歲，賞不踰於百金，城垂陷，君垂危，而問飼豬，彼將曰救死不贍，復奚恤哉？」

《穆天子傳》卷二：「天子至赤烏氏□山，天下之良山也。寶玉之所在，嘉穀生之。天子於是取嘉禾以歸樹於中國。」王船山《宋論》卷四云〔註123〕：「仁宗有大德於天下，及今民受其賜大德者，航海買早稻萬石於占城，分授民種是也。其種之也早，正與江南梅雨而相當，可以及時而畢樹藝之功。其熟也早，與深秋霜燥而相違，可弗費水而避亢旱之害。其種之也，田不必腴而獲不貲，可以多種而無瘠蕪之田。皆其施德之普也。」今西人講求農事，或盡去其本國之種而求之他國，或竟廢其舊有之法而轉學他師。周穆王之事，雖不可知。觀宋仁宗之移稻，可以信其傲之必然矣。〔註124〕

〔註117〕見《讀通鑒論》卷二十二《玄宗》。
〔註118〕見《讀通鑒論》卷六《光武》。
〔註119〕眉批：「論史。」
〔註120〕見《讀通鑒論》卷二十二《玄宗》。
〔註121〕明·高儒《百川書志》卷二：
　　　　《孝慈錄》一卷
　　　　皇明洪武七年制。首載古今論母喪服，願服三年二十八人，願減服十四人，
　　　　後敘五服制度儀文之義。
〔註122〕見《讀通鑒論》卷四《宣帝》。
〔註123〕見清·王夫之《宋論》卷四《仁宗》。
〔註124〕眉批：「農務。」

又按：《齊民要術》云〔註125〕：「今世粟名，多以人之姓字為名目，亦有觀形立名，亦有會義為稱，聊覆載之云爾。朱穀、高居黃、劉豬獬、道愍黃、胡穀黃、雀懊黃、續命黃、百日糧、有起婦黃、辱稻糧、奴子場、音加支穀、焦金黃、鶡鴟合履——今一名麥爭場。此十四種，早熟，耐旱，免蟲。」是後魏時北方尚有早熟、耐旱之稻。或農事不講，至宋而漸稀歟？《要術》又引《異物志》曰：「稻，一歲夏冬再種，出交趾。」俞益期《牋》曰：「交趾稻再熟。」〔註126〕此與占城之種同。今廣東歲資暹羅、越南之米，然其味不敵江南之美，則地氣既殊，而耕耨之法亦異也。〔註127〕

陸務觀《老學庵筆記》卷六曰〔註128〕：「聞人茂德言：『沙糖中國本無之，唐太宗時，外國貢至，問其使何物。云：以甘蔗汁煎。用其法煎成，與外國者等，自此中國方有沙糖。』」按：此事亦見《唐書・西域・摩竭它傳》。〔註129〕太宗英主，故能採外國之法，貽利後人，至今賴之矣。《筆記》又云：「唐以前書，凡言及糖者，皆餹耳。如糖蟹、糖薑皆是。」〔註130〕

言經學不可不通小學，言小學不可不知通假，固也。而今之言通假者，則無字不可通，無聲不可假。讀古書不可不通古音，通古音不可不分部次，固也。而今之讀古書者，則無句不入韻，無字不可韻。小學之弊，且支離附會，至於如此。甚矣，學問之事，創始之難而敗壞之易也！〔註131〕

〔註125〕見《齊民要術》卷一《種穀第三》。
〔註126〕見《齊民要術》卷十《稻》。
〔註127〕眉批：「此依舊抄本，或有誤字，應校。又記《吳都賦》：『國稅再熟之稻』。」
〔註128〕宋・史繩祖《學齋占畢》卷四《煎糖始於漢不始於唐》：
《老學庵筆記》其中一條云：「聞人茂德，博學士也。言沙糖中國本無之，唐太宗時，外國貢至，問其使人此何物。云以甘蔗汁煎。用其法煎成，與外國者等，自此中國方有沙糖。凡唐以前書傳及糖者，皆餹耳。」是未之深考也。聞人固不足責，老學庵何至信其說而筆之。余按：宋玉《大招》已有柘漿字，是取蔗汁已始於先秦也。《前漢》郊祀歌「柘漿析朝醒」，《注》謂取甘蔗汁以為飴也。又孫亮取交州所獻甘蔗餳。而二《禮》注飴字俱云「煎米蘗也，一名餳」，則是煎蔗為糖已見於漢時甚明。而《說文》及《集韻》並以糖為蔗飴，曰飴曰餳，皆是堅凝可含之物，非餹之謂。其曰餹字，止訓酒粕，不以訓糖。何可謂煎蔗始於太宗時而前止是餹耶？余故引經注《漢》傳而證其誤云。
〔註129〕《新唐書》卷二百二十一上《西域列傳上》：
摩揭它，一曰摩伽陀，本中天竺屬國。……貞觀二十一年，始遣使者自通於天子，獻波羅樹，樹類白楊。太宗遣使取熬糖法，即詔揚州上諸蔗，拃沈如其劑，色味愈西域遠甚。
〔註130〕眉批：「飲食。」
〔註131〕眉批：「小學」、「此條另列」。

　　《管子・戒篇》〔註132〕：「桓公北伐山戎，出冬蔥與戎叔，布之天下。」
《史記・封禪書》，《索隱》、《集解》〔註133〕引服虔曰：「山戎，蓋今鮮卑是。」〔註134〕

　　《史記・大宛列傳》云〔註135〕：「宛左右以蒲萄為酒，富人藏酒至萬
餘石，久者數十歲不敗。俗嗜酒，馬嗜苜蓿。漢使取其實來，於是天子始
種苜蓿、蒲萄肥饒地。及天馬多，外國使來眾，則離宮別觀盡種蒲萄、苜
蓿極望。」按：漢使雖種蒲萄，而未能用宛法釀酒。李石《續博物志》引
孟詵詵，《唐書》有傳。〔註136〕云〔註137〕：「蒲萄不問土地，但收之釀酒，皆
得美好。」梁元帝《金樓子》卷五云〔註138〕：「大月氏國善為蒲萄花葉酒，
或以根及汁醞之。其花似杏而綠藻碧鬚。九春之時，萬頃競發，如鸞鳳翼。
八月中，風至吹葉上，傷裂有似綾紈。故風為蒲萄風，亦名裂葉風也。」
〔註139〕

　　《楚辭・大招》：「三公穆穆，登降堂只。」王逸《章句》云：「『降』一作
『玉』。」按：此後世「玉堂」二字之所本。〔註140〕

　　《史記・封禪書》〔註141〕：「齊桓公西伐大夏。」《楚辭・惜誓篇》：「右
大夏之遺風。」《章句》云：「大夏，外國名也，在西南。」洪氏《補注》云：
「《淮南》云：『九州之外有八殥，西北方曰大夏。』」《史記》〔註142〕：「大月
氏既臣大夏而居。」《正義》云：「大夏國在嬀水南。」又漢時西方大國曰大
秦，蓋夏與秦皆採中國之名以名其國也。《〈水經・河水〉注》〔註143〕：「釋法
顯曰：『蒲那般河，逕摩頭羅國下合新頭河。自河以西，天竺諸國。自是以南，
皆為中國，人民殷富。中國者，服食與中國同，故名之為中國也。』」按：佛
經言「生中國難」，後世僧徒遂以印度為中土，而以華夏為東土，不知在佛當

〔註132〕見《管子》卷十《戒第二十六》。
〔註133〕《集解》所引實見《史記》卷三十二《齊太公世家》，非《封禪書》。
〔註134〕眉批：「夷情。」
〔註135〕見《史記》卷一百二十三。
〔註136〕傳見《舊唐書》卷一百九十一《方伎列傳》、《新唐書》卷一百九十六《隱逸
　　　　列傳》。
〔註137〕見宋・李石《續博物志》卷五。
〔註138〕見《金樓子》卷五《志怪篇十二》。
〔註139〕眉批：「飲食。」
〔註140〕眉批：「文學。楚詞。」
〔註141〕見《史記》卷二十八。
〔註142〕見《史記》卷一百二十三《大宛列傳》。
〔註143〕見《水經注》卷一。

時所言中國，正以同於華夏而名。《魏志·東夷傳》〔註144〕，《注》引《魏略·西戎傳》曰：「大秦國人長大平正，似中國人而胡服。自云本中國一別也。」今意大利人目睛獨黑，魚豢之言，殆有徵乎？〔註145〕

　　《史記·大宛列傳》〔註146〕，《正義》引康泰《外國傳》云：「外國稱天下有三眾，中國為人眾，秦為寶眾，月氏為馬眾。」此稱秦稱月氏，不加「大」字，知「大」字為傚效中土之稱。又西人稱中國為支那，余與黃豪伯大令楙材。並以為秦字之合音。後與洪文卿侍郎言之，所說正相符合。以此推之，西域之通中國，斷非見自張騫。《孔叢子·陳士義篇》云〔註147〕：「秦王得西戎利刀，以之割玉，如割木焉。魏王問子順曰：『古有之乎？』對曰：『周穆王大征西戎，西戎獻錕鋙之劍、火浣之布。』」據此，則黃帝、虞、夏之後，周、秦皆與西域相通。

　　《後周書·武帝紀〔註148〕》〔註149〕：「保定四年三月庚辰，初令百官執笏。」是仍用君臣之禮。陸清獻以為廷臣不執笏，乃奴主之禮也。又，「建德三年正月景子，初服短衣，享二十四軍督將以下，試以軍旅之法。」〔註150〕蓋軍旅之間，以短衣為便，未可以胡服譏之也。史稱「帝校兵閱武，步行山谷，履涉勤苦，皆人所不堪」〔註151〕。五年平齊，實收其效。〔註152〕又《宣帝紀》〔註153〕：「大象元年正月，受朝於露門。帝服通天冠，絳紗袍，群臣皆服漢魏衣冠。」疑自是以前，雖禮服亦多沿鮮卑之俗矣。「大象二年三月，詔內外命婦皆執笏，其拜宗廟及天台皆俯伏。」〔註154〕此則非禮之至。然婦人俯伏之儀遂襲為故事矣。〔註155〕

〔註144〕見《三國志》卷三十《魏書三十》。
〔註145〕眉批：「□（按：殘，疑是夷）情。」
〔註146〕見《史記》卷一百二十三。
〔註147〕見《孔叢子》卷五《陳士義第十五》。
〔註148〕「武帝紀」，稿本無。
〔註149〕見《周書》卷五《武帝紀上》。按：又見《北史》卷十《周本紀下》。
〔註150〕按：又見《北史》卷十《周本紀下》。
〔註151〕見《周書》卷六《武帝紀下》、《北史》卷十《周本紀下》。
〔註152〕《周書》卷六《武帝紀下》、《北史》卷十《周本紀下》：
　　　　平齊之役，見軍士有跣行者，帝親脫靴以賜之。每宴會將士，必自執杯勸酒，或手付賜物。至於征伐之處，躬在行陣。性又果決，能斷大事。故能得士卒死力，以弱制強。破齊之後，遂欲窮兵極武，平突厥，定江南，一二年間，必使天下一統，此其志也。
〔註153〕見《周書》卷七《宣帝紀》。按：又見《北史》卷十《周本紀下》。
〔註154〕見《周書》卷七《宣帝紀》、《北史》卷十《周本紀下》。
〔註155〕眉批：「冠服。」

王夫之《識小錄》云：「笏本用象，趨輕便者用黃楊及槐木為之，非制也。或乃以孔林楷木作笏，衍聖公以此贈人，要非士君子所忍用。」〔註156〕

趙武靈王胡服，當時舉國爭之。按：《續漢志》引《漢制度》云：「趙武靈王效胡服，以金璫飾首，前插貂尾為貴。職秦滅趙，以其君冠賜近臣。」〔註157〕然則後世貂璫之制，即沿用武靈之胡服矣。《史記·淮南衡山列傳》〔註158〕，《集解》：「蔡邕曰：『法冠，楚王冠也。秦滅楚，以其君冠賜御史。』」蓋秦制兼採列國，漢又因之也。《淮南子·主術訓》〔註159〕：「趙武靈王貝帶鵕䴊而朝，趙國化之。」然則後世貝帶亦胡服也。《太平廣記》卷一百引《乾饌子》：「李丹曰：『靴，胡服也，始自趙武靈王。』」〔註160〕

泰伯文身以王吳，莊蹻變服而長滇，與禹裸身而入裸人之國，其意同也。俄國彼得王改從德國之服，今日本亦效西人之服，與趙武靈王改效胡服，其意同也。衣服、器械，皆得與民，變革之事，無庸拘拘於舊俗也。《史記·貨殖傳》〔註161〕：「楊、平陽陳，西賈秦、翟，北賈種、代。種、代，石北也，地邊胡，數被寇。人民矜懻忮。自全晉之時，固已患其慓悍，而武靈王益厲之，其謠俗猶有趙之風也。」〔註162〕

《淮南子·說山訓》云〔註163〕：「六畜生多耳目者，不詳，讖書著之。」然則讖緯之說，淮南已及見之。荀悅《申鑒·俗嫌篇》云〔註164〕：「世稱緯書，仲尼之作也。臣悅叔父故司空爽辨之，蓋發其偽也。有起於中興之前，終張之徒之作乎？」又云：「以仲尼雜己」，然則必有出於哀平之前者矣。〔註165〕

〔註156〕眉批：「又。」
〔註157〕此語見《後漢書·輿服志》，稱「胡廣說曰」。
〔註158〕見《史記》卷一百十八。
〔註159〕見《淮南子·主術訓第九》。
〔註160〕眉批：「又。」
〔註161〕見《史記》卷一百二十九。
〔註162〕眉批：「又。」
　　　　另，此條下稿本有「《漢書·藝文志》儒家有《吾丘壽王》六篇，世不傳。《後周書·儒林·樊深傳》云：『嘗讀書，見《吾丘子》，因歸侍養。』當即此書。其言能令人起孝，不傳甚可惜也」一條，有刪除標識，大略見此卷「《洛陽伽藍記》云」一條中。
〔註163〕見《淮南子·說山訓第十六》。
〔註164〕見漢·荀悅《申鑒》卷三《俗嫌第三》。
〔註165〕眉批：「諸子。」

晉釋道安定沙門，以釋命氏，與《增一阿含》果懸符，後世從之。然其初，魏、晉沙門皆依師為姓。並見《高僧傳》。〔註166〕余以僧傳攷〔註167〕之，若佛陀、曇無、求那之類，皆依梵名。其他則並以國為姓。漢安世高則安息之太子，竺法蘭則天竺國人，支婁迦讖則月支人，吳康僧會則康居人，支謙則月支人。惟吳時維祇難，天竺人；晉帛尸梨蜜多羅，西域人；維、帛二姓未詳所用。按：佛圖澄，西域人，本姓帛，則尸梨之稱帛，亦當是本姓。又晉于法蘭，高陽人；于道邃，燉煌人；于法開不知何許人。然事蘭公為弟子，則從師姓也。又有於法道、於法威，威，法開弟子。其姓於，未知何本。竊意其師必于闐國人。晉時經典多由于闐傳至中土，不悉錄。以國為姓，文不具耳。若衛士度、朱士行，則仍用中國之姓，未經改變者。又單道開姓孟，燉煌人。其姓單，當亦從師姓也。〔註168〕

《國語·周語上》〔註169〕：「虢文公曰：『瞽師音官以風土。』」韋注：「音官，樂官。風土，以音律省土風。」案：此言風土，不言土風，注似誤也。風土，蓋即京房葭灰候氣之類。又《水經注》云〔註170〕：「江陵城，地東南傾，故緣以金隄，自靈溪始。桓溫令陳遵造，遵善於防，故使人打鼓，遠聽之，知地勢高下，依傍創築，略無差矣。」此則以音省風土之事。故下文云：「時布之於農」〔註171〕，蓋即布其高下燥濕之宜也。〔註172〕

《說苑·奉使篇》〔註173〕：「趙王曰：『天有燥濕，弦有緩急，宮商移徙不可知。』」此古人聲學必測天氣之證。〔註174〕

宋芸子《采風記》云〔註175〕：「俞正燮謂爾撒即耶穌之對音，以彼書自言後耶穌六百年為證。言其教所遵行，有摩西舊誡而無耶穌新律，如七日禮

〔註166〕《高僧傳》卷五《義解二釋·道安傳》：
　　　初，魏、晉沙門依師為姓，故姓各不同。安以為大師之本，莫尊釋迦，乃以釋命氏。後獲增一阿含果，稱「四河入海，無復河名。四姓為沙門，皆稱釋種」。既懸與經符，遂為永式。
〔註167〕「攷」，底本作「改」，據稿本改。
〔註168〕眉批：「佛學。」
〔註169〕見三國·韋昭《國語韋氏解》卷一。
〔註170〕見《水經注》卷三十四。
〔註171〕見《國語韋氏解》卷一。
〔註172〕眉批：「音律」、「《湘煙錄》一所引，再檢查《水經》」。
〔註173〕見《說苑》卷十二。
〔註174〕眉批：「又。」
〔註175〕見宋育仁《泰西各國采風記》第四《教門》。
　　　另，俞正燮之說見《癸巳類稿》卷十五《天主教論》。

拜，四十日清齋，不食豕肉之類。惟以十字為天方交線，有疑十字架之飾詞。考《景教碑》言『判十字以定四方』，《新約書》『耶穌常語使徒須背十字架從人子』，似非指被釘之十字架言，十字架為天方交線，正與《景教碑》合。而耶穌被釘十字架，偶與之涉耳。其教由猶太衍傳，特欲推彼族一人以為宗主，與耶穌無涉。」余按：爾撒即耶穌，回教書亦有徑作耶穌者。俞理初之言不誤。回教述摩西而不遵耶穌，猶路德述耶穌而攻當時之加特力教耳。其實兩教皆出猶太，世次甚明，余前卷已詳考之，不復出。〔註176〕

今時俗語謂恕罪為饒。干令升《搜神記》卷三：「喬玄云：『怪異如此，何能致望於所不圖？此相饒耳。』」此以饒為欺嬈。宋《嚴州圖經・建德古蹟》云〔註177〕：「黃饒距城四十里，相傳黃巢為亂時，陳尊宿語郡人曰：『勿憂。』乃織大草屨，置城西三十里外木杪。賊至，視之曰：『彼有人焉。』遂出境。後因名其地。言為黃巢所饒。」是以饒為恕饒。唐時已然。宋時亦有「得饒人處且饒人」語，見《老學庵筆記》卷一。〔註178〕

俗語呼爾為你。按：「爾」字本有「你」音。《世說・文學門》〔註179〕：「劉尹云：『田舍兒強學人作爾馨語。』」《晉書・王衍傳》〔註180〕：「何物老嫗，生寧馨兒。」「爾馨」即「寧馨」，蓋讀「爾」為「你」，故與「寧」字雙聲通轉矣。又按《通雅》云〔註181〕：「俗語『那尚』猶宋人言『恁地』。」余謂「那尚」即

〔註176〕眉批：「宗教。」
〔註177〕見宋・陳公亮《淳熙嚴州圖經》卷二。
〔註178〕眉批：「方言」、「小學。俗語」、「考證」。
〔註179〕見《世說新語・文學第四》。
〔註180〕見《晉書》卷四十三。
〔註181〕清・方以智《通雅》卷四十九《諺原》：
馬永卿《嬾真子》曰：『「阿堵」猶今所謂「兀底」也，「寧馨」猶今云「恁地」也。」
宋・馬永卿《嬾真子》卷三：
山濤見王衍，曰：「何物老嫗，生寧馨兒。」「寧」作去聲，「馨」音亨，今南人尚言之，猶言「恁地」也。前宋廢帝悖逆，太后怒語侍者曰：「將刀來剖我腹，那得生寧馨兒。」此兩「寧馨」同為一意。
《履齋示兒編》卷二十三：
《通鑑釋文》云：「晉惠帝永熙七年『寧馨』，《晉書音義》無音，而以『寍』音之。『寧馨』猶言『阿堵』。阿堵之義，蓋指物之稱。」《演繁露》云：「山濤見王衍，曰：『何物老嫗，生寧馨兒。』寧作去聲，馨音亨，今南人尚言之，猶言『恁地』也。宋前廢帝悖逆，太后怒語侍者曰：『將刀來割我腹，那得生寧馨兒。』此兩寧馨同為一意。」《雌黃》云：「《晉書》『寧馨兒』，

「寧馨」之轉音也。「你」字雖譌俗，然實即「爾」字之變體。吳大澂《字說》云：「余集古印文二百餘種，往往有『鈢』字，其印即周之璽節。木、爾古通，故鈢即璽字。」按：「爾」或為「尒」，六朝多如此。作「尒」書為「爾」，又加人字偏旁，則後世展轉致誤耳。〔註182〕

「爾」通作「昵」，「昵」與「你」亦雙聲。〔註183〕

《洛陽伽藍記》云〔註184〕：「李元謙能雙聲語，常經郭文遠宅，曰：『是誰第宅？』值婢春風出，曰：『郭冠軍家。』元謙曰：『此婢雙聲。』春風曰：『儜奴慢罵。』」「儜」字即「寧馨」之合音，與此字義相對。又宋以來，詞曲多稱彼人為那人。「那」字亦「寧馨」合音。疑此文「儜」字即後世之「那」字，則「寧馨」二字亦可解矣。今吳人問人如何曰「那哈」，其字亦當作「寧馨」，而意則與古略異。

《後周書·儒林·樊深傳》云〔註185〕：「嘗讀書見吾丘子，因歸侍養。」按：《漢·藝文志》有《吾丘壽王》六篇，《隋·經籍志》已不箸錄。各書亦無引之者，深未必及見此書。「吾丘子」當是「丘吾子」之誤。《說苑·敬慎篇》〔註186〕：「孔子行遊中，路聞哭者，其音甚悲。少進見之，丘吾子也。孔子下問曰：『子非有喪，何哭之悲也？』丘吾子對曰：『吾有三失。吾少好學問，周遍天下，還後吾親亡，一失也。事君奢驕，諫不遂，是二失也。厚交友而後絕，三失也。樹欲靜乎風不定，子欲養乎親不待。往而不來者，年也。不可得再見者，親也。請從此辭。』則自刎而死。孔子曰：『弟子記之，足以為戒也。』於是弟子歸養親者十三人。」深之所感，蓋以此也。〔註187〕

梁慧皎《高僧傳》卷十一云：「河西鮮卑禿髮利鹿孤。」「禿髮」即「禿髮」之異文。〔註188〕

『寧』字相傳多作去聲，如唐人詩云『家無阿堵物，門有寧馨鬼』是也。而劉夢得詩『為問中華李道者，幾人雄猛得寧馨』，則又作平聲。」
〔註182〕眉批：「方言」、「又」、《世說新語》：「王丞相與何次道語，唯舉手指地，曰：『正自爾馨。』」
〔註183〕眉批：「又。俗語。」
〔註184〕見北魏·楊衒之《洛陽伽藍記》卷五。
〔註185〕見《周書》卷四十五。又見《北史》卷八十二《儒林列傳下》。
〔註186〕見《說苑》卷十。
〔註187〕眉批：「考證」、「諸子」。
〔註188〕眉批：「考證。」

《老子》「絕學無憂」章，王弼《注》云：「夫燕雀有匹，鳩鴿有仇。寒鄉之民，必知旃裘。自然已足，益之則憂。」數語為有韻之文，不獨王逸之注《楚辭》也。先鄭《〈周禮·春官〉注》「天子之容」數語亦有韻。

《翻譯名義集·色法什物篇》云〔註189〕：「蔡此言影西域立表量影。新毘奈耶云：佛言應作商矩法，取細籌長二尺許，折一頭，四指豎，至日中度影長短。」商矩即度影法也。《高僧·釋慧嚴傳》曰〔註190〕：「何承天問：佛國將用何曆？嚴云：『天竺夏至之日，方中無影，所謂天中。八寸為一尺，十兩當此土十二兩。建辰之月為歲首。』及討覈分至，推校薄蝕，顧步光影，其法甚詳。宿度年紀，咸有條例。後婆利國人來，果同嚴說。帝勅任豫受焉。」《宋史·律曆志》云〔註191〕：「何承天始悟測影以定氣序。」注云：「景極長冬至，極短夏至。立八尺之表，連測十餘年，即知舊景。」日本釋圓通《佛國曆象編》云：「承天蓋即慧嚴之言，討覈分至，推校薄蝕，顧步光影。」又吳黃武中所譯出《摩登伽經》，明時品、明測影之法，承天豈或據之耶？〔註192〕

《世說·言語門》〔註193〕：「謝胡兒語庾道季：『諸人莫當就卿談，可堅城壘。』」「莫」字，揣摩之詞，意與「或」近。秦檜言「莫須有」之「莫」字，正與此同。俞理初謂「『莫』字一句，『須有』一句」〔註194〕，非是。俗語約莫亦揣度之詞。〔註195〕

唐張弧《素履子·履義篇》云〔註196〕：「羅敷沈河，秋胡永為乖義之夫。」以羅敷為秋胡之妻，當是誤記。〔註197〕

《抱朴子·臣節篇》〔註198〕：「儀蕭曹之指揮。」杜少陵詩「指揮若定失蕭曹」句〔註199〕本此。〔註200〕

〔註189〕見《翻譯名義集》三。
〔註190〕見《高僧傳》卷七。
〔註191〕見《宋史》卷七十五。
〔註192〕眉批：「曆學」、「任豫有《益州記》。」
〔註193〕見《世說新語·言語第二》。
〔註194〕見《癸巳存稿》卷三《莫》。
〔註195〕眉批：「方言。」
〔註196〕唐·張弧《素履子》卷中。
〔註197〕眉批：「考證」、「檢《列女傳》各書攷之，記《西京雜記》漢亦有秋胡。」
〔註198〕即《抱朴子外篇》。
〔註199〕見《杜詩詳注》卷十七《詠懷古蹟》五首之五。
〔註200〕眉批：「又。」
　　　另，清·徐文靖《管城碩記》卷二十五：

　　《唐闕史》「楊江西及第」條〔註201〕：「時搜訪草澤方急，色目雅在選中。」元時以色目分種人，色目二字本此。〔註202〕

　　《史記・扁鵲列傳》〔註203〕，《正義》引《黃帝八十一難序》云：「秦越人與軒轅時扁鵲相類，人號之為扁鵲。」此說甚通。晉平公時之師曠，殆亦以其類軒轅時之師曠，故得此名，不必致疑於《列子》也。離婁、公輸般亦當不止一人，知此可以讀古書。

　　　杜詠諸葛武侯詩：「伯仲之間見伊呂，指揮若定失蕭曹」。
　　　按：晉張輔《名士優劣論》：「余以為觀孔明之忠，姦臣立節矣。殆將與伊、呂爭衡，豈徒樂毅為伍哉？」又《抱朴子・臣節篇》：「儀蕭、曹之指揮，羨張、陳之奇畫。」合二書觀之，足見使事之妙，無一字無來歷。
〔註201〕見唐・高彥休《唐闕史》卷上。
〔註202〕眉批：「又。」
〔註203〕見《史記》卷一百五。